LES CHANGES

TRAITÉ THÉORIQUE ET PRATIQUE

PAR

H. DESCHAMPS

PRIX : 10 francs.

La Revue des Comptables

Organe mensuel des Comptables et des Professeurs de Comptabilité
TEXIER, DIRECTEUR, 16, RUE DE BOURGOGNE, VIENNE (Isère)

PRÉCIS

D'UN

COURS DE CHANGE

LES CHANGES

TRAITÉ THEORIQUE ET PRATIQUE

PAR

H. DESCHAMPS

PRIX : 10 francs.

La Revue des Comptables

Organe mensuel des Comptables et des Professeurs de Comptabilité

TEXIER, DIRECTEUR, 16, RUE DE BOURGOGNE, VIENNE (Isère)

PRÉCIS

d'un

Cours de Change

THÉORIE ECONOMIQUE DU CHANGE

Dans le commerce des effets étrangers, le mot *change* a une triple acception : au singulier, il désigne *l'opération* même du change et aussi le *prix* auquel elle s'effectue ; au pluriel, il désigne les *effets, chèques, versements* sur lesquels porte cette opération, et alors le mot *changes* a *devises* pour synonyme.

Mais définissons l'opération du change.

Le change est une opération de banque qui consiste à acheter ou à vendre une monnaie stipulée sur un effet de commerce payable dans une ville étrangère, où l'on a une dette à acquitter, une créance à recouvrer ou avec laquelle on veut spéculer.

De cette définition découlent deux conséquences fort importantes d'où dérive toute la théorie du change. La première est que les *effets de commerce étrangers* sont des *marchandises* dont le prix est soumis à la loi de l'offre et de la demande : elle conduit à la notion du *cours du change*. La seconde est que le *change a son origine dans les échanges internationaux* et qu'il a pour objet la transmission, par son propriétaire, d'une créance sur l'étranger à une autre personne, qui a, de son côté, une dette à acquitter dans ce pays : c'est là le principe du *mécanisme du change*, que nous allons d'abord exposer.

MÉCANISME DU CHANGE

Si P, de Paris, expédie à L, de Londres, pour 25.220 fr. de marchandises, et qu'en même temps L', de Londres, en expédie pour 1.000 livres sterling à P', de Paris, il faudrait, pour effectuer le règlement de ces deux opérations, transporter des francs de Londres à Paris et des livres sterling de Paris à Londres, puisque la facture du vendeur parisien est établie en francs et celle du vendeur anglais en livres sterling. Or le débiteur ne peut payer qu'avec sa propre monnaie et le créancier ne veut recevoir que la sienne. Dans ces conditions le règlement paraît impossible. Il est vrai qu'il peut se faire par un envoi d'or, qui est aujourd'hui, par suite de la dépréciation de l'argent, la seule monnaie internationale ; mais un envoi d'or nécessite des frais relativement élevés de transport, d'assurance et de transformation en monnaie de la place du créancier.

Toute difficulté est levée de la façon suivante :

Le vendeur parisien P tire sur son acheteur anglais L une traite de 1.000 livres sterling, traduction en monnaie anglaise de sa créance de 25.220 francs, et, en la vendant à l'acheteur parisien P', il touche les francs qui lui sont dus. De son côté l'acheteur parisien P' envoie la traite en règlement à son vendeur anglais L', qui la présente à l'encaissement chez L, et reçoit ainsi les livres sterling qui lui sont dues. Les deux opérations sont dès lors liquidées à la satisfaction des quatre intéressés, par la circulation d'une traite, dont le coût en timbre et port de lettre est bien inférieur à celui du double transport de l'or d'un pays dans l'autre.

Remarquons que lorsqu'une dette s'éteint à Paris, une dette de valeur égale s'éteint aussi à Londres, et nous en conclurons que *le change a pour but le règlement par compensation des dettes internationales*, en économisant les frais d'envoi de métal précieux.

L'opération aurait pu se faire à Londres de la même façon, le créancier anglais tirant sur son débiteur parisien.

En réalité, dans le règlement des échanges entre deux places, on émet des traites des deux côtés, et les traites tirées sur l'une diminuent le nombre de celles tirées sur l'autre.

Le cours du change entre deux pays est fixé par celui qui tire et négocie la traite.

Ce n'est là toutefois que l'esquisse du mécanisme du change ; en fait, les choses sont plus compliquées et nous allons voir que, dans la pratique, l'intervention des banquiers est nécessaire.

On peut dire, en général, que si, à un moment donné, les négociants d'une place sont débiteurs d'une place étrangère pour les achats qu'ils y ont faits, réciproquement d'autres négociants de cette même place sont créanciers de cette place étrangère pour les marchandises qu'ils y ont expédiées. Il y a par suite, sur cette place, des créanciers qui ont des traites à vendre pour rentrer dans leurs créances et des débiteurs qui ont à acheter ces traites pour acquitter leurs dettes. Or, d'une part, il est à peu près impossible aux négociants d'une place de connaître, à un moment donné, ceux d'entre eux qui ont des créances ou des dettes sur telle ou telle ville étrangère. D'autre part, par suite du défaut de coïncidence entre le montant et l'échéance des dettes et des créances, celui qui aura un paiement à faire à l'étranger ne trouvera pas un effet du montant et à l'échéance de sa dette. Inversement, le porteur d'un effet étranger ne rencontrera pas non plus un négociant qui ait justement besoin de la somme énoncée sur l'effet et à l'échéance qui y est indiquée. Aussi les négociants ont-ils recours aux banquiers dont le commerce consiste à acheter et à vendre des lettres de change, et qui sont par suite les intermédiaires naturels entre ceux qui demandent et ceux qui offrent du papier sur l'étranger. Toutefois les banquiers vendent rarement les effets mêmes qu'ils achètent ; ils les remettent en couverture des traites qu'ils tirent sur leurs correspondants étrangers, à l'ordre des négociants qui ont des paiements à faire au dehors et à qui ils les vendent pour les sommes et échéances dont ils ont besoin.

Ce que nous venons de dire s'applique à l'ensemble des transactions intervenues entre deux pays, par exemple entre la France et l'Angleterre, représentées par leurs capitales Paris et Londres, qui sont en réalité les véritables places cambistes de ces deux pays, et dont les cotes servent de régulateur aux autres places françaises ou anglaises.

En définitive les banquiers, porteurs de tout le papier tiré sur l'étranger et débiteurs de tout le papier tiré sur leur place, centralisent les dettes et les créances de leur place respective et liquident la situation par voie de compensation, sauf le solde dont finalement l'une des places peut rester débitrice et qui devra être couverte par un envoi de métal.

Les banquiers ne sont d'ailleurs pas les seuls à s'occuper des changes, qui sur les grandes places ont un marché régulier. Les *bill brockers*, à Londres, les *courtiers de change*, à Paris, achètent et vendent à prix débattu des lettres de change payables sur les diverses places du monde.

COURS DU CHANGE

Le cours du change, le change par abréviation, est le prix en monnaie nationale d'une quantité fixe de monnaie étrangère, ou le prix en quantité variable de monnaie étrangère d'une quantité fixe de monnaie nationale.

Cette double définition appelle une explication.

Le cours du change, comme tous les prix-courants, comprend deux termes : l'un est une quantité variable de monnaie nationale, dite l'*incertain* ; l'autre une quantité fixe de monnaie étrangère, dite le *certain*.

Et l'on dit qu'*une place donne l'incertain pour recevoir le certain* lorsqu'elle évalue, avec plus ou moins de sa propre monnaie, une quantité fixe de monnaie étrangère.

C'est ainsi que Paris donne à Londres l'incertain, 25 fr. 22 plus ou moins, pour en recevoir le certain, 1 livre sterling.

Ce mode de procéder est logique : la monnaie étrangère est une marchandise et doit être évaluée comme telle, c'est-à-dire avec plus ou moins de monnaie nationale. Mais, par suite d'anciens usages, il n'en est pas toujours ainsi.

Et l'on dit qu'*une place donne le certain pour recevoir l'incertain* lorsque, conformément à la seconde partie de la définition donnée ci-dessus, elle évalue, avec plus ou moins de monnaie étrangère, une quantité fixe de sa propre monnaie. C'est ainsi que Londres donne le certain à Paris, 1 livre sterling, pour en recevoir l'incertain, 25 fr. 22 plus ou moins.

Nous verrons plus loin que les places européennes donnent l'incertain, sauf quelques-unes et aussi les places asiatiques et américaines qui donnent l'incertain ici et là le certain.

La notion du certain et de l'incertain embarrasse parfois ceux qui commencent l'étude des changes. La remarque suivante est susceptible de leur en faciliter l'intelligence. En France, pour 1 franc plus ou moins (l'incertain), on reçoit une douzaine d'œufs (le certain) ; en Suisse, du moins autrefois si l'usage ne s'en est pas perpétué jusqu'ici, pour 1 franc (le certain) on reçoit douze œufs plus ou moins (l'incertain).

Variations du cours du change. — Comme tous les prix courants, le cours du change est susceptible de variations incessantes.

Les effets de commerce résultant des échanges internationaux sont de véritables marchandises lorsqu'ils sont exprimés en monnaie étrangère, et le prix en est soumis à la loi de l'offre et de la demande.

Si les dettes et les créances échues issues des échanges entre deux pays *sont égales*, les traites qui en résultent sont autant demandées qu'offertes et le *change est au pair*, c'est-à-dire que l'or pur contenu dans l'unité de monnaie étrangère s'échange contre un poids égal d'or pur de monnaie nationale ; en d'autres termes, le cours représente la valeur au pair de la monnaie étrangère (1).

---

(1) Nous donnons au début de l'arithmétique des changes la valeur au pair des principales monnaies étrangères.

Mais, en général, l'égalité des dettes et des créances échues n'existe pas : alors *les traites se négocient au-dessus du pair sur la place débitrice* où la demande surpasse l'offre ; *elles se négocient au-dessous du pair* sur la place créditrice où l'offre surpasse la demande. Si, par exemple, à un moment donné Paris a plus à recevoir de Londres qu'à lui payer, les traites de Paris sur Londres seront plus nombreuses que celles de Londres sur Paris, et alors le change sera *bas* à Paris où l'offre surpasse la demande ; il sera *haut* à Londres où la demande surpasse l'offre.

Cette hausse du change sur une place et la baisse correspondante sur l'autre place sont parfaitement rationnelles. Sur la place où les dettes surpassent les créances, pour ne pas avoir à envoyer de l'or, les débiteurs, à la recherche de papier pour se libérer, consentiront à le payer au-dessus du pair, et les créanciers, détenteurs de ce papier relativement rare, demanderont un prix aussi élevé que possible, sans pouvoir dépasser, comme nous le verrons bientôt, une certaine limite. Sur l'autre place, où les créances surpassent les dettes, il se produira un effet tout opposé : pour ne pas être obligés de faire venir à leur frais de l'or du pays débiteur pour rentrer dans ce qui leur est dû, les créanciers, qui offrent plus de papier qu'il en est demandé, consentiront à le vendre au-dessous du pair, sans pouvoir également descendre au-dessous d'une certaine limite.

La tendance constante du change à s'écarter du pair agit toujours ainsi en sens inverse, c'est-à-dire que si le change s'élève au-dessus du pair sur une place, il baisse presque mathématiquement dans la même proportion sur l'autre place ; car si le sacrifice consenti par les acheteurs d'une place était inférieur au sacrifice consenti par les vendeurs de l'autre place, il se ferait aussitôt des opérations de spéculation dont le résultat serait de rétablir presque immédiatement la balance entre les deux places.

Remarque. — Insistons sur ce fait que dans les relations entre deux pays, il arrive qu'à un moment donné il y a des sommes échues à payer et à recevoir, situation qui peut être inverse quelque temps après. Il ne résulte nullement de là que dans l'ensemble de leurs échanges, le pays dont la cote est en baisse est débiteur de celui où il est coté en hausse ; cela signifie simplement qu'au moment où la cote est établie, le pays considéré a plus à payer en dettes échues qu'à recevoir en créances également échues.

Causes multiples des variations du change. — La *balance commerciale*, c'est-à-dire le rapport entre les importations et les exportations, est l'élément fondamental du cours du change ; mais elle n'est pas le seul ; d'autres causes agissent aussi sur ce cours pour en produire les variations : les unes ont une influence sur tout le papier, court ou long ; les autres sur le papier long seulement. Etudions d'abord les causes qui influent sur le papier court ou à vue, et par suite sur le papier long qui a pour point de départ le papier court.

Ces causes peuvent se ramener à quatre : influences commerciales, influences financières, influences des banques, influences des crises politiques, commerciales ou financières.

Influences commerciales. — En dehors des importations et des exportations de marchandises, qui, comme nous venons de le dire, exercent sur le change une influence prépondérante, les *commissions et courtages*, dus par les clients étrangers pour le compte desquels des achats et des ventes ont été effectués, ne sont pas sans action sur le change. D'autre part, le *transport* (fret et assurance) que nécessite le commerce, agit sur le change, lorsqu'il est effectué par une nation pour le compte d'une autre, comme une marchandise exportée pour la nation qui effectue le transport et comme une marchandise importée pour l'autre. De ce chef, l'Angleterre a chaque année une créance de plus d'un milliard sur l'étranger, tandis qu'une dette assez forte incombe à la France, qui ne transporte guère par ses propres navires que la moitié de ses exportations et le tiers de ses importations.

Influences financières. — Les *affaires de bourse*, surtout celles des quatre grandes places financières, Londres, Paris, New-York et Berlin, influent sur le change par les achats ou les ventes de valeurs mobilières internationales négociées pour le compte d'un autre pays, qui devient ainsi débiteur ou créancier du montant de l'opération effectuée, et en outre des *commissions de banque* dues pour les ordres exécutés. Ainsi Berlin achetant à Paris de la rente espagnole, il en résulte, au moment de la liquidation, une demande de chèques qui fera hausser le change de Berlin sur Paris.

Du reste les valeurs mobilières internationales, fonds égyptiens, ottomans, autrichiens, russes, américains, espagnols, italiens, etc., jouent souvent le rôle des changes.

Dans le même ordre d'idées, *un emprunt contracté à l'étranger* est une exportation de titres pour le pays qui emprunte et une importation pour le pays qui prête : tant qu'il n'est pas libéré, il y a là une créance pour le pays emprunteur et une dette pour le pays prêteur, et par suite une influence sur le change, favorable au premier, défavorable au second. Mais une fois l'emprunt libéré, un effet contraire se produit par suite du remboursement et de la vente des titres, qui ont une tendance à revenir dans leur pays d'origine.

D'autre part les *intérêts dus pour ces emprunts* constituent une créance pour le pays prêteur et une dette pour le pays emprunteur, exerçant ainsi sur le change une influence favorable au premier, défavorable au second. L'effet en est sensible à l'époque du détachement des coupons, principalement en janvier et juillet. L'Angleterre a de ce chef une créance de plus de deux milliards sur l'étranger, et la France, qui a prêté plus de 20 milliards au dehors, touche au moins un milliard d'intérêts par an. Au contraire, l'Egypte, la Turquie, l'Espagne, la Russie, les républiques de l'Amérique du Sud sont de ce chef débitrices de l'étranger.

Influences des banques. — Les *lettres de crédit*, destinées à pourvoir aux dépenses faites par les voyageurs, les touristes et les résidents étrangers, affectent le change comme une marchandise importée dans leur pays et comme une marchandise exportée du pays où ils séjournent. La France, la Suisse et l'Italie se trouvent ainsi créancières de l'Angleterre, des Etats-Unis, de la Russie surtout qui dépense annuellement plusieurs millions de la sorte. Dans la saison des voyages, de juillet à octobre, l'influence en est sensible sur le change ; les remises de l'Italie et de la Suisse sont en grande partie des traites ayant pour origine des lettres de crédit circulaires.

Les *traites documentaires* exercent aussi une influence sur le change. Emises sur l'acheteur européen en faveur du vendeur extra-européen, elles sont tirées sur Paris, sur Londres le plus souvent, qui est le plus grand marché financier du monde. Ainsi l'Allemagne achetant des cotons en Amérique, il est plus avantageux pour elle que le vendeur tire sur Londres — qui ouvre à cet effet un crédit documentaire — plutôt que de tirer directement sur l'Allemagne. L'effet de cette transaction est de rendre en Amérique le change défavorable à Londres et favorable à l'Allemagne.

Les *crédits en blanc* ou *à découvert*, accordés aux négociants, banquiers, importateurs étrangers ayant une situation solide, agissent sur le change au moment où le crédit s'ouvre et se ferme.

Le *papier en blanc*, soldé plus tard par des effets correspondants à des opérations réelles, font concurrence aux autres effets et en abaissent le prix.

Les *opérations d'arbitrage et de spéculation* font sentir leur influence sur le change en facilitant la baisse sur la place où les effets sont vendus et la hausse sur la place où ils sont achetés.

Les *commissions de banque* qu'entraînent ces diverses opérations ont également une influence sur le change. Londres et Paris reçoivent des ordres et font pour le monde entier des opérations qui les rendent créanciers de sommes importantes.

Le *placement en effets étrangers* effectué par les banquiers exerce une influence sensible sur le change. Si le taux d'intérêt entre deux places n'est pas le même, les banquiers de la place où l'intérêt est moins élevé, afin de profiter de la différence d'intérêt entre les deux places pour faire un placement fructueux, non seulement conservent en portefeuille jusqu'à proximité de l'échéance les effets qu'ils possèdent, mais ils usent encore de leur crédit pour fournir sur leurs correspondants des traites à longue échéance. Par contre, les banquiers de l'autre place envoient les effets qu'ils ont en portefeuille et tous ceux tirés sur la première place qu'ils pourront se procurer, afin de profiter d'un taux d'escompte peu élevé.

Remarque. — La balance générale des dettes et des créances se trouve encore modifiée par des influences sur les changes, résultant de mouvements qui avancent ou retardent l'époque des règlements et qui demandent quelques explications.

Les échanges commerciaux sont réglés par des traites à plus ou moins longue échéance et détenues presque toutes par les banquiers. Ces traites ne sont évidemment payées par les tirés qu'au jour de l'échéance ; mais si les banquiers y trouvent un avantage, ils les enverront avant l'échéance au pays débiteur. Or, tant qu'elles sont possédées à l'étranger, ces traites représentent une créance du pays où elles se trouvent sur le pays où elles sont payables ; mais dès qu'elles rentrent au pays débiteur, le règlement international s'opère et agit sur le change, quelle que soit l'échéance de l'effet ; la créance devient dès lors nationale et, à l'époque du paiement par le tiré, elle n'a plus d'influence sur le change.

Influences des crises. — Dans les *crises politiques, commerciales et financières* et, en général, dans tous les cas où, pour une cause ou pour une autre, le débiteur éprouve de la difficulté à se procurer de l'or, soit parce que le crédit se resserre, soit parce que les banques font des difficultés pour escompter, il peut se faire que le change s'élève bien au-dessus du pair. Si alors un pays, pour une raison quelconque, se trouve fort débiteur pour dettes exigibles, le cours des changes s'élèvera dans une forte proportion. C'est ainsi que lors du paiement à l'Allemagne de l'indemnité de guerre de 5 milliards, la France recherchait pour s'acquitter le papier sur Londres et sur l'Allemagne, afin de payer par voie d'arbitrage ; aussi le change sur l'Allemagne et sur Londres se maintint-il assez longtemps au-dessus du pair.

Inversement, lors du krack de l'Union générale, en 1882, les changes étrangers baissèrent pendant plus d'un mois dans des proportions inusitées. Il fallait faire argent de tout et le trouble profond qui en résulta dans le cours des changes étrangers montre bien le lien qui existe entre le marché en banque et le marché de la bourse. Ainsi s'explique le rôle assez considérable que joue le *taux des reports* sur les changes étrangers. Ceux-ci ont toujours une tendance à la baisse aux approches de la liquidation de fin de mois, époque où l'argent devient rare, soit par suite de la liquidation en bourse, soit parce que les échéances de fin de mois sont très chargées.

— Ajoutons que *le déplacement des relations commerciales*, de *nouveaux tarifs douaniers*, la *conclusion d'un traité de commerce*, influent également sur les changes.

— En résumé, le cours des changes ne résulte pas seulement de la *balance commerciale*, mais bien de la balance générale des dettes et des créances : les dettes réciproques de deux pays peuvent se balancer, alors que l'un d'eux a exporté dans l'autre pays plus de marchandises qu'il n'en a importé.

— Les causes générales de variation du change ainsi connues, passons aux causes particulières qui agissent plus spécialement sur le papier long et qui se traduisent par l'influence du crédit et du taux d'intérêt sur le change.

Influence du crédit et du taux d'intérêt sur le change. — Le prix du papier court dépend surtout de la balance générale des dettes et des créances échues existant à un moment donné entre la place tirée et la place d'où l'effet est tiré. Or la plus grande partie des effets ne sont pas à vue, mais à des échéances diverses, ce qui fait qu'on échange une somme en espèces contre une somme payable plus tard et présentant ainsi un aléa, à raison du crédit qu'elle comporte. Il faut donc pour rétablir l'équilibre entre les deux sommes tenir compte de l'intérêt à courir jusqu'à l'échéance et du risque que court le preneur d'un effet payable à terme contre une somme qu'il paie comptant.

De là deux éléments nouveaux de nature à influer principalement sur le papier long, dont le cours peut par suite présenter des variations plus fortes que celles du papier court.

D'abord la confiance que l'acheteur aura jusqu'à l'échéance dans la solvabilité du tireur et de l'accepteur : de là résulte que l'état du crédit dans les deux pays devient un élément du prix du change. Ensuite l'intérêt à déduire du montant de l'effet payé comptant et qui ne sera encaissé que plus tard : le taux d'intérêt du pays tiré est donc aussi un élément du cours du change et un élément si important que *lorsque, dans un pays, il se produit une hausse ou une baisse de l'intérêt, il en résulte presque toujours une hausse ou une baisse correspondante du prix des effets tirés sur ce pays.* L'intérêt est donc un élément constitutif du change long et c'est ce qui le différencie du change à vue ; bien que le change long ait pour base le change à vue, celui-ci ne varierait-il jamais, que le change long subirait les fluctuations de la hausse ou de la baisse de l'intérêt.

— Le papier court et le papier long forment deux *qualités* de la même marchandise, qui sont appréciées d'après les taux d'intérêt sur les deux places, les conditions économiques et commerciales dans lesquelles elles se trouvent vis-à-vis l'une de l'autre, les évaluations probables de hausse ou de baisse, etc. Sous la réserve des données qui ne sont pas susceptibles d'être évaluées par le calcul, la cote tient compte jusqu'à un certain point, dans le prix du papier court, de la différence des taux d'intérêt sur les deux places.

Suivant que le taux étranger sera égal, supérieur ou inférieur au taux national, les effets longs seront cotés au même prix, à un prix inférieur ou supérieur au papier court.

Un petit calcul le démontre facilement.

Etant donné le cours c en espèces nationales d'un effet de b unités étrangères à vue, quel sera le prix de cet effet à l'échéance n, eu égard à l'intérêt dont on bénéficie à l'étranger et à l'intérêt perdu sur sa place, r_1 et r étant les taux pour 1 franc et pour 1 jour sur la place étrangère et sur notre propre place.

On a d'après la définition même du cours :

$$c \text{ esp.} = b \text{ unités étr. à vue}$$

ou

$$c \text{ esp.} = \frac{b}{1 - nr_1} \text{ unités étr. à } n \text{ j.}$$

d'où

$$c (1 - nr_1) \text{ esp.} = b \text{ unités étr. à } n \text{ j.}$$

cnr_1 représente l'intérêt dont on bénéficie à l'étranger ; mais sur sa propre place on perd l'intérêt cnr ; on a donc pour la valeur réelle de l'effet à n jours :

$$c (1 - nr_1 + nr)$$

ou

$$c [1 - n (r_1 - r)]$$

Si $r_1 = r$, l'échéance est indifférente ; on perd dans un pays ce que l'on gagne dans l'autre : le prix du papier long sera le même que celui du papier court.

Si $r_1 > r$, c'est-à-dire si le taux étranger est supérieur aux taux sur place, la quantité entre crochets est plus petite que 1 ; le papier long sera coté moins cher que le papier court.

Si $r_1 < r$, la quantité entre crochets est plus grande que 1, le papier long sera coté plus cher que le papier court.

Et inversement sur une place qui donne le certain.

Mais il n'en est pas toujours ainsi, parce que les taux d'intérêt sont loin d'être les seuls éléments qui entrent dans la composition du cours du change.

GOLD POINTS

Malgré toutes les causes qui agissent sur le change, le cours en est assez étroitement limité en hausse et en baisse au-dessus et au-dessous du pair — du moins en temps normal et sauf les exceptions que nous verrons tout à l'heure — par les frais que nécessite un envoi d'or du pays débiteur au pays créancier.

En effet, si les débiteurs envoient du papier à l'étranger pour acquitter leurs dettes, c'est qu'il leur en coûte moins que d'envoyer de l'or ; mais ils ne consentiront pas à payer au delà des frais de transport et de transformation de l'or en monnaie du pays créancier, et ils préféreront envoyer de l'or pour se libérer, plutôt que d'acheter des traites devenues trop chères.

Inversement, si le change baisse trop au-dessous du pair, les créanciers ne consentiront pas à subir une perte supérieure aux frais de transport et de transformation de l'or en monnaie de leur place, et ils préféreront envoyer leurs traites à l'étranger et faire venir de l'or à leurs frais.

Cette limite en hausse et en baisse du change s'appelle *gold points*.

Pour une place qui donne l'incertain, le *gold point de sortie* est donc le cours au-dessus du pair à partir duquel il est plus avantageux pour le débiteur d'envoyer de l'or que des traites pour s'acquitter ; le *gold point d'entrée* est le cours au-dessous du pair à partir duquel il est plus avantageux pour le créancier de faire venir de l'or de l'étranger que de vendre sa traite pour rentrer dans sa créance.

C'est l'inverse pour une place qui donne le certain.

En conséquence, lorsque, sur une place qui donne l'incertain, le change atteint le gold point supérieur, on s'achemine vers une exportation d'or ; si, au contraire, il atteint le gold point inférieur, une importation d'or est prochaine.

Inversement, sur une place qui donne le certain, c'est la baisse du change au gold point inférieur qui présage une sortie d'or, et c'est la hausse au gold point supérieur qui annonce une entrée d'or.

Les gold points sont d'un grand intérêt au point de vue financier ; il importe de suivre attentivement le cours des changes pour voir s'il s'en approche ou s'en éloigne, en observant qu'il s'agit de *changes à vue et en or*, qui traduisent les besoins immédiats des liquidations internationales.

Détermination des gold points. — Le gold point de sortie est égal au pair augmenté des frais d'envoi et de transformation de l'or en monnaie du pays créancier ; le gold point inférieur, au pair diminué de ces frais.

Calculons les gold points entre la France et l'Allemagne.

Si l'on expédie de l'or de Paris à Berlin pour acquitter une dette échue de 100 reichmarks, il en coûtera :

Valeur au pair de 100 Rm............................... 123,456
+ faiblesse de poids et de titre.   1 $\frac{1}{2}$ $^o/_{00}$ ⎫
+ transport et assurance........   1 $\frac{1}{2}$ $^o/_{00}$ ⎬ 5 $^5/_8$ %   0,694
+ retenue à la Monnaie allemande   2 $\frac{1}{8}$ $^o/_{00}$ ⎬
+ perte d'intérêts............... $\frac{1}{2}$ $^o/_{00}$ ⎭

Gold point de sortie........... 124,150

pour lequel l'or va de Paris à Berlin.

On a de même pour le gold point d'entrée :

Valeur au pair de 100 Rm............................... 123,456
— faiblesse de poids et de titre.   1 $\frac{1}{2}$ $^o/_{00}$ ⎫
— transport et assurance........   1 $\frac{1}{2}$ $^o/_{00}$ ⎬ 5 $^{11}/_{10}$ $^o/_{00}$ 0,702
— retenue à la Monnaie française   2 $\frac{3}{10}$ $^o/_{00}$ ⎬
— perte d'intérêts............... $\frac{1}{2}$ $^o/_{00}$ ⎭

Gold point d'entrée............. 122,754

pour lequel l'or va de Berlin à Paris.

En se plaçant au point de vue allemand, on a :

$$\frac{10.000}{124,15} = 80 \text{ Rm } 54$$

pour le gold point d'entrée de l'or français en Allemagne

et

$$\frac{10.000}{122,75} = 81 \text{ Rm } 46$$

pour le gold point de sortie de l'or allemand en France.

— Si l'une des deux places donne le certain à l'autre, le gold point de sortie de l'une est le même que le gold point d'entrée de l'autre, et inversement. Ainsi, les frais d'envoi d'or de Paris à Londres étant de 4 $^o/_{00}$ (3 $^o/_{00}$ de transport et 1 $^o/_{00}$ d'assurance), soit 0,10 par livre sterling dont la valeur au pair est de 25 fr. 22, on en déduit que l'or sort de Paris pour Londres à 25 fr. 32 et y rentre à 25 fr. 12, tandis que l'or sort de Londres pour Paris à 25 fr. 12 et y rentre à 25 fr. 32.

— Si l'or fait prime, il faut en tenir compte dans le calcul. Supposons, par exemple, qu'à Paris l'or fasse 1 $^o/_{00}$ de prime, que les frais de transport et d'assurance soient de 4 $^o/_{00}$ (il n'y a pas à Londres de frais de monnayage) et que 1 once d'or (oz) (31 gr. 10) au titre standard vaut 3 £ 17 ^{sh} 9 ^{d}. On a par la conjointe :

$$
\begin{array}{ll}
\text{x fr.} \dots\dots\dots\dots\dots & \text{1 £} \\
\text{1.000 £} \dots\dots\dots\dots\dots & \text{1.004 £ (avec frais)} \\
\text{1 £} \dots\dots\dots\dots\dots & \text{20 sh} \\
\text{77 sh } \tfrac{3}{4} \dots\dots\dots\dots & \text{1 oz std} \\
\text{12 oz std} \dots\dots\dots & \text{11 oz fin} \\
\text{1 oz fin} \dots\dots\dots\dots & \text{31 gr 10 fin} \\
\text{1.000 gr fin} \dots\dots\dots & \text{3.444,44} \\
\text{1.000 fr.} \dots\dots\dots\dots & \text{1.001 fr. (prime)}
\end{array}
$$

$$ x = \frac{1.004 \times 20 \times 11 \times 31,1 \times 3.444,44 \times 1.001}{1.000 \times 77 \tfrac{3}{4} \times 12 \times 1.000 \times 1.000} = 25 \text{ fr. } 34 $$

Plus simplement :

$$
\begin{array}{lr}
\text{La valeur de la livre sterling est au pair de} & \text{25 fr. 22} \\
+ \text{ 4 }^{0}/_{00} \text{ de frais} \dots\dots\dots\dots & 0,10 \\
+ \text{ 1 }^{0}/_{00} \text{ de prime} \dots\dots\dots\dots & 0,02 \\
\hline
\text{Gold point de sortie} \dots\dots\dots & 25,34
\end{array}
$$

Pour le gold point d'entrée, frais de port et frais de retenue à la Monnaie française se retranchent.

Remarque. — Une petite question, qui se rattache à celle des gold points, concerne les voyageurs qui se rendent dans un pays étranger. Doivent-ils acheter des lettres de crédit en monnaie étrangère ou emporter de l'or, qui, voyageant avec eux, ne paie pas de frais de transport.

Prenons, comme exemple, le cas d'un voyageur français qui va à Berlin. Il y a à tenir compte ici de la retenue de $\tfrac{1}{4}$ $^{0}/_{00}$ à la Monnaie de Berlin et de 2,155 $^{0}/_{00}$ de frais de fabrication.

Avec 100 francs en or, on obtiendra (81 Rm étant la valeur au pair à Berlin de 100 francs à Paris) :

$$ 81 \times 0,9995 \times 0,997,845 = 80 \text{ Rm } 785 $$

Il en résulte pour la valeur de 100 Rm :

$$ \frac{100 \times 100}{80,785} = 123 \text{ fr. } 787 $$

ou, par la conjointe :

$$
\begin{array}{ll}
\text{x fr.} \dots\dots\dots\dots & \text{100 Rm} \\
\text{81 Rm} \dots\dots\dots\dots & \text{100 fr.} \\
\text{999,5 fr.} \dots\dots\dots\dots & \text{1.000 fr.} \\
\text{997,845 fr.} \dots\dots\dots\dots & \text{1.000 fr.}
\end{array}
$$

$$ \text{d'où } x = 123 \text{ fr. } 787 $$

Si donc un Français se rendant en Allemagne constate qu'à Paris le change sur Berlin est supérieur à 123 fr. 787, il aura avantage à emporter de l'or ; dans le cas contraire, il aura intérêt à se procurer des lettres de crédit sur Berlin.

— Les frais dont il faut tenir compte dans le calcul des gold points varient suivant la forme sous laquelle l'or est exporté, monnaies ou lingots, et suivant la distance des places envisagées. Ainsi s'expliquent les différences que l'on constate entre les gold points donnés par les divers ouvrages traitant la question.

Voici, d'après Haupt, les gold points de Paris.

L'or	sort à	et rentre en France à :
pour Londres, si le change à vue est de	25,34 ½	25,12 ½
— Allemagne, —	124,20	122,96
— Hollande —	209,77	207,55
— Etats-Unis —	521,80	510.55
— Belgique —	100,06	99,94
— Alexandrie —	26,08	25,80
— Constantinople —	23,22	22,51
— Copenhague —	139,87	138,25
— Lisbonne —	565,15	554,15
— Madrid —	506,30	489,80

Digression sur la hausse et la baisse. — La hausse du change ne peut, dans les conditions ordinaires et pour les pays à circulation normale, c'est-à-dire non soumis au régime du papier monnaie, dépasser les frais d'envoi de l'or du pays débiteur au pays créancier, et si la Banque de France paie indéfiniment ses billets en or, le change ne pourra pas s'élever au-dessus du gold point supérieur. Bien plus si le prix monte et qu'il se produise une grande demande contre une offre insuffisante d'effets, la différence n'en sera pas nécessairement payée en or; la concurrence entre les acheteurs n'amènera même pas la hausse jusqu'au gold point supérieur, attendu qu'il est possible de se procurer des effets en dehors de ceux offerts sur le marché : une hausse de 1 ou 2 centimes suffira en général pour déterminer les banquiers à créer des effets pour la circonstance. Ces traites de banque sont payées plus chères que les effets de commerce, car le banquier, en dehors de la commission due à son correspondant, en prélève aussi une pour ses frais de traites et autres ; cette commission sera faible et diminuera par l'effet de la concurrence entre les banquiers jusqu'à la limite minima. Dans ces conditions, si un banquier consent, par exemple, à tirer sur Londres à 25 fr. 30, ce sera là le cours le plus élevé que les effets de commerce pourront atteindre ; la hausse du change aura pour limite le cours fait par les banquiers et ce cours sera lui-même déterminé par la concurrence des banquiers entre eux. Mais comment le banquier établit-il son prix, auquel, une fois établi, il ajoute 1 centime de bénéfice pour lui et 1 centime pour son correspondant ? Le prix de la couverture est le premier élément de ce compte : si le banquier a du papier sur Londres acheté à bon marché ou s'il a un fort solde créditeur à Londres, la hausse est pour lui tout profit ; mais si la demande continue à se produire, son portefeuille et son solde s'épuisent ; il fait alors des remises sous une forme quelconque, achetant, par exemple, des effets sur d'autres pays et les adressant à ses correspondants de ces pays avec prière de faire pour son compte des remises à Londres. Cette manière d'agir comporte une double commission et ne peut être avantageuse que pratiquée sur une grande échelle. Le résultat immédiat sera d'amener une hausse correspondante des changes des autres pays d'Europe jouissant d'un bon crédit ; et, règle générale : *les changes européens s'élèvent ou s'abaissent simultanément* ; si l'un des cours échappe à la tendance générale, c'est qu'il y a ordinairement quelque chose d'anormal, comme les finances du pays qui sont mauvaises. Tant qu'à Paris on trouvera des effets sur d'autres pays en quantité suffisante, le change subira un temps d'arrêt ; mais à mesure qu'ils deviendront plus rares, le cours du change pourra s'élever, si bien qu'à la fin le banquier trouvera qu'il est plus avantageux, au lieu de payer un timbre et une commission supplémentaire, de couvrir son correspondant par un envoi d'or, et, s'il peut se procurer de l'or sans difficulté, le change ne s'élèvera pas au-dessus du gold point.

Passons à la baisse. Elle provient principalement du ralentissement de la demande et de l'augmentation de l'offre ; elle n'a d'autre limite, pour le changeur, que la possibilité de réaliser un bénéfice. Mais, de même qu'un surcroît de demandes provoque une offre nouvelle, une augmentation de l'offre amène de nouvelles demandes. Si la baisse continue, les *autres changes baissent* presque certainement ; les banquiers vendent alors des traites sur les places où le change s'est maintenu et utilisent comme couverture leurs achats de papier sur Londres. Ce papier devient si bon marché que le banquier s'en sert pour acheter de l'or à la Banque d'Angleterre, et, tous frais de transport payés, il réalise un bénéfice en le vendant en France. Ainsi, une traite sur Londres achetée à Paris à 25 fr. 15, laissant un bénéfice de 2 centimes, comme il n'y a pas de limite à cette sortie de l'or de Londres, le change ne peut descendre plus bas.

— Il est des cas où le cours des changes peut varier dans de fortes proportions et où les oscillations ne sont plus limitées aux gold points : c'est ce qui se produit pour les changes en argent, pour les changes en papier, pour les changes sur un pays de communication difficile.

CHANGES EN ARGENT

Si deux pays sont au régime de l'argent, les changes obéissent aux mêmes influences que les changes en or, avec cette différence qu'ils auront pour limite les *silver points*, à partir desquels on peut faire, en haut des exportations d'argent à l'étranger ; en bas, des importations d'argent de l'étranger.

Mais s'il s'agit de deux pays dont le système monétaire est basé, l'un sur l'étalon d'or, l'autre sur l'étalon d'argent, les changes sur ce dernier pays, les changes en argent, subissent une dépréciation due à celle de l'argent, qui, à l'heure actuelle, a perdu plus de moitié de sa valeur. La base du change est en effet le paiement sur une place d'une somme en or dans le but de recevoir l'équivalent sur une autre place ; si, sur cette dernière, la monnaie est dépréciée, le prix du change se réduira d'une somme bien supérieure aux frais d'envoi, parce qu'il sera diminué de la perte de l'argent par rapport à l'or.

Pénétrons plus avant dans la question.

Entre deux pays dont l'un à étalon d'or et l'autre à étalon d'argent, le change aura pour limite la valeur marchande dans un pays du métal servant d'étalon dans l'autre pays, augmentée des frais d'envoi. Ainsi, dans le pays au régime de l'argent et pour qui l'or est une marchandise, le change sur le pays au régime de l'or sera basé sur le cours de l'argent dans ce dernier pays, et il ne pourra s'élever au-dessus ou s'abaisser au-dessous de ce cours que des frais d'envoi du métal argent. Réciproquement, le change du pays au régime de l'or (pour qui l'argent est une marchandise) sur le pays au régime de l'argent s'établira par les moyens inverses et les fluctuations en seront toujours limitées par les frais d'envoi du métal blanc.

Concluons en disant qu'entre deux pays n'ayant pas le même étalon, mais dont la situation monétaire est normale, les changes varient dans la même proportion que les cours respectifs cotés pour l'or dans un de ces pays et pour l'argent dans l'autre, et qu'il peut y avoir entre ces changes et ces cours une différence représentant les frais d'envoi du métal argent d'un pays à l'autre.

CHANGES EN PAPIER

Les *changes en papier* ou *changes erratiques*, c'est-à-dire les changes sur un pays où le papier-monnaie est la monnaie courante, subissent une dépréciation plus forte encore, parce qu'en paiement sur une place d'une somme en or, on reçoit sur une autre place une monnaie en papier dépréciée ; le prix du change peut se réduire d'une somme bien supérieure aux frais d'envoi de métal, parce

qu'il est diminué de la prime que fait l'or sur le papier monnaie
C'est ainsi que le change de Paris sur Madrid, qui ne devrait pas
descendre au-dessous du gold point inférieur 490, est coté aujour-
d'hui (septembre 1911) 460, soit avec une perte de 8 % ; la peseta
papier, qui est la monnaie courante, étant dépréciée, une traite
payable en cette monnaie subit naturellement une dépréciation
égale ; le débiteur paie avec des espèces à valeur pleine qui donnent
le droit de toucher une somme en monnaie dépréciée. Inversement, à Madrid, le prix d'un effet sur Paris augmente dans la proportion subie par la monnaie espagnole employée à la payer : la
monnaie française y fera 8,70 % de prime.

Il suffit donc de savoir lire les cotes des changes pour connaître
la situation économique et financière des différents pays, pour voir
s'ils ont plus exporté qu'importé, s'ils ont une monnaie dépréciée
et quelle est l'importance de cette dépréciation.

CHANGES SUR UN PAYS ÉLOIGNÉ

Les *changes sur un pays éloigné et de communication difficile* subissent des variations dépassant notablement les gold points, à cause
des risques auxquels est exposé le transport d'ailleurs très élevé de
la monnaie. Ainsi un effet sur Karthoum trouvera preneur à 10
ou 12 % au-dessus de sa valeur nominale, et inversement le créancier
pourra avoir intérêt à le négocier à 10 ou 12 % au dessous de sa
valeur au pair.

TERMINOLOGIE DES CHANGES

Il n'est peut-être pas inutile d'appeler l'attention sur les expressions hausse et baisse, prime et perte, change favorable ou défavorable.

Hausse et baisse. — Les variations du change sont le résultat
des besoins ou des prévisions : si le papier est rare ou plus demandé,
la hausse se produit ; s'il est abondant ou délaissé, la baisse survient.

Lorsqu'il s'agit de marchandises, l'acheteur et le vendeur ayant
des intérêts opposés, la hausse est à l'avantage du vendeur et la
baisse à l'avantage de l'acheteur. Il en est de même pour les effets
de commerce étrangers sur une place qui donne l'incertain : on
achète ou on vend une quantité fixe de monnaie étrangère pour une
quantité variable de monnaie nationale ; il est donc de l'intérêt de
l'acheteur de donner en échange le moins possible de sa propre
monnaie et de l'intérêt du vendeur d'en recevoir le plus possible.
Au contraire, sur une place qui donne le certain, on achète ou on
vend une quantité variable de monnaie étrangère pour une quantité fixe de monnaie nationale ; il est donc de l'intérêt de l'acheteur

de recevoir le plus possible de monnaie étrangère et de l'intérêt du vendeur d'en donner le moins possible.

Sur une place qui donne l'incertain, la *hausse* ou la *baisse* du change est exprimée par la *hausse* ou la *baisse* du cours, et ces mots conservent leur sens ordinaire : c'est ainsi qu'à Paris la livre sterling est plus chère à 25 fr. 25 qu'à 25 fr. 20.

Mais sur une place qui donne le certain, la *hausse* ou la *baisse* du change est exprimée au contraire par la *baisse* ou la *hausse* du cours, et ces mots ont ici un sens opposé à leur sens ordinaire : c'est ainsi qu'à Londres le franc est plus cher à 25 fr. 20 qu'à 25 fr. 25, puisque, avec une livre sterling, on obtient moins de francs dans le premier cas que dans le second, ce qu'on exprime en disant que le change *a baissé* de 25 fr. 20 à 25 fr. 25 et inversement.

De là découle ce principe de la plus haute importance :

Plus le cours du change est élevé, plus est grande la valeur d'un effet sur une place qui donne l'incertain, et moins est grande la valeur d'un effet sur une place qui donne le certain.

Prime ou Perte. — Les mots *prime* et *perte* ne doivent se dire que des changes exprimés dans un même système monétaire, sinon on risque de voir accoupler, sur les places qui donnent le certain, les mots *prime* et *baisse*, *perte* et *hausse*. Une place qui cote à prime ou à perte ne peut du reste que donner l'incertain.

Mais qu'entend-on par *prime* ou *perte au change* ?

Lorsque l'or fait 1 %₀ de prime par exemple, cela ne veut évidemment pas dire que l'on échange 1000 fr. en or contre 1001 fr. aussi en or. Les métaux précieux et la monnaie métallique s'évaluent d'après une monnaie fixe qui représente un certain poids de métal précieux et qui circule sous forme de billet de banque.

Lorsque ce billet de banque a pour contrepartie une quantité équivalente de métal précieux, sa valeur est égale à celle de la monnaie métallique. Dans le cas contraire, les monnaies et les lingots font prime sur le billet. Ainsi quand on dit que l'or fait 1 %₀ de prime, cela signifie que pour avoir 1000 fr. en monnaie d'or, il faut payer 1001 fr. en billets de banque, ou, ce qui est plus pratique, pour un billet de banque de 1000 fr. on ne reçoit que 999 fr. en or. L'agio donné par la cote exprime donc le rapport de valeur entre le billet de banque et la monnaie métallique.

Lorsque le billet de banque n'a pas cours forcé, il peut, au gré du porteur, être échangé contre de la monnaie métallique et il a par conséquent la même valeur légale que celle-ci ; mais dans un pays à monnaie dépréciée, où il est fait usage de papier-monnaie ou de billets de banque à cours forcé, le cours des changes sur l'étranger s'établit par rapport au papier monnaie et non à la monnaie d'or.

Lorsque deux pays ont le même système monétaire, les cours réciproques des changes d'un pays sur l'autre s'expriment généralement par un agio en prime ou en perte. Ainsi, à Paris, le franc belge étant en perte de $1/10$ %, le franc français sera, à Bruxelles, en bénéfice ou prime de $1/10$ % Mais il n'en est ainsi que si les deux pays ont une circulation métallique régulière. Si par suite de circonstances économiques, l'agio en bénéfice ou en perte devient assez fort et dépasse 2 % — que les deux pays aient ou non la même monnaie — la prime à la monnaie sur l'un et la perte sur l'autre ne seront plus exprimés par le même chiffre. Ainsi la peseta espagnole subissant à Paris une perte de 8 %, le franc bénéficie à Madrid d'une prime de 8,70 %.

Plus est élevée la perte au change sur un pays, plus l'or fait défaut à ce pays.

La prime sur l'or est à Buenos-Ayres de 125 ; quelle est la perte correspondante sur le dollar papier ?

Lorsque l'or est au pair, 100 $ papier valent 100 $ or

$$\text{à 125 de prime, 225 \$} \quad - \quad - \quad 100 \quad -$$

$$1 \text{ \$} \quad - \quad - \quad \frac{100}{225}$$

$$100 \quad - \quad \frac{100 \times 100}{22\,} = 44{,}45$$

La perte sur le dollar papier est donc égale à

$$100 - 44{,}45 = 55{,}55 \text{ %}$$

ou tout simplement

$$\frac{125 \times 100}{225} = 55{,}55 \text{ %}$$

On peut également se proposer de rechercher, étant donnée la prime sur l'or de 125, à quel prix ressort la valeur du peso qui, théoriquement, vaut 5 francs :

$$225 \text{ pesos papier valent 100 pesos or ou 500 fr.}$$

$$1 \quad - \quad - \quad - \quad \frac{500}{225} = 2 \text{ fr. } 22$$

Remarquons que le cours s'applique toujours à 100 unités de papier, auxquelles on ajoute la prime ou desquelles on retranche la perte.

Change favorable, défavorable. — Le change est *favorable* ou *défavorable* à une place qui donne l'incertain selon que le papier étranger y est coté *au-dessous ou au-dessus du pair*, et à une place qui donne le certain selon que le papier étranger y est coté *au-dessus ou au-dessous du pair*.

Dans le premier cas, il y a contradiction avec les idées ordinaires sur la hausse et la baisse. Il est singulier en effet de dire que le change est *favorable en baisse*, c'est-à-dire quand la monnaie étrangère est moins chère, et *défavorable en hausse*, c'est-à-dire quand elle est plus chère.

Voici l'explication de cette anomalie.

Le change défavorable à un pays indique que ses dettes sur l'étranger sont supérieures à ses créances et que, pour régler la différence, il devra envoyer de l'or à l'étranger ; inversement le change favorable indique que ses créances sont supérieures à ses dettes et fait présager une entrée d'or. Or, d'après l'ancienne théorie de la balance du commerce, on regardait comme avantageux pour un pays de recevoir des métaux précieux, considérés alors comme la richesse par excellence, et comme désavantageux d'avoir à en expédier. Telle est l'origine des locutions favorable et défavorable.

On attribuait ainsi aux changes une importance exagérée, en y recherchant le signe de la prospérité et de la décadence économique des Etats. On sait aujourd'hui que les changes indiquent seulement la différence des créances et des dettes échues entre deux pays : *change favorable* veut simplement dire qu'il y a *excès d'exportation*, que les effets sont offerts ; *change défavorable*, qu'il y a *excès d'importation*, que les effets sont demandés. Il ne faut donc pas attribuer aux mots favorable et défavorable une importance qu'ils n'ont pas. Toutefois ils sont suffisamment exacts au point de vue monétaire ; ils ont pour les banquiers en particulier un grand intérêt, car s'il y a de l'or à envoyer à l'étranger, c'est dans leur caisse qu'on ira le chercher ; aussi les banquiers ont-ils les yeux fixés sur le cours des changes.

Remarque. — De ce que les comptes entre deux pays, la France et l'Angleterre par exemple, se règlent par un solde dont la France est débitrice, ce n'est pas une raison pour que, d'une manière générale, le change soit contre elle et que les traites sur Londres soient chères. Paris peut être en effet créancier de l'Allemagne, par exemple, et ne sera plus dès lors dans la nécessité d'envoyer de l'or à Londres ; il tirera des traites sur Berlin et les donnera en paiement à Londres. A ce point de vue général, pour chaque pays les autres n'en font qu'un, et chacun d'eux n'aura jamais à exporter ou à importer de l'or que jusqu'à concurrence de la différence entre la valeur de toutes ses dettes et la valeur de toutes ses créances.

INDICATIONS GÉNÉRALES FOURNIES PAR LE CHANGE

Le change ne rend pas seulement le service d'éviter les déplacements de métal précieux dans le règlement des opérations internationales, ses variations fournissent en outre aux banquiers et aux négociants des indications précieuses.

Lorsqu'en effet une place, Paris par exemple, a plus acheté qu'elle n'a vendu à l'étranger, il lui est impossible de régler tous ses achats avec des traites. Les négociants songent d'abord, en pareil cas, à expédier du numéraire, et c'est naturellement aux banquiers qu'ils viennent en demander, soit en retirant leurs fonds en dépôt, soit en faisant escompter les effets nationaux qu'ils ont en portefeuille. Les banquiers, s'ils ne prenaient aucune précaution, risqueraient de voir disparaître l'encaisse indispensable à leur sécurité. La cote des changes les avertit du danger. Ils y obvient immédiatement en élevant le taux de l'escompte. Cette élévation du taux de l'escompte a pour effet de ralentir leurs opérations et de leur permettre de conserver le numéraire nécessaire aux demandes de remboursement des dépôts. D'autre part, *une élévation du taux d'escompte ayant pour résultat la dépréciation de tout le papier de commerce*, les banquiers étrangers ne manquent pas de venir acheter ce papier qui est à bas prix, et ils se rendent ainsi débiteurs de la France des sommes qu'ils ont consacrées à ces achats.

D'un autre côté, le commerce est averti qu'il doit modérer ses importations pour ne pas aggraver la situation et il se voit contraint de prendre des mesures pour la liquider. Ceux qui possèdent des valeurs mobilières, surtout des valeurs internationales, les vendent plutôt que de subir une grosse perte en faisant escompter leurs effets, ce qui amène la *dépréciation des valeurs de bourse*. De fait une élévation du taux d'escompte entraîne presque toujours à la bourse une baisse des cours. Et de même que la baisse du papier attirait les demandes des banquiers étrangers, la baisse des valeurs de bourse provoque de nombreux achats de la part des capitalistes étrangers, qui vont constituer de ce chef la France créancière de l'étranger des sommes importantes consacrées à ces achats.

De leur côté, les marchands abaissent le prix de leurs marchandises pour en activer la vente : *cette baisse du prix des marchandises peut du reste être le résultat de l'élévation du taux d'escompte, si cette élévation est forte et prolongée*, car les marchands qui ont besoin d'argent négocient d'abord leur papier de commerce ; puis si cette ressource leur fait défaut ou est trop onéreuse, ils vendent les titres qu'ils peuvent avoir en portefeuille ; enfin, s'ils sont à bout de ressources, il faut bien, pour se procurer de l'argent, vendre les marchandises qu'ils ont en magasin ; ils y sont du reste excités par la *hausse du change qui agit comme une prime à l'exportation* par le bénéfice qu'elle procure à ceux qui ont vendu à l'étranger.

De là une baisse générale des prix.

Mais cette baisse va produire le même effet que les baisses précédentes et sur une plus grande échelle, c'est-à-dire qu'elle va provoquer les achats de l'étranger et augmenter par conséquent les exportations de la France et la rendre créancière de l'étranger. En résumé les exportations augmentent en même temps que le numéraire est attiré ; les paiements sont effectués et le cours du change revient peu à peu au pair.

Lorsque au contraire le change est favorable, les banquiers abaissent le taux d'escompte, afin de multiplier leurs opérations et d'utiliser tout le numéraire dont ils disposent. Ils indiquent par là au commerce que la situation est bonne et le mettent à même de redoubler d'activité, mais à l'intérieur seulement, car le papier étant au-dessous du pair, cette dépréciation entraîne une perte pour les négociants qui ont vendu à l'étranger et tend par conséquent à réduire les exportations jusqu'à ce que la valeur du papier ait été relevée au pair.

IMPORTANCE DU CHANGE AU POINT DE VUE COMMERCIAL

Toute opération de commerce avec l'étranger se compliquant d'une question de change, le change conserve toujours une grande importance au point de vue du commerce international.

Il permet de rendre avantageux un prix de vente médiocre, et inversement il peut rendre insuffisant un prix de vente qui paraissait d'abord assez avantageux, car une vente n'est complète qu'après encaissement du prix de la marchandise vendue.

Ainsi un négociant français qui a vendu pour 100 francs de marchandises en Italie, dont Paris cote actuellement le change à 1 % de perte, tirera sur son acheteur une traite qu'il pourra vendre 101 francs ; ce franc s'ajoutera à son bénéfice et au lieu de gagner 10 % par exemple comme il l'espérait, il se trouvera avoir gagné 10,10 %. Le résultat sera inverse pour le négociant italien qui aura vendu en France des marchandises pour 100 unités de sa propre monnaie ; Paris étant coté en Italie à 1 % de prime, la traite tirée par le vendeur sur son acheteur français ne sera plus que de 99 fr.

Si des pays à circulation normale où les variations du change peuvent atteindre 1 % et augmenter ou diminuer tout ou partie des bénéfices, nous passons aux pays à circulation dépréciée, où les variations du change sont si soudaines et si sensibles que dans l'espace de quelques semaines ou de quelques mois, elles peuvent atteindre 5, 10, 15, 20 % et plus, les conséquences de l'effet du change seront autrement importantes. Le négociant de pays à circulation normale qui achète ou vend des marchandises dans un pays à monnaie dépréciée et en cette dernière monnaie, aura d'autant moins à donner ou à recevoir de sa propre monnaie que la dépréciation de l'autre monnaie sera plus grande. Le change de Paris sur Madrid étant par exemple à 8 % de perte, un négociant français qui aura à payer ou à encaisser une facture de 100 pesetas n'aura à débourser ou à recevoir que 92 francs. Il résulte de là que la baisse du change sur le pays à monnaie dépréciée agit, pour le pays à circulation normale, comme une prime à l'importation et comme un obstacle à l'exportation. — Si c'est, au contraire, un négociant espagnol qui achète ou vend en France pour 100 francs de marchandises, il aura d'autant plus à débourser ou à encaisser de sa propre monnaie que celle-ci sera plus dépréciée, soit 110 pesetas si la prime à la monnaie française est de 10 % à Madrid. La hausse sur le pays à circulation normale agit donc comme une prime à l'exportation et comme un obstacle à l'importation.

Les risques du change sont ainsi à la charge ou en faveur de celui en la monnaie duquel la facture n'est pas stipulée, et c'est à lui aussi qu'appartient le choix du règlement ; la contrepartie ne saurait avoir d'autre prétention que celle de recevoir ou de payer le montant intégral de sa créance ou de sa dette exprimée sur la facture, et qui constitue pour le premier une marchandise qu'il est en droit d'acheter ou de vendre au mieux de ses intérêts.

Si un pays à circulation normale est en relations suivies avec un pays à monnaie dépréciée, il peut couvrir tout ou partie de ses risques en s'assurant le change. *L'assurance du change* consiste à acheter ou à vendre à forfait une certaine quantité de monnaie étrangère, à livrer dans un laps de temps déterminé, quelles que soient les variations ultérieures qui peuvent se produire dans le cours du change. Un négociant français achète, par exemple, en Espagne des vins dont la facture est libellée en pesetas ; ayant à acheter une remise en pesetas pour régler son fournisseur, il assure des pesetas.

Un autre négociant français livre en Espagne des soieries dont la facture est en francs ; ayant à vendre une traite en francs, il assure des francs. L'assurance du change a pour base le cours du jour augmenté d'une marge de 1 % par exemple en faveur du banquier. Celui-ci, comme tout assureur, supporte seul les risques provenant de la hausse et de la baisse du change.

Il résulte des considérations qui précèdent que le producteur et le fabricant ont intérêt à produire et à fabriquer dans un pays à monnaie dépréciée et à vendre dans un pays à change normal.

C'est en vertu de ce principe que le milreis brésilien, qui vaut au pair 27 pence (2,83) et qui est tombé à 15 pence (1.55), a été stabilisé à ce prix par les députés brésiliens, dans le but de favoriser les producteurs indigènes et en particulier les planteurs de café (valorisation du café). Un change bas est en effet une véritable prime à l'exportation, puisque moins le cours du milreis est élevé, plus, pour la même somme en or, l'exportateur obtient de milreis destinés à payer ses dépenses au Brésil. Les planteurs de café ont donc intérêt à un change déprécié ; mais si cette réduction du milreis est favorable à une certaine catégorie de particuliers, elle est préjudiciable à l'Etat brésilien, aux compagnies et à tous ceux qui ont des dettes à l'étranger, car plus le change est bas, plus il faut de milreis pour acquitter la même somme en or à l'extérieur.

La baisse du change n'est donc pas favorable à toutes les entreprises d'un pays à monnaie dépréciée : elle en favorise certaines et elle est préjudiciable à d'autres.

Prenons encore l'Espagne où l'agio sur l'or est actuellement de 10 %.

Si une entreprise indigène effectue ses recettes et ses dépenses en pesetas, elle est indifférente à la hausse et à la baisse du change.

Mais si une entreprise *encaisse des pesetas et paie des francs* par exemple — ce qui est le cas des Cies de chemins de fer espagnols ayant à assurer en or, aux porteurs étrangers, la majorité du service de leurs titres, de même que le règlement d'une partie de leur matériel — *la hausse du change lui cause une perte,* puisque, pour payer la même somme en or, il lui faut prélever davantage de pesetas sur ses recettes. *La baisse du change lui procure au contraire un bénéfice,* car au change de 11 % par exemple, il lui faudra pour payer 100.000 francs de coupons débourser 111.000 pesetas, et au cours de 10 %, il lui suffit de 110.000 pesetas : dans les deux cas le produit net est le même ; on voit que la baisse du change se traduit par un bénéfice de 1000 pesetas de moins à débourser.

Inversement une entreprise commerciale ou industrielle *exportatrice* gagne *à la hausse du change,* car si elle vend, par exemple, pour 1000 francs de marchandises en France, ces 1000 francs lui feront encaisser 1100 pesetas si le change est à 10 % de prime, 1110 fr. si le change est à 11 % de prime. Si ses dépenses en frais généraux, salaires, etc., sont toujours les mêmes, elle a donc intérêt à la hausse du change, si toutefois elle n'a pas de charges extérieures.

C'est le cas des mines espagnoles qui vendent leurs produits à l'étranger et par suite contre de l'or : *la hausse du change leur procure un bénéfice supplémentaire,* car pour la même quantité d'or elles obtiennent plus de pesetas pour payer leur main-d'œuvre ; *la baisse du change leur est au contraire nuisible* et représente pour elles une véritable augmentation de leurs charges. Une Cie minière qui encaisse 1110 pesetas pour une vente de 1000 fr. en France lorsque l'agio est de 11 % n'en reçoit plus que 1100 fr. avec un agio de 10 % : il y a là une perte de 10 pesetas sur la même opération de vente, toutes choses égales d'ailleurs ; c'est exactement comme si ses dépenses générales s'étaient augmentées de cette somme.

Pour les sociétés qui, comme le Rio-Tinto, Tharsis, etc., formées avec le concours de capitaux étrangers et qui sont astreintes à un service financier à l'extérieur, à payer en or leurs coupons d'obligations et leurs dividendes d'actions, la hausse ou la baisse du change peut leur être tantôt favorable, tantôt contraire.

Si la hausse du change procure un bénéfice supplémentaire aux mines espagnoles qui n'ont pas de service extérieur, ce bénéfice n'est pas, par suite d'un phénomène économique d'ordre général, rigoureusement proportionnel à la hausse du change : un pays à monnaie dépréciée ne peut s'isoler complètement des autres pays et la tension de l'or a pour conséquence d'entraîner dans ce pays, au cours des années, un renchérissement corrélatif de l'existence et de la main-d'œuvre, et par suite, pour les entreprises industrielles et commerciales, un accroissement de leurs frais généraux qui fait que le bénéfice provenant du change n'est pas un bénéfice net.

Résumons-nous.

La baisse du change d'un pays à monnaie dépréciée est en principe supportée par ce pays. Il en est ainsi, comme nous venons de le voir, pour l'État espagnol qui paie en or ses coupons de l'Extérieure, pour les compagnies de chemins de fer espagnols qui effectuent leurs recettes en pesetas, monnaie dépréciée, et qui effectuent en or au dehors le service de leurs titres. Au contraire pour une société espagnole de plomb argentifère, qui paie ses salaires en pesetas et réalise le plomb en Angleterre contre paiement en livres sterling, la baisse du change est toute en sa faveur, car elle reçoit en échange de son plomb, une monnaie à valeur pleine et ne fait ses paiements qu'en pesetas, monnaie dépréciée.

Et si, dans un pays à monnaie dépréciée, la baisse du change laisse sans aucune modification le prix des salaires et des marchandises, ce prix, estimé en or, fléchira d'une quantité correspondante à la baisse du change, c'est-à-dire à la baisse de la valeur à l'étranger de la monnaie dépréciée. Il résulte de là deux conséquences fort importantes. La première est que les pays à étalon d'or pourront, pour une même quantité d'or, se procurer des marchandises des pays à change avarié à des prix plus bas ; la seconde est que, pour tous les produits naturels des contrées à change déprécié, les pays à étalon d'or ne pourront plus supporter la concurrence des contrées à monnaie d'argent dépréciée ou à papier à cours forcé et ces dernières jouiront pour leurs exportations d'un grand avantage. Il y a là une part de vérité et d'exagération, attendu qu'une baisse persistante dans un pays à monnaie dépréciée finit toujours par amener dans ce pays une hausse des salaires et des marchandises. Il n'en est pas moins vrai qu'une baisse du change est, pour un pays à monnaie dépréciée, un stimulant à l'exportation et un obstacle à l'importation.

Le cours des changes n'intéresse pas seulement l'acheteur et le vendeur, le producteur et le fabricant, mais il intéresse encore plus ou moins directement le spéculateur, le banquier, le consommateur le rentier ou le capitaliste et enfin l'Etat.

Pour le *spéculateur*, qui opère en vue de profiter de la différence des cours en achetant sur une place pour revendre immédiatement sur une autre place où les prix sont plus élevés, les risques du change sont peu importants. Mais s'il achète ou vend des marchandises livrables à une époque assez éloignée, le change peut subir dans l'intervalle des variations en hausse ou en baisse favorables ou défavorables à ses combinaisons.

Pour le *banquier*, qui achète des effets étrangers pour les revendre, il a tout intérêt à ce que le change étranger ne devienne pas mauvais, car il retirerait moins qu'il n'a déboursé. Au contraire, si le change s'améliore pendant le séjour des effets en portefeuille, il peut gagner tout à la fois sur le change et sur l'escompte. D'autre part, l'émission de titres étrangers, si productive pour les banquiers, serait rendue difficile par une dépréciation assez importante du change, qui laisserait supposer une situation financière embarrassée du pays emprunteur et motiverait le peu de crédit qu'on peut lui accorder.

Pour le *consommateur*, comme aucun pays ne peut se suffire à lui-même et qu'il importe toujours plus ou moins, en cas de change déprécié, toutes les choses importées augmentent de prix et cette augmentation, se répercutant sur une foule d'objets, rend la vie plus chère.

Pour le *rentier*, le *capitaliste*, il voit le cours de ses titres augmenter avec la hausse du change et diminuer avec la baisse. En outre s'il possède des titres étrangers dont les revenus sont payables en or, il ne court aucun risque de change ; mais si ces revenus sont payables en monnaie dépréciée du pays débiteur, il touchera plus ou moins en sa propre monnaie suivant le cours du change, dont il supporte ainsi les risques.

Enfin pour les *Etats* qui ont des dettes à l'étranger, plus leur change est mauvais et plus il leur faut de monnaie nationale pour acquitter ces dettes.

La connaissance de la valeur au pair des monnaies étant indispensable pour se rendre compte des variations du change en hausse ou en baisse, nous clôturerons cette première partie du cours par la liste des unités monétaires des différents pays avec leurs divisions et subdivisions et leur valeur au pair par rapport à la monnaie française.

MONNAIES DES DIFFÉRENTS PAYS

Enumérons d'abord les pays qui ont adopté la même unité monétaire que la France, sous des noms généralement différents.

France	franc à 100 centimes........	1 franc	
Belgique	—	1 —	
Suisse	—	1 —	Union latine
Italie	lire à 100 centesimi	1 —	
Grèce	drachme à 100 leptas......	1 —	
Espagne	peseta à 100 centesimos....	1 —	
Roumanie	ley à 100 bani.............	1 —	
Serbie	dinar à 100 paras..........	1 —	
Bulgarie	lew à 100 stotinski.........	1 —	
Finlande	marka à 100 penni.........	1 —	
Vénézuela	bolivar à 100 centavos......	1 —	

Les Etats suivants de l'Amérique du Sud ont adopté une unité monétaire de même nature, de même poids et de même titre que notre pièce d'argent de 5 francs, et toutes sont au régime du papier-monnaie :

Bolivie	boliviano à 100 centavos	
Chili	peso ou piastre à 100 centavos......	
Colombie	peso à 100 centavos.	
Equateur	sucre à 100 centavos................	
Guatémala	piastre à 100 centavos.............	5 francs
Haïti	gourde à 100 centavos..............	(valeur théorique)
Honduras	piastre à 100 centavos..............	
Nicaragua	peso à 100 centavos................	
République Argentine	peso à 100 centavos..............	
Salvador	piastre à 100 centavos.............	
Uruguay	peso à 100 centavos....	

Et voici les monnaies des autres pays ;

EUROPE

Allemagne	reichmark (Rm) à 100 pfennigs	1 f.2345	
Angleterre	livre sterling (£) à 20 shillings à 12 pence	25	22
Autriche	couronne à 100 hellers.................	1	05
Danemarck	krone à 100 œre......................	1	39
Suède et Norvège			
Hollande	florin à 100 cents........	2	08
Portugal	milreis à 1.000 reis..................	5	60
Russie	rouble (Rb) à 100 kopecks.............	2	66
Turquie	livre à 100 piastres.................	22	78

AMÉRIQUE

Brésil	milreis à 1.000 reis....................	2	83
Costa-Rica	colon à 100 centimos	2	41
Etats-Unis	dollar à 100 cents....................	5	18
Mexique	dollar à 100 cents....................	5	43
Panama	balboa à 100 cents...................	5	18
Pérou	sol à 100 centavos...................	2	50

ASIE

Chine	{ taël (valeur au change)...............	2	20
	{ piastre de Canton....	5	38
Indo-Chine	piastre...............................	2	10
Indes Anglaises	roupie à 16 annas à 12 pice	1	68
Japon	yen à 100 sen........................	2	58
Perse	thoman	8	92

AFRIQUE

Egypte	livre à 100 paras.........	25	62
Ethiopie	talari	5	00
Maroc	once shraïa	0	5822

Le franc est usité dans toutes les colonies françaises, excepté dans les établissements de l'Inde qui ont la roupie (1,68) et la Cochinchine, qui a la piastre de valeur variable, actuellement 2,40.

La livre sterling est usitée au Cap, à l'Ile Maurice, au Canada où circule aussi le dollar américain, aux Antilles anglaises, à Malte, à Ceylan, à la Jamaïque, au Transwall et en Australie.

Le florin de Hollande circule au Luxembourg, à Java, Batavia, Amboine et Curaçao.

— On désigne par le signe \$ toutes les monnaies qui ont une valeur à peu près égale au dollar américain.

— Toutes les monnaies sont décimales, sauf la livre sterling et la roupie.

Et toutes sont à l'un des trois titres $^7/_8$, $^9/_{10}$, $^{11}/_{12}$. Sont au titre de $^7/_8$ la livre égyptienne et le dollar mexicain ; au titre de $^{11}/_{12}$ la livre sterling et la livre turque, le milreis portugais, la roupie des Indes et le peso chilien ; toutes les autres sont au titre de $^9/_{10}$, à l'exception du milreis brésilien au titre de 0,917, le peso du Nicaragua au titre de $^8/_{10}$, le talari éthyopien au titre de 0,835, ainsi que la monnaie marocaine.

— Tous les Etats européens sont au régime de l'étalon d'or, sauf les pays de l'Union latine qui, en théorie du moins, sont au régime du double étalon.

En Amérique, le Brésil, le Mexique, Panama, le Pérou, Costa-Rica, le Chili, la Colombie, la République Argentine et l'Uruguay sont au régime de l'or : les Etats-Unis sont théoriquement au double étalon et tous les autres Etats de l'Amérique du Sud sont à l'étalon d'argent.

La Chine et l'Indo-Chine sont au régime de l'étalon d'argent, les Indes Anglaises, le Japon et la Perse à l'étalon d'or.

L'Egypte a l'étalon d'or, l'Ethyopie et le Maroc ont l'étalon d'argent.

Sont au régime du papier monnaie la Grèce, le Portugal et l'Espagne, le Brésil et tous les Etats de l'Amérique du Sud.

Arithmétique des Changes

COTES DES CHANGES

La *cote des changes* d'une place est un bulletin qui donne le cours des devises étrangères, c'est-à-dire le prix du papier étranger négocié sur cette place sous forme d'effets de commerce, de chèques, de versements ou transferts télégraphiques.

Ces devises se désignent sur la cote par le nom du pays où les effets sont payables : *l'Allemagne, le Hollande, le Suisse*, etc., et alors le change est généralement le même pour tous les effets bancables de ce pays ; ou par la capitale de ce pays : le *Paris*, le *Londres*, le *Pétersbourg*, etc., auquel cas le papier sur la province peut donner lieu à une perte de place de $^1/_{10}$ % à 2 %, tantôt déduite du change, tantôt calculée à part sur le bordereau de négociation. Dans le langage parlé, on désigne souvent les devises par le nom de la monnaie dans laquelle elles sont stipulées : *des livres sterling, des dollars*, etc.

Chaque devise constitue une marchandise spéciale, qui se négocie sous certaines conditions de *quantité* et *d'échéance* établies par l'usage.

La *quantité* de monnaie étrangère sur laquelle portent les transactions constitue la *base du change*, le *certain*, par rapport au *cours* ou *l'incertain*. Elle est le plus souvent, du moins pour les places européennes, de 100 unités monétaires étrangères, à l'exception du Londres pour qui la base du change est de 1 livre sterling sur la plupart des places et de 10 livres sterling à Vienne et à Pétersbourg.

Les places européennes se donnent réciproquement l'incertain, à deux exceptions près : Londres donne l'incertain à Madrid, Lisbonne et Pétersbourg, et le certain aux autres places ; Lisbonne donne le certain à Londres et l'incertain aux autres places.

Les places hors d'Europe donnent pour la plupart le certain aux places européennes. Une seule est cotée à Paris, c'est New-York, qui donne l'incertain à Londres et le certain à Paris.

Deux places peuvent se donner réciproquement l'incertain, mais elles ne sauraient toutes deux se donner le certain, puisque l'une des deux monnaies doit servir de terme de comparaison à l'autre.

Le certain est sous-entendu sur les cotes et c'est toujours l'incertain qui constitue le cours du change.

— Les effets étant à des échéances diverses qu'il serait difficile de coter toutes, on a adopté, sur chaque place et pour chaque devise, une ou plusieurs *échéances-types*, que l'on ramène à l'échéance des effets à négocier ou inversement par un calcul d'intérêt ou d'escompte au taux étranger de la place cotée.

A Paris, il n'y a que le seul type d'*échéance à vue*, mais avec deux cours pour chaque devise : l'un pour le *papier court* (30 jours au plus à courir) ; l'autre pour le *papier long* (30 jours au moins à courir).

Sur les autres places, chaque devise peut, au contraire, avoir deux cotes à échéances différentes, mais avec un seul cours pour chacune d'elles : l'une à *courts jours* (ne pas confondre avec papier court) pour les échéances à vue, à 8 jours, à 15 jours ; l'autre *à terme* pour les échéances à 6 semaines, à 2 mois, à 3 mois, selon les devises et les places. Dans ce dernier cas, il existe une relation étroite entre le type d'échéance et le type du papier, c'est-à-dire que le papier court est coté à vue ou à courts jours et le papier long à 2 ou 3 mois.

L'usage de donner à Paris deux cours pour la seule échéance à vue, l'un pour le papier court et l'autre pour le papier long, a l'avantage de faire ressortir immédiatement quel est celui des deux papiers qui est le plus en faveur. Sur les places étrangères où une devise a deux cotes à échéance différente, l'écart entre les deux cotes représente à la fois une question d'intérêt et une question de faveur ou de défaveur; pour voir si l'un des papiers est plus ou moins en faveur que l'autre, il faut par un calcul d'intérêt ou d'escompte, ramener les deux cotes à la même échéance.

Il importe de ne pas oublier lorsqu'on lit la cote d'une place — qu'elle donne l'incertain ou le certain — que l'échéance porte toujours sur la monnaie étrangère et non sur la monnaie nationale, qui est du comptant.

TRANSFORMATION DES COTES

Étant donné un capital v à n jours d'échéance, calculer sa valeur V à l'échéance N, D étant le diviseur correspondant au taux d'intérêt.

Si $N > n$, le capital v produit intérêt pendant $(N—n)$ jours et sa valeur V à l'échéance N est :

$$(1) \qquad V = v \left(1 + \frac{N-n}{D} \right)$$

Si $N < n$, v étant escompté *commercialement* pour $(n—N)$ jours, sa valeur V à l'échéance n est :

$$(2) \qquad V = v \left(1 - \frac{n-N}{D} \right)$$

formule rentrant dans la précédente, si l'on observe que $N—n = —(n—N)$, ce qui revient à regarder N—n comme un nombre négatif si $n > N$.

Règle. — *On amène un capital v à échéance n à l'échéance postérieure N en le multipliant par le binôme d'intérêt* $\left(1 + \dfrac{N-n}{D}\right)$

Et on l'amène à l'échéance antérieure N en le multipliant par le binôme d'escompte $\left(1 - \dfrac{n-N}{D}\right)$

Des formules (1) et (2) on tire :

$$(3) \qquad v = \frac{V}{1 + \dfrac{N-n}{D}}$$

$$(4) \qquad v = \frac{V}{1 - \dfrac{n-N}{D}}$$

Règle. — *Pour ramener un capital V à échéance N à un capital à échéance antérieure n, on le divise par le binôme d'intérêt* $\left(1 + \dfrac{N-n}{D}\right)$

Et pour le ramener à un capital à échéance postérieure n, on le divise par le binôme d'escompte $\left(1 - \dfrac{n-N}{D}\right)$

Dans la pratique des changes, on se base sur ces formules pour transformer un capital à échéance donnée en un autre capital à échéance différente. Ce sont, en particulier, les formules (3) et (4) qui sont utilisées dans la transformation des cotes, que nous allons expliquer.

Plaçons-nous d'abord sur une place qui donne l'incertain et posons l'équivalence qui traduit la cote :

$$c \text{ esp.} = b \text{ unités étrangères à N jours}$$

ce qui signifie qu'il faut débourser comptant c en espèces nationales pour acquérir un effet de b unités de monnaie étrangère à N jours d'échéance.

La question à résoudre revient à calculer la valeur au comptant d'un effet de *même valeur nominale b* à échéance de n jours.

Si $N > n$ et si D est le diviseur fixe correspondant au taux d'intérêt étranger, on a, d'après la formule (3), eu égard à ce que l'intérêt porte sur l'effet et non sur le cours qui est du comptant :

$$b \text{ à N jours} = \frac{b}{1 + \dfrac{N-n}{D}} \text{ à n jours}$$

par suite

$$c \text{ esp} = \frac{b}{1 + \dfrac{N-n}{D}} \text{ à n jours}$$

d'où, en chassant le dénominateur, on tire pour la cote tranformée :

$$(5) \qquad c\left(1 + \frac{N-n}{D}\right) esp = b \text{ à } n \text{ jours}$$

Si $N < n$, on a, d'après la formule (4) :

$$b \text{ à } N \text{ jours} = \frac{b}{1 - \dfrac{n-N}{D}} \text{ à } n \text{ jours}$$

par suite

$$c \ esp = \frac{b}{1 - \dfrac{n-N}{D}} \text{ à } n \text{ jours}$$

d'où on tire pour la cote transformée :

$$(6) \qquad c\left(1 - \frac{n-N}{D}\right) esp = b \text{ à } n \text{ jours}$$

De là la double règle pratique :

Sur une place qui donne l'incertain, on transforme la cote en une échéance antérieure en augmentant le cours de son intérêt au taux étranger et pour le nombre de jours qui sépare les deux échéances ; et on la transforme en une échéance postérieure en diminuant le cours de son escompte.

C'est pour se conformer à la pratique, qui adopte toujours le procédé de calcul le plus rapide, que l'on fait usage tantôt de l'escompte rationnel et tantôt de l'escompte commercial dans la transformation des cotes. Mais s'il s'agit de *l'opération d'escompte elle-même*, l'escompte commercial est toujours de rigueur.

Si $N = o$, c'est-à-dire si la place étrangère est cotée à vue, et c'est le cas de la cote de Paris, on a :

$$(7) \qquad c\left(1 - \frac{N}{D}\right) esp = b \text{ à } n \text{ jours}$$

Si $n = o$, c'est-à-dire si on veut transformer la cote à N jours en cote à vue, on a :

$$(8) \qquad c\left(1 + \frac{N}{D}\right) esp = b \text{ à } n \text{ jours}$$

— Plaçons-nous maintenant sur une place qui donne le certain.

Le cours devient la base et la base le cours ; il suffit donc de permuter c en b et b en c dans les formules (5) et (6) pour avoir celles qui sont relatives à la transformation des cotes sur une place qui donne le certain.

Nous allons néanmoins établir directement ces dernières formules.

La place donnant le certain, on a pour l'équivalence traduisant la cote :

$$b \text{ esp. nat.} = c \text{ unités étrang. à } \mathbf{N} \text{ jours}$$

ou en ramenant cette cote à la forme de l'incertain :

$$\frac{b}{c} \text{ esp.} = 1 \text{ unité étrangère à } \mathbf{N} \text{ jours}$$

d'où, si $N > n$:

$$\frac{b}{c} \text{ esp.} = \frac{1}{1 + \dfrac{N - n}{D}} \text{ unités à } n \text{ jours}$$

ou, si $N < n$:

$$\frac{b}{c} \text{ esp.} = \frac{1}{1 - \dfrac{n - N}{D}} \text{ unités à } n \text{ jours.}$$

et, en remontant à la forme du certain, on a pour la cote transformée :

$$(9) \qquad b \text{ esp.} = \frac{c}{1 + \dfrac{N - n}{D}} \text{ unités à } n \text{ jours}$$

ou

$$(10) \qquad b \text{ esp.} = \frac{c}{1 - \dfrac{n - N}{D}} \text{ unités à } n \text{ jours}$$

ou

En s'appuyant sur les développements bien connus

$$\frac{1}{1 + \dfrac{N - n}{D}} = 1 - \frac{N - n}{D} + \left(\frac{N - n}{D}\right)^2 - \left(\frac{N - n}{D}\right)^3 + \cdots$$

$$\frac{1}{1 - \dfrac{n - N}{D}} = 1 + \frac{n - N}{D} + \left(\frac{n - N}{D}\right)^2 + \left(\frac{n - N}{D}\right)^3 + \cdots$$

et en ne conservant que les deux premiers termes de ces développements, on substitue souvent aux formules (9) et (10), lorsqu'il
s'agit de *comparer les cours*, les deux formules très approchées :

$$(11) \qquad b \text{ esp.} = c\left(1 - \frac{N - n}{D}\right) \text{ unités à } n \text{ jours.}$$

$$(12) \qquad b \text{ esp.} = c\left(1 + \frac{n - N}{D}\right) \text{ unités à } n \text{ jours.}$$

de là la double règle pratique, inverse de celle relative à une place
qui donne l'incertain :

*Sur une place qui donne le certain, on transforme la cote en une échéance
antérieure en diminuant le cours de son escompte, et en une échéance
postérieure en augmentant le cours de son intérêt au taux étranger et
pour le nombre de jours qui sépare les deux échéances.*

Si $N = 0$, c'est à-dire si la cote qui donne le certain cote à vue la place étrangère, on a :

$$b\ esp. = \frac{c}{1 - \dfrac{n}{D}} \quad \text{unités à n jours.}$$

ou très approximativement :

$$b\ esp. = c\left(1 + \frac{n}{D}\right) \quad \text{unités à n jours.}$$

Et si l'on veut transformer la cote à N jours en cote à vue, on a, n étant alors égal à zéro :

$$b\ esp. = \frac{c}{1 + \dfrac{N}{D}} \quad \text{unités à vue.}$$

ou très approximativement :

$$b\ esp. = c\left(1 - \frac{N}{D}\right) \quad \text{unités à vue.}$$

— La conjointe étant d'un usage assez général dans les calculs qui se font sur les changes, nous allons en formuler la règle pratique.

RÈGLE CONJOINTE

La *règle conjointe* ou *règle de chaîne* — variante de la règle de trois simple ou composée — a pour objet de déterminer le rapport de deux quantités reliées entre elles par des rapports intermédiaires.

L'inconnue est déduite d'une série d'équivalences dépendant les unes des autres.

La première équivalence pose la question même à résoudre : le premier terme exprime l'inconnue x ; le second, la valeur à évaluer ou à convertir.

Pour les équivalences suivantes, le premier terme de chacune d'elles est de même nature, comme unité et échéance, que le dernier terme de l'équivalence précédente ; le second terme est une des données de la question ou que celle-ci permet de trouver facilement. Dans ce dernier cas, l'équivalence est une équivalence d'intérêt ou d'escompte reliant une échéance à une autre ou une équivalence entre une unité monétaire et sa subdivision.

La conjointe est posée lorsque, toutes les équivalences étant écrites, le dernier terme exprime des unités de même nature et de même échéance que l'inconnue.

Cette inconnue s'obtient en divisant le produit des seconds termes par le produit des premiers.

Appliquons cette règle à la transformation des cotes, que nous prendrons ici sous forme numérique.

Paris cote Berlin 123 fr. comptant les 100 marks à vue, escompte 4 ½ % ; quelle est la cote à 2 mois correspondante ?

On a :
      x fr. cpt..... .... 100 Rm à 2 mois.
      8.000 Rm à 2 mois........ .... 7 940 Rm à vue.
      100 Rm à vue.............. 123 fr. cpt.

d'où
$$x = \frac{7.940 \times 123}{8.000} = 122 \text{ fr. } 08$$

Cette conjointe doit se lire ainsi :

  1° Combien de francs comptant x valent 100 marks à 2 mois,
  2° Si 8.000 marks à 2 mois valent 7.940 marks à vue,
  3° Si 100 marks à vue valent 123 fr. comptant.

Berlin cote Paris 80 Rm 50 comptant les 100 francs à 2 mois, escompte 3 % ; quelle est la cote correspondante : 1° à 40 jours ; 2° à 80 jours ?

On a :
1°
      x Rm cpt.. ...., 100 fr. à 40 jours.
      12.000 fr. à 40 j................, 12.020 fr. à 60 jours.
      100 fr. à 60 j............ .... 80 Rm 50 cpt.

d'où
$$x = \frac{12.020 \times 80,50}{12.000} = 80 \text{ Rm } 64$$

2°
      x Rm cpt.................... 100 fr. à 80 jours.
      12.000 fr. à 80 j............,.... 11.980 fr. à 60 jours.
      100 fr. à 60 j................ 80 Rm 50 cpt.

d'où
$$x = \frac{11.980 \times 80,50}{12.000} = 80 \text{ Rm } 36$$

Dans l'équivalence reliant deux échéances, on utilise la propriété du diviseur fixe : l'un des termes est formé de ce diviseur et l'autre de ce diviseur augmenté ou diminué de son escompte, suivant qu'il s'agit de relier à l'échéance de la cote une échéance qui lui est antérieure ou postérieure.

Passons à une place qui donne le certain.

Londres cote Paris 25 fr. 36 à 3 mois, escompte 3 %, pour une livre sterling comptant ; quel est le cours correspondant : 1° à 17 jours ; 2° à 100 jours ?

L'année étant comptée à Londres pour 365 jours, le taux 3 n'a pas de diviseur fixe exact ; pour relier deux échéances, nous raisonnerons sur le nombre 100, qui est commode comme multiplicateur ou diviseur.

On a :
1°
      x fr. à 17 jours.. .... 1 £ cpt.
      1 £ cpt.............. .... 25 fr. 36 à 90 j.
      100 ³/₈ fr. à 90 j.... 100   à 17 j.

d'où
$$x = \frac{25,36 \times 100}{100\ ^3/_5} = 25\ \text{fr. } 21$$

2°
$$x \text{ fr. à 100 j.} \ldots \ldots \ldots \ldots \quad 1\ \pounds \text{ cpt}$$
$$1\ \pounds \text{ cpt} \ldots \ldots \ldots \ldots \ldots \quad 25\ \text{fr. } 36 \text{ à 90 j.}$$
$$99\ ^{67}/_{73} \text{ fr. à 90 j.} \ldots \ldots \ldots \ldots \quad 100\ \text{fr. à 100 j.}$$

d'où
$$x = \frac{25,36 \times 100}{99\ ^{67}/_{73}} = 25\ \text{fr. } 38.$$

Remarque. — Il peut arriver qu'il y ait plusieurs manières d'établir une conjointe ; le résultat est toujours le même lorsque les équivalences successives s'enchaînent bien et que la règle se termine par un nombre de même nature que celui qui la commence.

Rappelons ici les rapports monétaires mis en évidence par Henri Lefèvre ; ces rapports, qui facilitent singulièrement certains calculs de change, seront du reste établis au cours de cette étude.

RELATIONS AU PAIR ET A LA PARITÉ
ENTRE DEUX PLACES

Il résulte des lois monétaires établissant le rapport des monnaies des différents pays au kilogramme d'or fin, des relations remarquables entre le pair intrinsèque des monnaies entre elles.

Entre deux places qui se donnent l'incertain, le produit des valeurs au pair des deux monnaies l'une par rapport à l'autre est égal à l'unité.

Ainsi le mark valant à Paris 1 fr. 23456 et le franc valant à Berlin 0 Rm 81, on a :
$$1,23456 \times 0,81 = 1$$

Si les deux cours réciproques, sans être au pair, ont un produit égal à l'unité, on dit par analogie qu'ils sont à la parité :
$$1,237 \times 0,8084 = 1$$

En général :
$$c\, c_1 = 1$$

d'où on tire :
$$c = \frac{1}{c_1}$$

et·
$$c_1 = \frac{1}{c}$$

Si l'une des places donne le certain à l'autre, la règle subsiste si l'on ramène à la forme de l'incertain la cote de la place qui donne le certain, mais alors les cours sont les mêmes sur les deux places. Ainsi Paris cotant Londres 25,20 et Londres cotant Paris 25,20 ou, sous la forme de l'incertain, $\dfrac{1}{25,20}$ £, on a :

$$25,20 \times \frac{1}{25,20} = 1$$

En général :

$$c \times \frac{1}{c_1} = 1$$

d'où $c = c_1$

RELATIONS AU PAIR ET A LA PARITÉ
ENTRE TROIS PLACES

Lorsque trois places se cotent circulairement ainsi :

		Cours au pair	Cours à la parité
Paris cote Amsterdam	c_1	2,083	2,0855
Amsterdam cote Berlin	c_2	0,5926	0,5908
Berlin cote Paris	c_3	0,81	0,8116

Si les cours à vue d'une place sur l'autre sont au pair, leur produit est égal à l'unité :

$$2,083 \times 0,5926 \times 0,81 = 1$$

Et si les cours, sans être au pair, ont un produit égal à l'unité, on dit par analogie qu'ils sont à la parité :

$$2,0855 \times 0,5908 \times 0,8116 = 1$$

Si l'une des places donne le certain, on ramène sa cote à la forme de l'incertain.

Plus généralement on dispose les cotes des 3 places de façon que chacune d'elles cote successivement les deux autres et que chaque monnaie se trouve ainsi intermédiaire entre deux autres :

		Cours au pair
Paris cote Amsterdam	c_1	2,083
— Berlin	c_2	1,2346
Amsterdam cote Berlin	c_3	0,5926
— Paris	c_4	0,48
Berlin cote Paris	c_5	0,81
Amsterdam	c_6	1,687

Si les cours sont *au pair réciproque*, il résulte des lois de fabrication des monnaies d'or dans les différents pays que :

1° *Le produit des cours de rang impair est égal à l'unité* :

$$2,083 \times 0,5926 \times 0,81 = 1$$

2° *Le produit des cours de rang pair est aussi égal à l'unité* :

$$1,2346 \times 0,48 \times 1,687 = 1$$

3° *Le produit des 6 cours est conséquemment égal à l'unité* :

$$2,083 \times \ldots\ldots \times 1,687 = 1$$

4° Chaque cours est égal au produit des deux autres entre lesquels il est compris

$$0,48 = 0,5926 \times 0,81$$

et ainsi des autres.

Si les cours, sans être au pair, satisfont à ces égalités, on dit par analogie qu'ils sont à la parité.

La *première condition de la parité* est donc

$$c_1\, c_3\, c_5 = 1$$
$$c_2\, c_4\, c_6 = 1$$

et la *seconde condition de la parité*, qui découle du reste des conditions précédentes, est :

$$c_2 = c_1\, c_3$$
$$c_3 = c_2\, c_4$$
$$\cdots\cdots$$
$$c_6 = c_1\, c_5$$
$$c_1 = c_2\, c_6$$

Lorsque 3 places sont au pair ou à la parité deux à deux, elles sont au pair ou à la parité trois à trois.

Si l'une des places donne le certain, on ramène sa cote à la forme de l'incertain.

La raison d'être de la spéculation sur les changes repose sur ce que les conditions de la parité des cours ne sont pas remplies.

COTE DES CHANGES DE PARIS

La *cote de Paris* donne en francs comptant le prix de 100 unités monétaires étrangères échues, sauf pour Londres qui est coté par 1 livre sterling et pour l'Espagne qui est cotée par 100 piastres ou 500 pesetas : *Paris donne donc l'incertain à toutes les places qui figurent sur sa cote et toutes y sont cotées à vue.*

La cote ne comprend que les changes donnant lieu à des affaires courantes. Etablie par un comité de 4 banquiers et de 3 courtiers, elle est communiquée au syndic des agents de change, qui la publie à la cote officielle à la suite des valeurs de bourse (1).

---

(1) En dehors de la cote officielle, il y a une *Cote des Banquiers,* qui continue à coter à tant °/₀ de perte ou de prime les devises sur la Belgique, la Suisse et l'Italie.

Cote de Paris du 28 Octobre 1911.

CHANGES	CHÈQUES-VERSEMENTS PAPIER COURT		PAPIER LONG		Escompte étranger
Londres	25,14 ½	à 25,17 ½	25,15	à 25,18	4 %
Allemagne....	122 ¾	à 123	122 $^{13}/_{16}$	à 123 $^{1}/_{16}$	5 %
Belgique.....	99 $^{5}/_{16}$	à 99 $^{7}/_{16}$	99 $^{9}/_{16}$	à 99 $^{11}/_{16}$	4 ½ %
Espagne......	456	à 461	455	à 460	4 ½ %
Hollande	207 ½	à 208	207 ½	à 208	4 %
Italie........	98 ¾	à 90	98 $^{7}/_{8}$	à 99 $^{1}/_{8}$	5 ½ %
New-York	514 ¼	à 517 ¼	513 ¾	à 516 ¾	6 %
Portugal......	508	à 518	503	à 513	6 %
St-Pétersbourg	264 ¾	à 266 ¾	263 ¾	à 265 ¾	5 %
Scandinavie...	138	à 139	138	à 139	5 %
Suisse	99 $^{17}/_{32}$	à 99 $^{21}/_{32}$	99 $^{17}/_{32}$	à 99 $^{21}/_{32}$	4 %
Vienne	104 ⅛	à 104 $^{3}/_{8}$	104 ⅛	à 104 $^{3}/_{8}$	5 %

Escompte à Paris 3 ½ %, hors banque 3 $^{1}/_{8}$ %

Londres, à cause de son importance financière, occupe le premier rang sur la cote ; les autres places sont classées par ordre alphabétique.

La cote de Paris est divisée en quatre colonnes affectées :

1° Aux devises ; 2° au prix du papier court ; 3° au prix du papier long ; 4° au taux d'escompte étranger.

L'état du marché, les prévisions de l'avenir, des convenances de portefeuille peuvent concourir à faire rechercher un papier plutôt qu'un autre ; il y a donc utilité à coter simultanément le papier court et le papier long. La différence des cours entre les deux papiers provient de ce que l'un est plus ou moins demandé que l'autre, ce qui tient généralement à ce que le taux d'escompte est plus ou moins élevé à l'étranger qu'à Paris. En principe les différences de cours entre le papier court et le papier long expriment l'état général du crédit entre les deux places ; les différences de cours entre chacune de ces catégories de papier expriment l'état du crédit individuel de ceux qui apportent du papier sur le marché.

Les cours inscrits dans les colonnes papier court et papier long indiquent : les premiers, *les plus faibles*, les prix offerts par les acheteurs ; les seconds, *les plus élevés*, les prix demandés par les vendeurs. L'opération est arrêtée, suivant les tendances du marché et la solvabilité des signatures, à l'un ou l'autre de ces cours, à un cours intermédiaire ou au cours moyen.

Le *cours moyen* est la demi-somme des cours extrêmes donnés par la cote :

Allemagne 122 $\frac{3}{4}$ à 123 p. c.   122 $^{15}/_{16}$ 123 $^{1}/_{16}$ p. l. escompte 5 $^{0}/_{0}$

Cours moyen 122 $^{7}/_{8}$ 123

C'est autour de ce cours moyen qu'oscille plus ou moins le prix d'achat ou de vente. Il peut servir de régulateur pour les opérations du lendemain.

Il est d'usage d'appliquer le cours moyen aux négociations qui se font en dehors de la bourse.

Les grandes banques qui ont des succursales à Londres indiquent généralement qu'elles sont preneurs de chèques à 1 centime au-dessous du cours moyen et donneur de chèques à 1 centime au-dessus.

On appelle *point* la différence d'une unité dans la partie entière qui exprime le cours. Ainsi entre les cours 122 $^{7}/_{8}$ à 123 du mark, la différence est de $\frac{1}{8}$ de point.

Dans l'indication des cours, les fractions d'unités employées sont de 2 en 2 fois plus petites $\frac{1}{2}$, $\frac{1}{4}$, $\frac{1}{8}$, $^{1}/_{16}$, $^{1}/_{32}$ et les multiples, de sorte qu'un cours quelconque peut être exprimé par 1, 2, 3, 4, 5 chiffres, non compris la partie entière.

NÉGOCIATION SUR LA PLACE DE PARIS

Le papier étranger se divise, comme les effets nationaux, en papier déplacé, en papier bancable et en papier négociable.

Le papier non bancable supporte d'ordinaire une *perte de place* établie sur une quantité minima et parfois une *commission* de $\frac{1}{4}$ $^{0}/_{0}$ à $\frac{1}{8}$ $^{0}/_{0}$.

Le papier négociable, portant des signatures de premier ordre, d'un montant d'une certaine importance et à 30 jours d'échéance au moins, se négocie au taux hors banque.

Un minimum d'intérêt de 3 à 15 jours, suivant les devises et les places, est prélevé sur les effets à vue ou à courte échéance ; s'il n'en est pas fait mention au bordereau, c'est qu'il a été déduit du cours.

Le courtage, pour les négociations qui se font en bourse, est de $^{1}/_{10}$ $^{0}/_{0}$ payable par le vendeur ; le courtier en sacrifie souvent une partie, ce qui fait que le courtage peut se réduire, pour le Londres par exemple, à $\frac{1}{4}$ $^{0}/_{00}$ ou $\frac{1}{2}$ $^{0}/_{00}$.

Tout effet émis d'un pays sur un autre est assujetti au droit de timbre du pays d'émission, et, quand il arrive dans le pays où il est payable, au droit de timbre de ce pays. Le vendeur bonifie à l'acheteur le timbre étranger.

Dans un bordereau de plusieurs devises, le timbre se calcule sur chacune d'elles et non sur leur total.

Le droit de timbre, réduit en millièmes, est de $\frac{1}{2}$ °/₀₀ en France, en Angleterre, en Allemagne, en Belgique, en Hollande et en Espagne ; de ⁶/₁₀ °/₀₀ en Italie ; de ⁷/₁₀ °/₀₀ à Vienne ; de 1 °/₀₀ en Portugal ; de 2 °/₀₀ à 1,08 °/₀₀ à St-Pétersbourg ; de ¹/₅ °/₀₀ à ¹/₁₀ °/₀₀ en Suisse, suivant les cantons.

A New-York, il n'y a pas de timbre sur les effets, mais les chèques sont timbrés à 2 cents.

A Paris, l'année est comptée pour 360 jours et les mois pour le nombre de jours qu'ils ont, à moins qu'il ne s'agisse d'un effet négociable sur Londres, décompté au taux hors banque, auquel cas il est d'usage de compter l'année de 365 jours comme en Angleterre.

Pour les effets sur Londres, autres que les chèques, il faut tenir compte de 3 jours de grâce ; pour les effets sur St-Pétersbourg, de 3 jours de grâce s'ils sont à vue, de 10 jours de grâce s'ils sont à délai de vue ou de date.

Evaluation d'un effet. — D'après la définition même du cours, on obtient le prix en francs d'un effet étranger V d'échéance à vue comme la cote, en multipliant son montant par le quotient $\dfrac{c}{b}$ du cours par la base :

$$\frac{Vc}{b}$$

Si l'effet n'est pas à vue, il faut l'y ramener en l'escomptant pour le nombre de jours n qu'il a encore à courir, multiplier ensuite par le quotient $\dfrac{c}{b}$ du cours par la base, et on a pour sa valeur V_1 en francs comptant :

$$V_1 = V\left(1 - \frac{n}{D}\right) \cdot \frac{c}{b}$$

ou bien transformer la cote à vue en cote à n jours et effectuer ensuite la multiplication :

$$V_1 = V \cdot \frac{c\left(1 - \dfrac{n}{D}\right)}{b}$$

formule identique à la précédente, puisqu'elle n'en diffère que par l'ordre des facteurs.

En groupant convenablement ces facteurs, on peut écrire :

$$(1) \quad V_1 = V\left(1 - \frac{n}{D}\right) \cdot \frac{c}{b}$$

$$(2) \quad V_1 = \frac{Vc}{b} \cdot \left(1 - \frac{n}{D}\right)$$

$$(3) \quad V_1 = \frac{V}{b} \cdot c\left(1 - \frac{n}{D}\right)$$

De là trois procédés différents de calcul, selon que l'escompte est déduit du montant de l'effet, du produit effectué du montant de l'effet par le cours, ou du cours lui-même.

— *Evaluer au 28 octobre un effet de 1.800 dollars au 12 décembre ; Paris cote New-York 515 ¼ à vüe, escompte 6 %.*

1ʳᵉ Solution

On ramène par l'escompte l'effet à l'échéance à vue de la cote, et on dispose le calcul ainsi :

```
Paris 28 octobre 1911.
$  1.800   »      New-York au 12 décembre
      13 50        escompte 45 j. à 6 %.
$  1.786 50        à 5,15 ¼ ......... fr. 9.204,94125
```

C'est là le procédé exclusivement employé en banque lorsqu'il s'agit de la négociation d'un effet et aussi en comptabilité pour l'inscription au journal divisionnaire des effets étrangers.

2ᵉ Solution

On convertit d'abord la monnaie étrangère en monnaie française et du produit on retranche l'escompte :

```
$  1.800 fr. à 5 fr. 1525 = 9.274 50
   escompte 6 % pour 45 j.      69 56
   Prix demandé...... fr.   9.204 94
```

Ce procédé, employé par quelques banquiers, n'est pas à recommander, parce qu'il complique un peu les calculs lorsqu'il y a lieu de tenir compte du timbre étranger bonifié par le vendeur à l'acheteur.

3ᵉ Solution

On ramène le cours à l'échéance de l'effet et on multiplie ensuite par le montant de l'effet :

```
Cours à vue ..........     515 25
escompte 6 % pour 45 j.      3 864375
Cours à 45 jours .....     511 385625 × 18 = 9.204 fr. 94
```

Lorsque le cours est ainsi ramené par l'escompte à l'échéance de l'effet, et plus généralement lorsque le cours est diminué de l'escompte (ou augmenté de l'intérêt ailleurs) du timbre étranger et de tous frais quelconques, qui ne figurent plus au bordereau, le change est dit *tel quel*, c'est-à-dire qu'il est appliqué tel qu'il est, que le cours est net.

4ᵉ Solution

Une 4ᵉ solution est donnée par la conjointe :

$$
\begin{aligned}
x \text{ fr. espèces} &\ldots\ldots \quad 1.800 \ \$ \text{ à } 45 \text{ jours} \\
6.000 \ \$ \text{ à } 45 \text{ j.} &\ldots\ldots \quad 5.955 \ \$ \text{ à vue} \\
100 \ \$ \text{ à vue} &\ldots\ldots \quad 515 \text{ fr. } 25 \text{ espèces.}
\end{aligned}
$$

d'où
$$
x = \frac{1.800 \times 5.955 \times 515,25}{6.000 \times 100} = 9.204 \text{ fr. } 94125
$$

Inversement quel est le montant d'un effet en dollars à 45 jours que l'on peut se procurer avec une somme de 9.204 fr. 94125 ?

On a par la conjointe :

$$
\begin{aligned}
x \ \$ \text{ à } 45 \text{ jours} &\ldots\ldots \quad 9.204 \text{ fr. } 94125 \text{ espèces} \\
515 \text{ fr. } 25 \text{ espèces} &\ldots \quad 100 \ \$ \text{ à vue} \\
5.955 \ \$ \text{ à vue} &\ldots\ldots \quad 6.000 \ \$ \text{ à } 45 \text{ jours}
\end{aligned}
$$

d'où
$$
x = \frac{9.204,94125 \times 100 \times 6.000}{515,25 \times 5.955} = 1.800 \ \$
$$

— Dans les exemples suivants de négociation, nous nous en tiendrons au premier procédé de calcul qui est le plus employé dans la pratique ; la conjointe elle-même n'est intéressante que dans le change indirect, par la marche qu'elle retrace d'une opération dans toutes ses phases.

Négociation du 28 octobre ; ch. 123 pl., escompte 5 %.

$$
\begin{aligned}
\text{Rm } 1.500 \quad &\text{» Berlin au 7 décembre} \\
&\quad 8,33 \text{ escompte } 5\ \text{°/₀ pour } 40 \text{ jours.} \\
\underline{9,33} \quad &\ \ 1 \text{ » timbre allemand} \\
\text{Rm } 1.490,67 \text{ à } 1,23 &\ldots\ldots\ldots\ldots \text{ fr. } 1.833,53
\end{aligned}
$$

S'il s'agit d'un effet déplacé, il y a lieu à perte de place :

Négociation du 28 octobre ; ch. 122 ⅞ pc, escompte 5 %, perte de place ¹/₁₀ °/₀.

$$
\begin{aligned}
\text{Rm } 800 \quad &\text{» Hagueneau } 15 \text{ novembre} \\
2 \quad &\text{ » escompte } 5 \text{ °/₀, pour } 18 \text{ jours} \\
0,50 \quad &\text{ timbre allemand} \\
\underline{3,30 \quad 0,80} \quad &\text{ perte de place } ^1/_{10} \text{ °/₀} \\
\text{Rm } 796.70 \text{ à } 1,22 \text{ ⅞} &\ldots\ldots\ldots \text{ fr. } 978,94
\end{aligned}
$$

Enfin si l'effet est négociable, il doit être décompté au taux hors banque ; mais, à Paris, on emploie généralement le taux officiel, en n'appliquant le cours coté pour le papier long qu'aux effets ayant encore 3 mois à courir ; pour les effets plus courts, susceptibles d'être réescomptés à l'étranger au taux hors banque, *on applique un cours intermédiaire entre le prix du papier court et celui du papier long et en rapport avec l'échéance de l'effet.*

Ainsi le papier long sur Berlin étant coté 123
et le papier court.................... 122 $^7/_8$

La différence en faveur du papier long étant   0 $^1/_8$

On appliquera, pour un effet ayant par exemple 45 jours à courir, le cours $123 - 0,125 \times \dfrac{45}{90} = 122,9375$:

Négociation du 28 octobre :

Rm 4.000	Berlin au 12 décembre
25	» escompte pour 45 à 5 °/₀
27	2 » timbre allemand
Rm 3.973	à 1,229375............ fr. 4.884,30

Si le cours du papier long est inférieur à celui du papier court, il faut y ajouter et non retrancher l'écart proportionnel.

— Passons à la négociation d'effets sur l'Angleterre.

Négociation du 28 octobre ; ch. pl. 25,165, escompte 4 °/₀

£ 104.10.6	Londres au 30 novembre
	0.8.4 escompte de 36 j. à 4 °/₀ (y compris 3 j. de grâce)
0.10.4	0.2.0 timbre anglais.
104.0.2	à 25,16 ¼.................... fr. 2.617,35

— Le papier bancable, c'est-à-dire de 100 £ au moins et à longue échéance, peut être, sur la demande du cédant, décompté directement au taux hors banque ; dans ce cas, on applique l'année de 365 jours comme en Angleterre. Ex :

Négociation du 28 octobre ; ch. 25,165, taux hors banque 3 ½ °/₀.

£ 2.000 »	Londres 11 janvier
	14.19.2 esc^{te} 3 ½ % pour 78 j. (y compris 3 j. de grâce)
15.19.2	1. 0.0 timbre Anglais
£ 1.984.0.10	à 25,165 = 49.928 fr. 40

— Les effets sur la province anglaise ne sont jamais décomptés au taux hors banque et ils supportent une perte de place.

Les chèques en livres sterling sur la province, portant la mention L. A. (*London Agents*) ou L. B. (*London Bankers*), sont reçus comme Londres, mais décomptés sur 4, 5, 6 jours d'intérêt, temps nécessaire pour présenter ces chèques au visa dans les localités sur lesquelles ils sont tirés et les retourner au correspondant chez lequel ils sont payables ; ceux qui ne supportent pas cette mention subissent la perte au tarif et les 3 jours de grâce. Exemple (année 365 jours).

BORDEREAU (OU AVAL) D'EFFETS ANGLAIS

Paris, le 28 octobre 1911

£	sh	d						timbre	p^{te} de pl.	
200	»	»	Sheffield..........	»	chèque	4	800	»	¹/₅ %	0. 8.0
230	»	»	Liverpool (L. A.).	»	chèque	6	1.500	»	»	»
104	10	6	Londres..........	30	novembre	36	3.730	0.2.0	»	»
125	5	3	Cork	15	décembre	51	6.375	0.2.0	¼ %	0. 6.3
679	15	9					12.455	0.4.0		0.14.3
			1. 7. 3 ½ esc^{te} 4 %							
			0.14.3 p^{te} de place							
2	5	6½	0. 4.0 timb. angl.							
677	10	2½	à 25,15 = 17039,38							

C'est ainsi que, dans la négociation d'effets étrangers entre banquiers, il est d'usage, à Paris, de se servir d'imprimés portant l'intitulé *Aval*.

Le vendeur, quand il touche la contrevaleur des effets, constate sur la pièce elle-même qu'il a reçu le net produit en espèces. En outre, il ajoute généralement une *«garantie pour les risques de route»*, pour l'envoi direct et sans retard des effets acceptés, et il s'engage à fournir au besoin les duplicatas. Mais d'ordinaire les banquiers ne négocient que la seconde ou la copie, qui porte au bas la mention : *« La première ou l'original accepté ou à l'acceptation chez M. X..., à qui au besoin »*. L'acceptation, ainsi mise à l'abri des risques de route, reste à la disposition du porteur de la seconde ou de la copie.

Le paiement d'un aval a lieu le lendemain de la négociation ou le surlendemain, si le lendemain est un jour férié légal.

L'aval ne se distingue en rien du bordereau ordinaire ; s'il contient des effets de nature différente, on le chiffre par les intérêts immédiats et non par les nombres.

On applique souvent un cours tel quel, perte de place et timbre étranger compris dans le change.

— Négociation d'effets payables dans le pays du franc et pour lesquels le change s'exprime par un tant pour cent de prime (*b*) ou de perte (*p*), du moins sur la cote de la chambre syndicale des banquiers.

Négociation du 28 octobre ; ch. pl. ⅛ % p^{te}, escompte 3 °/₀.

```
    fr. b. 1.850   »      Bruxelles 17 novembre
                   3,10 escompte de 20 j. à 3 %
          4,10   1   »  timbre belge
          ────
    fr. b. 1.845,90 à vue
           2,30 perte ⅛ %
          ────
    fr. 1.843, 60 valeur au 28 octobre
```

Si, comme dans la cote officielle, on cote en ajoutant à 100 fr. la prime ou en déduisant la perte, on a :

$$1.845,90 \times 0,99875 = 1.843 \text{ fr. } 60$$

En Belgique, le taux d'escompte est de $\frac{1}{2}$ % inférieur pour les effets acceptés à celui des effets non acceptés.

Négociation du 28 octobre ; ch. pl. b $\frac{1}{10}$ %, escompte 3 $\frac{1}{2}$ %.

$$
\begin{array}{rl}
\text{fr. } 2.400 \text{ »} & \text{Genève 12 décembre} \\
 & 10,50 \text{ escompte 3 } \frac{1}{2} \text{ % pour 45 j.} \\
12 \text{ »} \quad 1,50 & \text{timbre génevois} \\
\hline
\text{fr. } 2.388,50 & \text{à vue} \\
1,50 & \text{prime } \frac{1}{10} \text{ %} \\
\hline
\text{fr. } 2.389,50 & \text{valeur 28 octobre}
\end{array}
$$

Si l'effet négocié est payable dans une petite localité, il supporte une perte de place Ex :

Négociation d'un effet sur Spietz à 24 j. escompte 3 $\frac{1}{2}$ % ch. $\frac{1}{16}$ % prime, perte de place 0,10 %,

$$
\begin{array}{rl}
\text{fr. } 630 \text{ »} & \text{Spietz à 24 jours} \\
 & 1,47 \text{ escompte 3 } \frac{1}{2} \text{ % pour 24 jours} \\
 & 0,63 \text{ perte de place 0,10 %} \\
2,40 & 0,30 \text{ timbre (canton de Berne)} \\
\hline
\text{fr. } 627,60 & \text{à vue} \\
0,40 & \text{prime } \frac{1}{16} \text{ %} \\
\hline
\text{fr. } 628,00 & \text{valeur ce jour}
\end{array}
$$

— Dans la réduction en francs des effets sur l'Espagne, le cours, 460 par exemple, étant le prix de 100 piastres ou 500 pesetas, on peut, dans ce dernier cas, pour abréger les calculs, doubler le cours et prendre le millième ; on obtient ainsi le cours de la peseta :

$$\frac{460 \times 2}{1.000} = 0,92.$$

Madrid cotant Paris à tant % de prime, on peut également exprimer la cote de Paris sur Madrid à tant % de perte :

$$\frac{(500 - 460)\,100}{500} = 8 \text{ % de perte.}$$

— L'évaluation en francs des effets sur les autres places cotées à Paris donnant lieu à des calculs semblables aux précédents, nous arrêterons là nos exemples de négociation.

EFFETS EN FRANCS SUR L'ÉTRANGER

Il est de pratique constante que les effets étrangers soient exprimés en monnaie du pays du tiré et non en celle du pays du tireur ou du preneur.

Il est des exceptions.

Ainsi, un négociant français effectue en francs ses ventes à l'étranger ; il tire en règlement des traites stipulées en francs, qui devront être payées à l'étranger en monnaie étrangère, pour l'équivalent de la somme en francs qui y est indiquée.

Les effets en francs sur l'étranger sont escomptés par les banquiers à leurs clients et ne donnent généralement lieu à aucune autre négociation ; à l'approche de l'échéance, les banquiers les envoient à leurs correspondants étrangers pour le recouvrement.

Il n'y a donc pas lieu, lors de la négociation, de tenir compte du change ; les effets sont traités comme des effets nationaux non bancables ; les conditions d'escompte sont à débattre entre client et banquier et les frais d'encaissement sont indiqués aux tarifs.

C'est ainsi que les effets en francs sur l'Angleterre sont décomptés comme les effets sur France, en déduisant l'escompte, y compris les 3 jours de grâce et le timbre anglais. Ex :

Négociation du 28 octobre ; perte de place $^1/_{10}$ °/₀, escompte 4 °/₀.

```
fr.    3.000  »    Douvres au 14 novembre.
                   6 65 escompte 20 j. à 4 °/₀ (y compris 3 j. de grâce).
                   3  »  perte de place ¹/₁₀ °/₀.
       12 15        2 50 timbre anglais
       ─────
fr.    2.987 85 net.
```

Toutefois le banquier peut avoir à tenir compte, pour certains pays, de ce que l'effet sera finalement encaissé en monnaie étrangère d'après un change résultant des conditions stipulées sur l'effet. Or, à ce point de vue, l'effet peut être stipulé *payable au cours du change à vue sur Paris, en or* ou *sans stipulation aucune.*

La mention *payable au cours du Paris à vue*, ou son équivalente *payable en francs effectifs*, signifie qu'avec la somme encaissée en monnaie étrangère, on doit obtenir le même jour, au cours du change à vue sur Paris, un chèque en francs d'un montant égal à celui de l'effet.

La mention *payable en or*, inscrite sur un effet en francs payable dans un pays à monnaie dépréciée, où l'or fait prime sur le billet de banque, signifie que le paiement doit être fait en or ou que, s'il est fait en monnaie dépréciée, il doit comprendre le montant de la prime. Ainsi en Espagne, la prime sur l'or étant de 10 °/₀, un effet de 100 francs devra être payé 110 pesetas.

Si les effets en francs sur l'étranger sont stipulés en francs effectifs, la perte au change est sinon nulle, le cours auquel s'achètera la couverture dépendant de l'offre et de la demande, du moins est-elle réduite au minimum; mais si ces effets ne portent aucune stipulation, ils peuvent, notamment en Allemagne et en Espagne, être encaissés à un change fixe, supérieur au gold point, qui entraine une perte au change assez forte.

Ainsi un effet en francs sur l'Allemagne, sans stipulation aucune, sera encaissé au *change fixe* de 80 Rm pour 100 francs, soit à raison de 100 Rm pour 125 francs ; si donc, pour un effet de 125 francs envoyé en recouvrement à Berlin, au lieu d'être couvert en papier sur Paris au cours du jour 81 Rm 30 pour 100 francs, soit 123 francs pour 100 Rm, on l'était au change fixe de 125 francs pour 100 Rm, il en résulterait une perte de 2 francs, soit $\dfrac{2 \times 100}{125} = 1{,}60$ %.

Dès lors, le bordereau est décompté comme un effet sur la France, mais au taux officiel allemand et la perte au change s'ajoute aux autres frais. Ex.

Négociation du 28 octobre : escompté 4 ½ % perte de place ¹/₁₀ %.

<pre>
    fr. 1 443   »   Metz au 22 novembre (sans stipulation) ; ch. 123.
                      4 50 escompte 4 ½ % pour 25 jours.
                      1 45 perte de place ¹/₁₀ %.
                      1 » timbre allemand
           30 05   23 10 perte au change 1,60 %.
    fr. 1412 95 valeur 28 octobre.
</pre>

Si cet effet était évalué en francs effectifs, la perte au change ne serait que de $\dfrac{(123{,}45 - 123)\,100}{123{,}45} = {}^3/_8$ % environ et le bordereau se présenterait ainsi :

Négociation du 28 octobre :

<pre>
    fr. 1.443   »   Metz au 22 novembre (en francs effectifs)
                      4 50 escompte 4 ½ % p. 25 jours.
                      1 45 perte de place ¹/₁₀ %.
                      1 » timbre allemand.
           12 35   5 40 perte au change ³/₈ %.
    fr. 1.430 65 valeur 28 octobre.
</pre>

— Un effet en francs sur l'Espagne, sans aucune stipulation, peut être acquitté sur la base de 5 francs = 19 réaux (ancien change) alors que la piastre vaut 20 réaux.

EFFET EN MONNAIE TIERCE

En général les banquiers n'acceptent un tel effet qu'à l'encaissement et non à l'escompte.

Toutefois un effet créé en monnaie autre que celle du pays du tireur et du tiré devient négociable s'il porte la mention «*payable au cours de l'endossement* ». Le banquier, qui l'escompte, opère la conversion le jour même en monnaie du pays débiteur et en mentionne le chiffre sur l'effet, qui acquiert ainsi une valeur certaine : c'est comme si l'effet avait été créé tout d'abord en monnaie du pays où il est payable. Le plus souvent, l'effet est réduit à un change qui permet au banquier de payer à son cédant le montant de l'effet sans aucune retenue, le cours de réduction comprenant les intérêts, le timbre étranger, les frais d'encaissement, etc , s'il en a été ainsi convenu.

Par exemple, à Paris, la négociation d'un effet de 3oo livres sterling sur Berlin, à 40 jours d'échéance, donnera lieu au calcul suivant, en admettant que le taux d'intérêt soit 4 ¹/₂ °/₀, la perte de place ¹/₅ °/₀ et le cours à vue de Berlin sur Londres 20 Rm 40 :

```
Rm        100   »
           o 50 int. 4 ¹/₂ pour 40 j.
           o 20 perte de place ¹/₅ °/₀.
           o 05 timbre allemand,
          ____________
Rm        100 75
```

Soit 0,204 × 100,75 = 20,553 Rm pour le cours de négociation.

Le bordereau se chiffre ensuite comme à l'ordinaire :

```
£ 300 à 20,553 =                                   6.165 Rm 90
    escompte 4 ¹/₂ °/₀ p. 40 jours    Rm 30 83
    perte de place ¹/₅ °/₀........       12 33
    timbre allemand...........           3 50        46     66
                                                 __________________
                                         Rm 6.119         24 net
```

Soit le coût de 300 £ au cours à vue de 20,40, à une petite différence près.

PLACES NON COTÉES

Il est des places, comme Constantinople, Alexandrie, les grands centres des Indes, de l'Extrême-Orient et de l'Amérique du Sud, que Paris ne cote pas, et sur lesquelles il peut cependant avoir du papier à traiter. Or, le prix du papier sur une place non cotée à Paris se règle le plus souvent d'après le propre bulletin des changes de cette place.

On veut, par exemple, émettre une traite à vue sur Constantinople ; à quel prix faut-il tirer si Constantinople cote Paris à 3 mois 22 fr. 80 pour 1 livre turque comptant, escompte 3 °/₀ ?

Ramenons le cours à vue :

```
Cours à 3 mois.....    22 80
3 mois à 3 °/₀.......     o 17
Cours à vue... .....   22 63
```

C'est sur cette base de 22 fr. 63, à laquelle ressort à Constantinople le Paris à vue, que nous tirerons sur Constantinople, ou plus généralement que nous évaluerons l'achat ou la vente d'effets sur la Turquie, en tenant compte, s'il y a lieu, des frais de commission et autres qui augmentent le prix d'achat et diminuent le prix de vente.

On peut également recourir au change indirect de Constantinople sur Paris par Londres.

Ainsi Constantinople cotant Londres 110 piastres comptant pour 1 livre sterling à 3 mois, escompte 4 %, soit 110 (1 + 1 %) = 111 piastres 10 à vue, et Paris cotant Londres 25 fr. 15 à vue, on a :

$$x \text{ fr. cpt} \ldots\ldots\ldots\ldots \quad 1 \text{ l. turque à vue.}$$
$$1 \text{ l. t. à vue} \ldots\ldots\ldots \quad 100 \text{ piastres cpt.}$$
$$111,10 \text{ piastres cpt..} \quad 1 \text{ £ à vue.}$$
$$1 \text{ £ à vue} \ldots\ldots\ldots\ldots \quad 25 \text{ fr. 15 cpt.}$$

d'où
$$x = \frac{100 \times 25,15}{111,10} = 22 \text{ fr. } 64.$$

Autrement, on dispose les cotes de façon que les cours de la place tierce soient compris entre ceux des deux places intéressées et on ramène la cote de Constantinople sur Paris à la forme de l'incertain :

$$\text{Constantinople cote Paris} \ldots \frac{1}{x} \text{ livre turque pour 1 franc}$$
$$\text{—} \qquad \text{—} \qquad \text{Londres.} \quad 1 \text{ l. t. 111 pour 1 £}$$
$$\text{Paris cote Londres} \ldots\ldots\ldots \quad 25 \text{ fr. 15 pour 1 £}$$
$$\text{—} \qquad \text{Constantinople} \ldots \quad (\text{non coté})$$

Exprimant alors, en vertu de la seconde condition de la parité $c_2 = c_1 c_3$, qu'un cours est égal au produit des deux cours entre lesquels il est compris, on a :

$$1,111 = \frac{1}{x} \times 25,15$$

d'où
$$x = \frac{25,15}{1,111} = 22 \text{ fr. } 64$$

Le cours à vue de Constantinople sur Paris par Londres est égal au quotient du cours de la livre sterling à Paris par son cours à Constantinople.

Cette règle dispense de poser la conjointe.

Bien entendu que les cours doivent être donnés ou ramenés à vue.

— Parmi les places non cotées à Paris, plusieurs sont sujettes, dans le cours de leurs changes, à de fréquentes et fortes variations, qui rendent la négociation des effets aussi difficile qu'onéreuse. Le meilleur moyen de parer à cet inconvénient est d'envoyer directement les effets à l'encaissement et de demander en retour couverture sur Paris ou sur toute autre place ; le net produit de cette couverture permettra seul d'estimer exactement la remise.

Quant aux traites que l'on aurait à tirer en francs, on les crée en *francs payables au cours du Paris à vue, ou en livres sterling payables au cours du Londres à vue,* contre remboursement immédiat et sous déduction des frais.

— *On verse au Crédit Lyonnais 8000 francs en échange de deux lettres de crédit sur Pétersbourg à 1 et 2 mois d'échéance et de même valeur nominale ; quelle sera cette valeur si Paris cote Pétersbourg 264 à vue, escompte 5 %*

On a :

$$100 \text{ Rb à 1 mois valent } 264 \left(1 - \frac{30}{7.200}\right) = 262 \text{ fr. } 90$$

$$- \quad 2 \quad - \quad 264 \left(1 - \frac{60}{7.200}\right) = 261 \text{ fr. } 80$$

200 Rb escomptés valent donc... 524 fr. 70

par suite, le montant de chaque lettre de crédit est de :

$$\frac{8000}{524\ 70} = 1.524 \text{ Rb } 68$$

Et par la conjointe, en remarquant que les deux lettres de crédit sont équivalentes à une seule de valeur double et à 45 jours d'échéance :

```
2 x Rb à 45 jours.............    8.000 fr. comptant
2,64 cpt......................    1 Rb. à vue
7155 Rb à vue.................    7200 Rb à 45 jours
```

d'où
$$x = \frac{8.000 \times 7.200}{2 \times 2,64 \times 7.155} = 1.524 \text{ Rb } 68$$

Bordereau de vérification :

```
Rb   3.049 36    St-Pétersbourg à 45 jours
        19 05  — 45 jours à 5 %.
Rb   3.030 31    à 2,64 = 8.000 fr.
```

— Avant de passer à l'étude des principales cotes étrangères, nous allons établir les formules générales relatives à la négociation des effets.

FORMULES GÉNÉRALES

Évaluer en monnaie nationale un effet de V unités monétaires étrangères à n jours d'échéance, c étant le prix en monnaie nationale de b unités étrangères à N jours et D le diviseur fixe correspondant au taux d'intérêt étranger.

Plaçons-nous d'abord sur une place qui donne l'incertain.

Si l'effet était à l'échéance de la cote, il suffirait, d'après la définition même du cours, de multiplier le montant de l'effet par le cours (ramené à l'unité de base) pour avoir sa valeur en monnaie nationale.

Or l'effet est à n jours d'échéance et la cote à N jours.

Supposons d'abord n $<$ N, c'est-à-dire l'effet à échéance *antérieure* à celle de la cote.

Pour que le cours puisse être appliqué, il faut *amener* l'effet à l'échéance de la cote par une addition d'intérêt pour (N — n) jours :

$$V \text{ à n jours} = V \left(1 + \frac{N - n}{D} \right) \text{ à N jours}$$

et par suite pour la valeur V_1 en monnaie nationale :

$$(1) \qquad V_1 = V \left(1 + \frac{N - n}{D .} \right) \cdot \frac{c}{b}$$

Ou par la conjointe :

$$V_1 \text{ esp.} \ldots\ldots\ldots\ldots V \text{ à n jours}$$
$$D \text{ à n jours} \ldots\ldots D + (N - n) \text{ à N jours}$$
$$b \text{ à N jours} \ldots\ldots c \text{ esp.}$$

d'où
$$V_1 = V \; \frac{D + N - n}{D} \cdot \frac{c}{b}$$

Supposons maintenant n $>$ N, c'est-à-dire l'effet à échéance *postérieure* à celle de la cote.

On *ramène* alors l'effet à l'échéance de la cote en *l'escomptan. commercialement* pour (n — N) jours :

$$V \text{ à n jours} = V \left(1 - \frac{n - N}{D} \right) \text{ à N jours}$$

et par suite pour la valeur V_1 en monnaie nationale :

$$(2) \qquad V_1 = V \left(1 - \frac{n - N}{D} \right) \cdot \frac{c}{b}$$

Ou par la conjointe :

$$V_1 \text{ esp.} \ldots\ldots\ldots\ldots V \text{ à n jours}$$
$$D \text{ à n jours} \ldots\ldots D - (n - N) \text{ à N jours}$$
$$b \text{ à N jours} \ldots\ldots c \text{ espéces}$$

d'où $\quad (2) \qquad V_1 = V \; \frac{D - (n - N)}{D} \cdot \frac{c}{b}$

Cette formule (2) rentre dans la formule (1) si l'on considère la différence (N — n) comme susceptible d'être positive ou négative.

De là la règle pratique :

Sur une place qui donne l'incertain, on obtient le prix en monnaie nationale d'un effet étranger à échéance autre que celle de la cote, en ajoutant au montant de l'effet son intérêt au taux étranger et pour le temps qui sépare les deux échéances ou en retranchant l'escompte, suivant que l'échéance de l'effet est antérieure ou postérieure à celle de la cote, et en multipliant ensuite par le cours.

Les formules (1) et (2) peuvent s'écrire en intervertissant l'ordre des facteurs :

$$(3) \qquad V_1 = \frac{Vc}{b} \cdot \left(1 + \frac{N - n}{D} \right)$$

$$(3\ \text{bis}) \qquad V_1 = \frac{Vc}{b} \cdot \left(1 - \frac{n - N}{D} \right)$$

D'où cette seconde règle :

Pour évaluer un effet étranger en monnaie nationale, on le convertit d'abord en cette dernière monnaie, en multipliant son montant par le cours, et on augmente ensuite le produit de son intérêt ou on le diminue de son escompte pour le temps qui sépare les deux échéances, suivant que l'échéance de l'effet est antérieure ou postérieure à celle de la cote.

Enfin les formules (1) et (2) peuvent encore s'écrire :

$$(4) \qquad V_1 = \frac{V}{b} \cdot c \left(1 + \frac{N - n}{D} \right)$$

$$(4\ \text{bis}) \qquad V_1 = \frac{V}{b} \cdot c \left(1 - \frac{n - N}{D} \right)$$

ce qui revient à appliquer la cote transformée.

De là cette 3ᵉ règle :

Pour évaluer un effet étranger en monnaie nationale, on multiplie son montant par la cote transformée de son échéance à celle de l'effet par une addition ou une soustraction d'intérêt, suivant que l'échéance de l'effet est antérieure ou postérieure à celle de la cote.

De toutes ces solutions — conjointe comprise — la première est la plus pratique.

Cas particuliers. — Si dans la formule (1) ou (2), on fait $N = 0$, c'est-à-dire si la cote est à vue, et c'est le cas de la cote de Paris, on a :

$$(5) \qquad V_1 = V \left(1 - \frac{n}{D} \right) \cdot \frac{c}{b}$$

Si $n = 0$, c'est-à-dire si l'effet est à vue, on a :

$$(6) \qquad V_1 = V \left(1 + \frac{N}{D} \right) \cdot \frac{c}{b}$$

Enfin, si effet et cote sont à vue, $n = 0$, $N = 0$, et on a :

$$(7) \qquad V_1 = \frac{Vc}{b}$$

Il en est de même si $n = N$, c'est-à-dire si l'échéance de l'effet est la même que celle de la cote.

Des formules (1) et (2), on tire :

$$(8) \qquad V = \frac{V_1 \, b}{c\left(1 + \dfrac{N - n}{D}\right)}$$

$$(9) \qquad V = \frac{V_1 \, b}{c\left(1 - \dfrac{n - N}{D}\right)}$$

formules qui donnent, sur une place cotant à l'incertain, le montant V d'un effet étranger à n jours avec lequel on peut se procurer en le vendant comptant V_1 unités de monnaie nationale comptant.

— Passons à une place qui donne le certain.

Le cours devient la base et la base le cours ; il suffit donc, pour passer du cas de l'incertain à celui du certain, de permuter b en c et c en b dans les formules (1) et (2). Il vient alors :

$$(10) \qquad V_1 = \frac{V b}{c}\left(1 + \frac{N - n}{D}\right)$$

$$(11) \qquad V_1 = \frac{V b}{c}\left(1 - \frac{n - N}{D}\right)$$

D'où la règle :

Sur une place qui donne le certain, il faut pour évaluer un effet étranger augmenter ou diminuer le montant de l'effet de son intérêt pour le temps qui sépare son échéance de celle de la cote, suivant que l'échéance de l'effet est antérieure ou postérieure à celle de la cote, et diviser ensuite par le cours.

La règle ne diffère donc de celle relative à une place qui donne l'incertain qu'en ce que le cours, qui est un multiplicateur dans le premier cas, devient un diviseur dans le second.

On substitue parfois aux formules (10) et (11) les formules suivantes qui résultent de la transformation — par approximation — de la cote à N jours en cote à n jours :

$$V_1 = \frac{V b}{c\left(1 - \dfrac{N - n}{D}\right)}$$

$$V_1 = \frac{V b}{c\left(1 + \dfrac{n - N}{D}\right)}$$

Mais ces formules doivent être rejetées, parce qu'elles sont d'un emploi moins facile que les premières et surtout parce qu'elles ne donnent qu'un résultat approché de la valeur de l'effet.

Cas particuliers. — Si dans la formule (10) ou (11) on fait $N = 0$, c'est-à-dire si la cote est à vue, on a :

$$(12) \qquad V_1 = \frac{V b}{c}\left(1 - \frac{n}{D}\right)$$

Si n = o, c'est-à-dire si l'effet est à vue, on a :

$$(13) \qquad V_1 = \frac{Vb}{c}\left(1 + \frac{N}{D}\right)$$

Enfin si N = o et n = o, ou encore si n = N, c'est-à-dire si l'effet et la cote sont à vue ou à la même échéance, on a :

$$(14) \qquad V_1 = \frac{Vb}{c}$$

Des formules (10) et (11) on tire :

$$(15) \qquad V = \frac{V_1 c}{b\left(1 + \frac{N-n}{D}\right)}$$

$$(16) \qquad V = \frac{V_1 c}{b\left(1 - \frac{n-N}{D}\right)}$$

formules qui donnent, sur une place cotant au certain, le montant V d'un effet étranger à n jours, qui fait encaisser en le vendant ou débourser en l'achetant V_1 unités de monnaie nationale.

La cote officielle de Paris n'exprime plus en tant % de perte ou de prime le cours des changes sur les pays à monnaie du franc ; mais la cote de la Chambre des banquiers continue à pratiquer ce mode de cotation, qu'on retrouve d'ailleurs sur certaines places étrangères ; aussi allons-nous donner les formules générales qui s'y rapportent.

Une place qui cote à tant %₀ de perte ou de prime cote généralement à vue et doit donner l'incertain. Si donc on désigne par V_1 le prix en monnaie nationale d'un effet de V unités étrangères à n jours, D étant le diviseur correspondant au taux d'intérêt étranger, p la perte et b le bénéfice au change, on a dans le cas de perte au change :

$$(17) \qquad V_1 = V\left(1 - \frac{n}{D}\right)\left(1 - \frac{p}{100}\right)$$

et dans le cas de bénéfice au change :

$$(18) \qquad V_1 = V\left(1 - \frac{n}{D}\right)\left(1 + \frac{b}{100}\right)$$

La perte ou la prime doivent être prises sur la valeur escomptée et non sur la valeur nominale de l'effet, à moins de prélever d'abord la perte ou la prime et d'escompter ensuite la différence ou la somme trouvée, ce qui revient à intervertir l'ordre des deux derniers facteurs dans les deux dernières formules.

Si l'effet à évaluer est à vue, on a :

$$(19) \quad V_1 = V \left(1 - \frac{p}{100} \right)$$

$$(20) \quad V_1 = V \left(1 + \frac{b}{100} \right)$$

De ces quatre dernières formules on tire :

$$(21) \quad V = \frac{V_1}{\left(1 - \frac{n}{D} \right)\left(1 - \frac{p}{100} \right)}$$

$$(22) \quad V = \frac{V_1}{\left(1 - \frac{n}{D} \right)\left(1 + \frac{b}{100} \right)}$$

$$(23) \quad V = \frac{V_1}{1 - \frac{p}{100}}$$

$$(24) \quad V = \frac{V_1}{1 + \frac{b}{100}}$$

formules qui donnent la valeur nominale V d'un effet étranger à n jours dans le premier cas, à vue dans le second, qui fait encaisser en le vendant ou débourser en l'achetant, avec une perte p ou un bénéfice b au change, V_1 unités monétaires nationales.

COTE DES CHANGES DE LONDRES

Il n'y a pas à Londres de cote officielle ; les banquiers publient eux-mêmes leurs bulletins de changes, qu'ils remettent à leurs clients et à leurs correspondants.

Les places allemandes, autrichiennes, suisses, espagnoles, italiennes et indiennes, sont généralement détaillées sur la cote et non réunies comme ici sous le nom du pays lui-même.

Cote du 28 octobre 1911.

ESCᵗᵉ	DEVISES	ÉCHÉANCE	PRIX FAITS			BASE DU CHANGE (sous entendue)
3 $^{1}/_{2}$ %	Paris.........	court	25,15	à	25,20	pour 1 £
—	—	3 mois	25,38	à	25,42	»
4 °/.	Amsterdam,....	court	12,12	à	12,13	»
—	—	3 mois	12,15	à	12,16	»
5 °/.	Allemagne.....	3 mois	20,25	à	20,30	»
5 °/.	Autriche.......	3 mois	24,10 $^{1}/_{2}$	à	24,25	»
5 °/.	Copenhague ...	3 mois	18,40	à	18,45	»
5 °/.	Stockohlm	3 mois	18,44	à	18,48	»
4 °/.	Suisse........,	3 mois	25,37	à	25,42	»
4 $^{1}/_{4}$ °/.	Bruxelles......	3 mois	25,40	à	25,45	»
5 $^{1}/_{2}$°/.	Italie..........	3 mois	25,42	à	25,47	»
5 °/₀	St-Pétersbourg.	3 mois	25 $^{1}/_{4}$ d	à	26	pr 1 rouble
4 $^{1}/_{2}$°/.	Espagne,.......	3 mois	44 $^{1}/_{2}$ d	à	45 $^{1}/_{4}$	— 1 piastre
6 °/.	Portugal.......	3 mois	48 $^{1}/_{4}$ d	a	49	— 1 milreis
5 °/.	New-York	câble	47 $^{1}/_{2}$ d	à	48	— 1 dollar
—	—	60 j. de vue	47 $^{1}/_{4}$ d	à	47 $^{3}/_{4}$	—
6 °/₀	Rio-Janeiro....	60 j. de vue	16 $^{3}/_{32}$ d	à	16 $^{5}/_{32}$	— 1 milreis
6 °/.	Indes anglaises	30 j. de vue	15 $^{3}/_{4}$ d	à	16 $^{1}/_{2}$	— 1 roupie
6 °/.	Hong-Kong ...	60 j. de vue	1sh 9 $^{11}/_{16}$ d	à	1.10 $^{1}/_{16}$	— 1 piastre
6 °/.	Sanghaï	60 j. de vue	2.5 $^{5}/_{8}$ d	à	2.5 $^{15}/_{16}$	— 1 taël
5 °/.	Yokohama.....	à vue	2,0 $^{1}/_{16}$ d	à	2,0 $^{11}/_{16}$	— 1 yen

Escompte à Londres 4 °/₀ ; hors banque 3 $^{5}/_{8}$ °/₀.

Ce qui caractérise la cote de Londres et la différencie de celle de Paris, c'est que Londres donne l'incertain à plusieurs places et le certain à d'autres. Londres donne le certain à toutes les places européennes, sauf à Lisbonne, Madrid et St-Pétersbourg, auxquels il donne l'incertain (plus ou moins de deniers), ainsi qu'aux places hors d'Europe, New-York, Rio-Janeiro, Indes anglaises (plus ou moins de deniers) et Extrême-Orient (plus ou moins de shillings et deniers).

En général, on peut dire qu'à Londres le change est stipulé en la monnaie usitée sur la place étrangère : Paris cote 1 livre sterling plus ou moins de francs, Londres cote aussi en francs ; Lisbonne cote plus ou moins de deniers pour 1 milreis, Londres cote aussi en deniers. Il résulte de ce mode de cotation une comparaison facile des cours, qui, exprimés dans la même monnaie sur les deux places, *varient dans le même sens*, tandis que, pour deux places qui se donnent l'incertain, les cours, exprimés en monnaie différente, *varient en sens inverse* et ne peuvent-être comparés que par un calcul de parité.

Londres cote les places européennes à 3 mois, sauf Paris et Amsterdam qui sont cotés une seconde fois à vue ; il cote les changes hors d'Europe à 60 jours de vue, sauf les Indes anglaises qui sont cotées à 30 jours de vue et Yokohama à vue.

La cote indique deux cours : le plus élevé s'applique au papier de banque, l'autre au papier de commerce. L'écart des prix correspond à une différence dans la valeur intrinsèque du papier. Cette différence revient en grande partie à l'acheteur sous forme d'un escompte plus avantageux, le papier de banque étant escompté au taux hors banque et le papier de commerce au taux officiel.

Pour les places auxquelles Londres donne l'incertain et qui sont par suite cotées en deniers ou en shillings, le premier cours est le plus bas, et cet ordre est renversé pour les places cotées au certain et par suite en monnaie étrangère.

A Londres, les traites, même celles *on sigh* (à vue) jouissent de 3 jours de grâce, mais non celles *on demand*.

Les effets sur le Portugal et l'Espagne doivent porter la mention *payable en or*, sinon ils ne sont reçus qu'à l'encaissement.

Le courtage est de 1 °/₀₀ payable et par le vendeur et par l'acheteur.

L'année est comptée pour 365 jours et les mois pour le nombre de jours qu'ils ont.

On ne tient pas compte des jours de grâce accordés sur les places étrangères.

Les cours se nivellent au taux étranger et souvent au taux hors banque, à moins que la négociation ne se fasse à un cours tel quel, intérêts et courtage compris.

Le timbre est de 1/2 °/₀₀, basé sur l'échelle suivante :

1 denier,	jusqu'à	5 £	inclusivement	
2 »	de	5 à 10	»	
3 »	»	10 à 25	»	
6 »	»	25 à 50	»	
1 shilling	»	50 à 100	»	
2 »	»	100 à 200	»	
3 »	»	200 à 300	»	

et ainsi de suite, 1 shilling en sus par chaque 100 £ en plus.

Le timbre étranger n'est pas bonifié à l'acheteur ; mais on obtient un meilleur cours, surtout pour le papier timbré sur France.

Le chèque est timbré à 1 penny, à moins qu'il ne porte des endossements étrangers, auquel cas il est soumis au timbre proportionnel.

Les golds points sont, d'après Haupt :

			pour	
25 fr. 34 $\frac{1}{2}$	à l'importation	Paris	25 fr. 12 $\frac{1}{2}$	à l'exportation
20 Rm 50	»	Berlin	20 Rm 34	»
12 fl 15	»	Amsterdam	12 fl 04	»
46 $\frac{3}{8}$ d	»	Madrid	17 $\frac{7}{8}$ d	»
53 $\frac{1}{4}$ d	»	Lisbonne	53 $\frac{3}{8}$ d	»
18 Kr 23	»	Copenhague	18 Kr 07	»
112 piastres	»	Constantinople	108 p. 80	»
4 dollars 90	»	New-York	4 dollars 84	»
98 piatres	»	Alexandrie	97 piastres	»

— Paris et Londres se cotant réciproquement en francs, la comparaison des cours à vue ressort des cotes elles-mêmes ; mais avec la cote à 3 mois de Londres sur Paris, il faut ramener à vue le cours en retranchant 3 mois d'escompte au taux 3 $\frac{1}{2}$ % de Paris :

$$
\begin{array}{lr}
\text{Cours à 3 mois} \ldots\ldots\ldots\ldots & 25{,}40 \\
\text{— 3 mois à 3 } \frac{1}{2} \text{ %} \ldots\ldots\ldots\ldots & 0{,}22 \\
\hline
\text{Cours à vue} \ldots\ldots\ldots\ldots\ldots & 25{,}18
\end{array}
$$

Les frais à ajouter à ce prix ou à en retrancher, si l'on veut vendre du Paris à Londres ou y en acheter, sont :

$$
\begin{array}{lr}
\text{Timbre anglais } 1/2 \text{ °/}_{oo}\ldots\ldots & 0{,}0126 \\
\text{Timbre français } 1/2 \text{ °/}_{oo}\ldots\ldots & 0{,}0126 \\
\text{Courtage à Londres } 1 \text{ °/}_{oo}\ldots & 0{,}0252 \\
\text{Courtage à Paris } 1/10 \text{ °/}_{o}\ldots & 0{,}0252 \\
\hline
 & 0{,}0756
\end{array}
$$

Négociation sur la place de Londres

Lorsque l'effet à évaluer n'est pas à l'échéance de la cote, il faut l'y ramener par une addition ou une soustraction d'intérêts, selon que l'échance de l'effet est antérieure ou postérieure à celle de la cote, puis multiplier ou diviser ensuite par le cours, suivant que l'effet est payable sur une place cotée à l'incertain ou au certain.

Prenons d'abord une place cotée à l'incertain.

Négociation du 28 octobre ; ch. à 3 mois 25 $\frac{1}{8}$ d, escompte 5 °/₀.

$$
\begin{array}{lll}
\text{Rb} & 4.800 \; » & \text{St-Pétersbourg au 23 décembre} \\
 & 23 \; 67 & +\, 36 \text{ j. } 5 \text{ °/}_{o} \text{ (du 23/12 au 28/1)} \\
\hline
\text{Rb} & 4.823 \; 67 & \text{à } \dfrac{25.125}{240} = \pounds \, 504.19.7
\end{array}
$$

Passons à une place cotée au certain.

Négociation du 28 octobre ; ch. à 3 m. 25,40, escompte 3 1/2 %.

fr. 12.000   Paris 29 décembre
     34 52   + 30 j. à 3 ½ % (du 29/12 au 28/1)
____
fr. 12.034 52   : 25,40 = £ 473.16.0

Si on applique le cours à vue 25,17 ½, on a :

fr. 12.000   Paris 29 décembre
     71 342   — 62 j. à 3 ½ % (du 28/10 au 29/12)
____
fr. 11.928,658   : 25,175 = £ 473.16.7

REMARQUE. — Le cours du change et l'incertain sont une seule et même chose ; quoique ce cours dépende d'un autre terme (le certain), il est toujours exprimé par le terme incertain, qui subit seul les variations en hausse ou en baisse.

Pour l'intelligence des cotes, nous avons généralement indiqué le certain et la nature de l'unité monétaire qui traduit les cours. Or, ces données faisant défaut sur les cotes, pour se rendre compte des changes cotés sur une place, il importe de connaître le certain qu'elle reçoit ou donne en retour de l'incertain qu'elle donne ou reçoit, ainsi que l'unité monétaire avec laquelle les cours sont exprimés.

En particulier, la lecture d'une cote qui, comme celle de Londres, donne l'incertain à quelques places et le certain à d'autres, n'est pas sans embarrasser ceux qui ne sont pas familiarisés avec cette cote.

Pour se tirer d'affaire, on suppose d'abord que toutes les devises sont cotées à l'incertain, c'est-à-dire en monnaie de la place dont on lit la cote et on réduit le cours en sa propre monnaie.

Si le nombre ainsi obtenu correspond à peu près à 1 ou 100 unités monétaires de la place cotée, c'est que celle-ci reçoit l'incertain. Dans le cas contraire, on est amené à conclure que la place dont on lit la cote donne le certain à la place cotée, c'est-à-dire que le cours exprimé en monnaie de cette dernière place, traduit en francs, correspond à peu près à 1 ou 100 unités de la place dont on lit la cote.

Nous lisons, par exemple, sur la cote de Londres :

Berlin   20,25
Pétersbourg   25 ¼.

Ces cours expriment-ils des livres sterling, des marks ou des roubles ?

Si Londres donne l'incertain à Berlin, le cours 20,25 exprime des livres sterling dont la valeur en francs est de 25,22 × 20,25 = 510 f. 70 ; cette somme ne correspondant pas à 100 marks, qui valent 123 fr., le cours n'est pas exprimé en livres sterling. Il ne l'est pas non plus en shillings, qui vaudraient $1,26 \times 20,25 = 25,50$, nombre ne correspondant ni à 1, ni à 10 marks. Il n'est pas davantage exprimé en deniers, qui vaudraient $0,105 \times 20,25 = 2$ fr. 12, ne correspondant pas à 1 mark. Il résulte de là que Londres donne le certain à Berlin et que le cours 20,25 représente des marks qui, en effet, évalués à 1 fr. 23, donnent 24 fr. 90, valeur approchée de la livre sterling.

Passons à la seconde cote, et voyons si, avec le cours 25 ¼, Londres donne également le certain à Pétersbourg. S'il en est ainsi, 25 ¼ représentent des roubles, qui à 2 fr. 66 font 67 fr. 165, somme ne correspondant pas à 1 livre sterling. Nous en concluons que Londres donne l'incertain à Pétersbourg, c'est-à-dire que 25 ¼ représentent de la monnaie anglaise, mais non des livres sterling, qui vaudraient $25,22 \times 25 ¼ = 636$ fr. 63, somme bien supérieure à la valeur de 100 roubles ; ni non plus des shillings, qui vaudraient $1,26 \times 25 ¼ = 31$ f. 82, somme ne correspondant ni à 1, ni à 10 roubles ; ce ne peut donc être que des deniers, et, en effet, $0,105 \times 25 ¼ = 2$ fr. 65, valeur très approchée du rouble. Londres donne donc l'incertain à Pétersbourg, 25 ¼ deniers, pour en recevoir le certain, 1 rouble.

COTE DE NEW-YORK

New-York donne le certain à Paris et à la Suisse, qui sont cotés en francs pour 1 dollar ; il donne l'incertain à Londres, à Amsterdam et à Berlin, qui sont cotés en dollars ou en cents pour 1 livre sterling, 1 florin, 1 mark.

Les effets sont cotés à 3 ou 60 jours de vue, échéances qui se transforment en 18 ou 75 jours de date, le trajet de New-York en Europe et la présentation de l'effet à l'acceptation exigeant 15 jours en moyenne.

La cote de New-York contient encore le cours des versements ou transferts télégraphiques à faire par câble à Paris, Londres et Berlin ; on les paie environ ⅛ °/₀ plus cher que le papier à courte échéance.

Aucun droit de timbre n'est perçu sur les effets ; les chèques sont timbrés à 2 cents.

Comme à Londres, les mois sont comptés pour leur nombre de jours et l'année pour 365 jours ; les effets jouissent de 3 jours de grâce.

Le courtage est de ¹/₁₀ °/₀ à ⅛ % payable exclusivement par le vendeur.

Cote du 28 octobre 1911

3 ½ %	Paris, 3 jours de vue.........	5 f 16 ⅞	à	5 f 16 ¹/₈	pour 1 $
—	— 60 —	5 f 18	à	5 f 17	—
—	— transferts par câble....	5 f 16 ⅝	à	5 f 16 ⅜	—
4 %	Places Suisses, 3 jours de vue .	5 f 17 ½	à	5 f 15 ½	—
—	— 60 —	5 f 18 ¼	à	5 f 16 ¾	—
4 %	Londres, 3 jours de vue..	4 $ 80	à	4 $ 81	1 £
—	— 60 —	4,78	à	4.79	—
—	— transferts par câble...	4,85	à	4,87	—
4 %	Amsterdam, 3 jours de vue....	40°60	à	40,80	1 fl
—	— 60 —	40°50	à	40,70	—
5 %	Allemagne, 3 jours de vue	95°	à	95 ¼	4 Rm
—	— 60 —	94 ¾	à	95 ¼	—

Escompte à New-York 5 %

Les gold points sont :

		pour		
521 fr. ½	à l'importation	Paris	514 fr. ¾	à l'exportation
4 $ 84	—	Londres	4 $ 90	—
0 $ 40	—	Amsterdam	0 $ 40 ½	—
0 $ 94 ⅞	—	Berlin	0 $ 96 ½	—

— New-York cotant Paris au certain, 5 fr. 175 à 60 jours de vue pour 1 dollar comptant et en fait à 75 jours de date, on ramène à vue ce cours en en retranchant 75 jours d'intérêt au taux français 3 ¼ % :

Cours à 75 jours.......	5 f 175
— 75 jours 3 ¼ %.....	0 f 037
Cours à vue...........	5 f 138

Les frais à ajouter ou à retrancher de ce prix, si l'on veut vendre ou acheter du Paris à New-York, sont :

Timbre français ½ %₀₀...	0,00257
Courtage à New-York ¹/₁₆ %.	0,00356
— à Paris ¹/₁₀ %......	0,00513
	0,01126

— New-York cotant Londres à l'incertain, 4 $ 785 comptant pour 1 £ à 60 jours de vue, il faut, pour ramener à vue ce cours, ajouter au contraire 75 jours d'intérêt au taux anglais 4 % :

Cours à 75 jours..........	4 $ 785
+ 75 jours à 4 %..........	0 040
Cours à vue....	4 $ 825

— Calculons le change indirect de New-York sur Paris par Londres. Transformons la cote de New-York sur Paris du certain x fr = 1 dollar à l'incertain 1 fr. $= \dfrac{1}{x}$ dollar, et disposons ainsi les cotes données ou ramenées à vue :

$$
\begin{aligned}
&\text{New-York cote Paris}\ldots\ldots\quad \frac{1}{x}\ \$\ \text{pour 1 franc}\\
&\qquad\qquad\text{cote Londres}\ .\quad 4{,}825\ \$\ \text{pour 1 £}\\
&\text{Paris cote Londres}\ldots\ldots\quad 25{,}175\ \text{fr. pour 1 £}
\end{aligned}
$$

On a immédiatement, en vertu de la seconde relation de la parité entre 3 places :

$$\frac{1}{x} \times 25{,}175 = 4{,}825$$

d'où
$$x = \frac{25{,}175}{4{,}825} = 5\ \text{fr. } 21 \qquad \text{(quotient des cours de}$$

la place intermédiaire).

Vérification par la conjointe :

$$
\begin{aligned}
x\ \text{fr}\ldots\ldots\ldots &\quad 1\ \$\\
4\ \$\ 825\ldots\ldots &\quad 1\ £\\
1\ £\ldots\ldots\ldots &\quad 25{,}175
\end{aligned}
$$

d'où $\qquad x = 5$ fr. 21

— On a, de même, pour le change indirect de Paris sur New-York par Londres où New-York est coté $47\ \frac{3}{4}\ ^d$:

$$
\begin{aligned}
x\ \text{fr}\ldots\ldots\ldots &\quad 1\ \$\\
1\ \$\ldots\ldots\ldots &\quad 47\ \tfrac{3}{4}\ ^d\\
240\ ^d\ldots\ldots\ldots &\quad 1\ £\\
1\ £\ldots\ldots\ldots &\quad 25{,}175
\end{aligned}
$$

d'où
$$x = \frac{47\ \tfrac{3}{4} \times 25{,}175}{240} = 5\ \text{fr.}$$

Ou en posant :

$$
\begin{aligned}
&\text{Paris cote Londres}\ldots\ldots\quad 25{,}175\ \text{fr. pour 1 £}\\
&\qquad\ -\quad \text{New-York}\ldots\ldots\quad x\quad \text{fr. pour 1 \$}\\
&\text{Londres cote New-York}\ldots\quad \frac{47{,}75}{240}\ £\ \text{pour 1 \$}
\end{aligned}
$$

d'où
$$x = \frac{25{,}175 \times 47{,}75}{240} = 5\ \text{fr.} \quad \text{(produit des cours de}$$

Paris sur Londres et de Londres sur New-York).

— Lorsqu'on négocie à New-York du papier sur l'Europe, ce papier est généralement à 60 jours de vue comme la cote, de sorte que, pour en opérer la conversion, il n'y a pas de calcul d'intérêt à faire. Il en est généralement ainsi, du reste, pour les pays d'outre-mer, dont les tirages, en concordance avec leurs cotes, se font à 60, 90, 120 jours et plus de vue.

Dans le cas contraire, il faut amener l'effet à l'échéance de la cote et multiplier ou diviser ensuite par le cours, selon que l'effet est payable sur une place à laquelle New-York donne l'incertain ou le certain.

COTE DE BERLIN

Berlin donne l'incertain à toutes les places de sa cote ; les cours sont exprimés en marks de quantité variable pour 100 unités de monnaie étrangère, sauf pour Londres qui est coté par 1 livre sterling et Lisbonne par 1 milreis.

Les types d'échéance sont à 8, 10, 14, 21 jours, 2 ou 3 mois ; presque toutes les places sont cotées à deux échéances.

Suivant l'usage allemand, les échéances inférieures à 8 jours supportent l'intérêt sur ces 8 jours, de telle sorte qu'un effet à vue sur Paris, par exemple, sera payé le même prix que s'il était à 8 jours.

Des lettres servent généralement à distinguer les cours de la demande de ceux de l'offre : G (*geld*, argent) indique qu'il y a demande au prix correspondant ; B (*brief*, lettre) indique que le papier est offert au prix marqué ; b (*bezalt*, payé) indique les cours effectifs des affaires accomplies.

Le chiffre qui suit le mot *Lombards* indique le taux d'intérêt des prêts sur titres.

Cote du 28 octobre 1911

4 %	Amsterdam	8 jours	169,40	b
—	—	2 mois	168,50	b
4 ½ %	Bruxelles	8 jours	80,90	G
—	—	2 mois	80,60	b
5 %	Places scandinaves	10 jours	112 ¼	b
5 %	Copenhague	8 jours	111 ¾	G
4 %	Londres	8 jours	20,47 ½	b
—	—	3 mois	20,27	B
4 ½ %	Madrid	14 jours	77,90	B
—	—	2 mois	77,50	b
6 %	Lisbonne	14 jours	4,50	G
—	—	2 mois	4,15	G
5 %	New-York	à vue	419,50	b
—	—	2 mois	418,35	B
3 ½ %	Paris	8 jours	80,95	b
—	—	2 mois	80,50	b
5 %	Vienne	8 jours	84,80	G
—	—	2 mois	83,80	b
5 ¼ %	Places italiennes	10 jours	79,95	B
—	—	2 mois	79,50	b
4 %	Places suisses	8 jours	80,45	G
—	—	2 mois	80,20	G
5 %	St-Pétersbourg	3 semaines	216,30	b
—	—	3 mois	214,75	B
—	Varsovie	8 jours	217,10	b

Escompte à Berlin 5 % ; hors banque 4 ⅝ ; Lombards 5 ¼ %

Le courtage est de ¼ %₀₀ à ⅛ %₀₀ payable des deux côtés.
Le timbre allemand est de ¼ %₀₀, basé sur l'échelle suivante :

o Rm 10	pour un effet de	200 Rm et au-dessous
0, 20	—	200 à 400 Rm
0, 30	—	400 à 600 —
0, 40	—	600 à 800 —
0, 50	—	800 à 1.000 —
1	—	1.000 à 2.000 —
1, 50	—	2.000 à 3.000 —
2	—	3.000 à 4.000 —

et ainsi de suite, 0 Rm 50 en sus par 1000 marks ou fraction de cette somme en plus.

Le timbre étranger ne se bonifie pas.

Les mois sont comptés pour 30 jours et l'année pour 360.

— Les gold points sont :

	pour		
168 Rm 25 à l'importation	Amsterdam	169 Rm 45 à l'exportation	
112, 10 —	Copenhague	112, 90 —
20, 30 —	Londres	20, 50 —
416, 80 —	New-York	421, 85 —
80, 50 —	Paris	81, 30 —

— Le cours à vue de Berlin sur Paris s'obtient en ajoutant au cours à 8 jours ou à 2 mois l'intérêt au taux de Paris :

Cours à 2 mois...........	81,10
+ 2 mois à 3 ½ %₀.......	0,47
Cours à vue.............	81,57

et d'après la relation de la parité entre deux places :

$$\frac{1}{0,8157} = 1 \text{ fr. } 226$$

pour le cours à vue correspondant de Paris sur Berlin.

A ce prix de 122 fr. 60 les 100 marks, il faut ajouter ou retrancher, si l'on veut vendre ou acheter du Paris à Berlin :

Timbre français ½ %₀₀......	0 0613
— allemand ½ %₀₀.....	0,0613
Courtage à Paris ¹/₁₀ %₀....	0,1226
— à Berlin ½ %₀₀...	0,0613
	0,3065

— Varsovie cote Paris à 10 jours et à 3 mois en roubles ; à Paris, Varsovie est compris dans la devise Pétersbourg : les deux places se donnent donc l'incertain. D'autre part, Berlin cotant directement Varsovie, il n'est pas sans intérêt de calculer le change indirect de Paris sur Varsovie par Berlin.

On a :

Paris cote Berlin à vue........	1 fr. 22375	pour	1 Rm
— Varsovie à vue.....	x fr.	—	1 Rb
Berlin cote Varsovie à vue....	2 Rm 171	—	1 Rb

d'où, en vertu de la relation à la parité entre trois places :

$$x = 1{,}22375 \times 2{,}171 = 2 \text{ fr. } 6567$$

Négociation sur la place de Berlin

Berlin, le 28 octobre 1911 ; ch. à 2 m., 81,10 ; escompte $3\,^{1}/_{2}\,^{0}/_{0}$

fr. 9.000 »	Paris, 28 novembre
26,25	+ 30 jours à $3\,^{1}/_{2}\,^{0}/_{0}$ (du 28/11 au 28/12)
fr. 9.026,25	à 0,805 = 7266 Rm 15

Berlin, le 28 octobre 1911 ; ch. à 8 j., 20,47 ½, escompte $4\,^{0}/_{0}$

£ 825 10.3 = £ 825,5125 Londres 22 novembre

1,7428 — 19 jours à $4\,^{0}/_{0}$ (du 6/11 au 22/11 + 3 jours)

£ 823,7697 à 20,47 ½ = 16.866 Rm 68

COTE D'AMSTERDAM

Amsterdam donne l'incertain à toutes les places, exprimant les cours en quantité variable de florins pour 100 unités monétaires étrangères, 1 £ pour Londres.

Paris et Londres sont cotés, outre les chèques, à courts jours et à 2 mois ; l'Allemagne, la Belgique et la Suisse, à courts jours et à 3 mois ; toutes les autres places, à 3 mois.

Les courts jours s'entendent d'une échéance à 8 jours, décomptée souvent pour 10 jours.

Cote du 28 Octobre 1911

$3\,^{1}/_{2}\,^{0}/_{0}$	Paris....................	chèque	48 13
—	—	court	47 90
—	—	2 mois	47 80
4 %	Londres	chèque	12 08
—	—	court	12 05
—	—	2 mois	12 »
$5\,^{0}/_{0}$	Allemagne..............	chèque	59 05
—	—	court	58 95
—	—	3 mois	58 50
$4\,^{1}/_{2}\,^{0}/_{0}$	Belgique................	court	47 65
—	—	3 mois	47 55
$4\,^{0}/_{0}$	Suisse..................	court	47 60
—	—	3 mois	47 30
$5\,^{0}/_{0}$	St-Pétersbourg	3 mois	125 80
$5\,^{0}/_{0}$	Vienne	3 mois	49 50
$4\,^{1}/_{2}\,^{0}/_{0}$	Espagne................	3 mois	224 »
$6\,^{0}/_{0}$	Portugal................	3 mois	245 »
$5\,^{1}/_{2}\,^{0}/_{0}$	Italie..................	3 mois	47 85

Escompte en Hollande $4\,^{0}/_{c}$; hors banque $3\,^{3}/_{8}\,^{0}/_{0}$

On indique parfois par la lettre P que le papier est plus offert que demandé et par la lettre A qu'il est plus demandé qu'offert.

Les mois sont comptés pour 30 jours et l'année pour 360 jours, comme à Berlin.

Le courtage est de 3/4 $^o/_{oo}$ à 1 $^o/_{oo}$, payable des deux côtés.

Le timbre sur les effets est de 1/2 $^o/_{oo}$, savoir :

```
o fl o5 jusqu'à 100 fl inclusivement
o    10 de   100 à   200 fl
o    15 de   200 à   300 fl
o    20 de   300 à   400 fl
o    25 de   400 à   500 fl
o    50 de   500 à 1.000 fl
o    75 de 1.000 à 1.500 fl
1    »  de 1.500 à 2.000 fl
```

et ainsi de suite, 25 cents en sus par 500 florins en plus jusqu'à 10.000 florins ; à partir de 10.000 florins, le timbre est de 1/2 $^o/_{oo}$, 50 cents par 1.000 florins.

— Les gold points sont :

```
                         pour
47 fl 68 à l'importation Paris       48 fl 18 à l'exportation
12    04        —        Londres     12 fl 14
59    02        —        Berlin      59 fl 44
246   85        —        New-York    249 fl 83
```

— Paris cote Amsterdam à vue et Amsterdam cote Paris à 8 jours et à 2 mois. Le cours à vue s'obtient en ajoutant au cours l'intérêt de 8 jours ou de 2 mois au taux de Paris :

```
Cours à 2 mois...........    47 80
+ 2 mois à 3 ½ °/o .....      0 27

Cours à vue ............     48 07
```

et pour le cours à la parité à Paris :

$$\frac{1}{0,4807} = 2 \text{ fr. } 08$$

A ce prix de 208 fr. les 100 florins, il faut, si l'on veut vendre du Paris à Amsterdam ou y en acheter, ajouter ou retrancher :

```
Timbre hollandais ½ °/oo..........    0,104
   —    français ½ °/oo............    0,104
Courtage à Amsterdam 1 °/oo ......    0,208
   —    à Paris ¹/₁₀ °/o ou 1 °/oo...  0,208
                                     ________
                                      0,624
```

Négociation sur la place d'Amsterdam

Si l'échéance de l'effet à évaluer ne coïncide pas avec celle de la cote, on tient compte, au taux de la place étrangère, de l'intérêt à ajouter ou de l'escompte à retrancher pour le temps qui sépare les deux échéances.

Négociation du 28 octobre ; ch. à 2 m 12 fl., escompte 4 %.

£ 510 »   Londres, 13 janvier
  1 02   — 18 j. à 4 % (du 28/12 au 13/1 + 3 j.
£ 508 98   à 12 fl. = 6.107 fl. 75

Négociation du 28 octobre ; ch. à 3 mois 47,55 escompte 4 1/2 %.

fr. belges 10.000 »   Bruxelles 14 décembre
        55   + 44 j. à 4 ½ % (du 14/12 au 28/1).
fr. b   10.055 à   0,4755 = 4.781 fl 15

COTE DE VIENNE

Vienne donne l'incertain à toutes les places, plus ou moins de couronnes pour 100 unités monétaires étrangères, sauf pour Londres qui est coté par 10 livres sterling et New-York par 1 dollar.

Toute les devises sont cotées à vue ; il n'y a donc pas pour Paris de nivellement de cours à faire.

La cote indique les cours faits : le plus haut et le plus bas ; les cours de clôture, pour lesquels *geld* signifie monnaie ou demande ; *waar*, marchandise ou offre ; les cours de clôture de la bourse précédente :

Cote du 28 octobre 1911

Escompte	DEVISES	COURS		Cours de clôture		Cours de clôture de la bourse précédente	
		le plus bas	le plus haut	Geld	Waar	Gold	Waar
4 %	Amsterdam	204 05	204 05	204 »	204 10	203 90	204 »
4 ¼ %	Bruxelles	96 85	97 »	96 80	96 95	96 80	96 85
5 %	Places allemandes	117 80	117 82	117 78	117 84	117 75	117 90
4 %	Londres	241 20	241 24	240 10	241 »	241 »	241 25
5 %	New-York	4 90	4 94	4 92	4 95	4,91 ½	4 95
5 ¼ %	Places italiennes	92 6	92 90	92 50	92 55	92 50	92 60
3 ½ %	Paris	95 86	95 90	95 80	95 85	95 78	95 84
5 %	St-Pétersbourg	250 »	254 »	250 10	252 20	253 »	253 30
4 %	Places suisses	98 40	98 80	98,42 ½	98 45	98 40	98 45

Escompte à Vienne 5 %

Comme à Paris, on achète et on vend des versements payables dans les 5 ou 8 jours, plus 3 jours de grâce pour les versements sur Londres.

Le courtage est de $^4/_{10}$ % payable par l'acheteur et par le vendeur.

Les mois et l'année sont comptés, comme à Berlin, pour 30 et 360 jours.

Le timbre est de $^2/_3$ °/₀₀, suivant une échelle assez compliquée.

— Les gold point sont à l'importation :

$$94^c\ 7o \text{ pour Paris}$$
$$238^c\ 8o \text{ » Londres}$$
$$116^c\ 85 \text{ » Berlin}$$
$$490^c\ 40 \text{ » New-York}$$

— Le cours à vue de Vienne sur Paris étant de 95^c 88, on a pour le cours à la parité à Paris :

$$\frac{1}{0,9588} = 1\ \text{fr. o43}$$

A ce prix de 104 fr. 30 les 100 couronnes, il faut, si l'on veut vendre ou acheter du Paris à Vienne, ajouter ou retrancher les frais :

Timbre autrichien $^2/_3$ °/₀₀	0,070
— français ½ °/₀₀	0,052
Courtage à Paris 1/10 °/₀ ...,...	0,010
— à Vienne 4/10 °/₀	0,042
	0,174

Négociation sur la place de Vienne

Comme à Paris, il faut, pour les effets qui ne sont pas à vue, retrancher l'escompte au taux étranger.

Négociation du 28 octobre ; ch. 252, escompte 5 °/₀.

Rb	3.660 »	St-Pétersbourg, 2 décembre
	17 30	— escompte de 34 jours à 5 °/₀ (du 28/10 au 2/12)
Rb	3.642 70	à 2 fr. 52 = 9.179ᶜ 6o

Négociation du 28 octobre ; ch. 95,88, escompte 3 ½ °/₀

fr.	11.000	Paris 28 novembre
	32 10	— 30 j. à 3 ½ °/₀ (du 28/10 au 28/11)
fr.	10.967,90	à 0,9588 = 10.516ᶜ

COTE DE St-PÉTERSBOURG

St-Pétersbourg donne l'incertain à toutes les places et les changes y sont cotés à 3 mois pour 100 unités monétaires étrangères et 10 £ pour Londres.

Les effets jouissent de 3 jours de grâce s'ils sont à vue, de 10 jours s'ils sont à échéance, mais les bonnes maisons n'en profitent pas.

Pour déterminer l'échéance d'un effet tiré du dehors sur la Russie, il faut tenir compte de la différence du calendrier grégorien (nouveau style) avec le calendrier jullien (vieux style), en retard de 13 jours sur le premier. Il faut d'abord fixer la date de création d'après le vieux style et compter d'après cette date les mois ou les jours qu'on a en vue : ainsi, un effet tiré de Paris sur la Russie le 31 mars, à 2 mois de date, sera échu le 31 mai-13 juin et sera payé le 10-23 juin.

Cote du 28 octobre 1911

4 °/₀	Londres	3 mois de date	93,85	à	93,95
4 °/₀	Amsterdam	—	77 ¼	à	78 ½
5 °/₀	Berlin	—	45,90	à	45,94
3 ½ °/₀	Paris	—	37,62	à	37,64
4 ½ °/₀	Belgique	—	37,50	à	37,75
5 °/₀	Vienne	—	38 ½	à	38 ¾
5 °/₀	Scandinavie	—	51,15	à	51,25

Escompte à Pétersbourg 5 °/₀

Les mois sont comptés pour 30 jours et l'année pour 360 jours comme à Berlin.

Le timbre varie à peu près de 2 °/₀₀ à 1,18 °/₀₀, suivant une échelle compliquée.

Les chèques tirés de l'étranger sur la Russie paient le timbre entier.

— St-Pétersbourg cotant Paris à 3 mois 37 Rb 63 et l'escompte étant de 3 1/2 °/₀ à Paris, on a pour le cours à vue :

Cours à 3 mois 37,63
+ 3 mois à 3 ½ °/₀ 0,33
Cours à vue 37,96

et pour le cours en parité à Paris :

$$\frac{1}{0,3796} = 2 \text{ fr. } 6343$$

Les frais à ajouter ou à retrancher de ce prix 263 fr. 43 les 100 roubles, si l'on veut vendre ou acheter du Paris à St-Pétersbourg, sont :

```
Timbre français 1/2 °/..........    0,132
Timbre russe 1,18 °/..........      0,312
Courtage à Paris 1/10 °/.....       0,264
Courtage à Pétersbourg 1/8 °/.      0,330
                                   ______
                                    1,038
```

Négociation d'un effet sur Paris ; ch. à 3 m., 37,63, escompte 3 1/2 °/₀

St-Pétersbourg, 28 octobre

```
fr.  8.640  »   Paris 28 novembre
       50 40   + 60 j. à 3 1/2 °/. (du 28/11 au 28/1)
     ______
fr.  8.690 40   à 0,3763 = 3.270 Rb 20
```

Un voyageur russe verse à un banquier de St-Pétersbourg une somme de 4.000 roubles en échange d'une lettre de crédit à 45 jours sur Londres ; quel est le montant de cette lettre en £ si St-Pétersbourg cote Londres à 3 mois 93,90, escompte 4 °/₀ ?

On a par la conjointe :

```
x £ à 45 jours......   4.000 Rb comptant
93.90 Rb comptant     10 £ à 3 mois
9.045 £ à 3 mois...    9.000 £ à 45 jours
```

d'où
$$x = \frac{4.000 \times 10 \times 9.000}{93,90 \times 9.045} = 423 \; £ \; 86$$

Bordereau de Vérification :

```
£   423,86   Londres à 45 jours
      2,12   + 45 jours à 4 °/.
    ______
£   425,98   à 9,39 = 4.000 Rb comptant
```

COTE DE LISBONNE

Lisbonne donne le certain à Londres et à Amsterdam, 1 ou 16 milreis pour plus (ou moins) de deniers sterling et de florins ; il donne l'incertain aux autres places, plus ou moins de milreis pour 3 francs ou 3 lires aux pays du franc, pour 1 mark à Berlin et 20 réaux à l'Espagne.

Le courtage est de 1/8 °/₀ payable des deux côtés.

Cote du 28 octobre 1911

4 °/₀	Londres, chèque,............	48 ⅛ d	à 48 ¹/₃₂	1 milreis
—	— 30 jours de vue......	48 ¼	à 47 ¾	—
—	— 60 —	48 ½	à 48 ¹/₄	—
—	— 90 —	48 ¾	à 48¹/₁₀	—
4 °/₀	Amsterdam, 3 mois de date....	44 ½ fl	à 43	16 milreis
3 ¹/₂ °/₀	Paris, chèque.	584 reis	à 588	3 francs
—	— 8 jours de vue........	583 ¾	à 587 ¼	—
—	— 30 —	583 ¼	à 587 ¹/₄	—
—	— 60 —	583	à 586 ½	—
—	— 90 —	582 ¾	à 586	—
4 ¹/₂ °/₀	Bruxelles, 8 jours de vue......	583 ½	à 586 ½	—
—	— 90 —	583	à 586	—
5 °/₀	Berlin, 8 jours de vue.........	223 ½ milreis	à 225 ¼	100 marks
—	— 3 mois de date.........	223	à 225	—
4 ¹/₂ °/₀	Madrid, 8 jours de vue........	960 reis	à 965	20 réaux
5 ¹/₂ °/₀	Places Italiennes, 3 mois de date	582	à 586	3 lires

Escompte à Lisbonne 6 %

Le timbre est de 1 °/₀₀, savoir :

milreis		
0,02	jusqu'à	20 milreis
0,10	de 20 à	100 milreis
0,20	de 100 à	200 —
0,30	de 200 à	300 —
0,40	de 300 à	400 —
0,50	de 400 à	500 —
0,60	de 500 à	600 —
0,70	de 600 à	700 —
0,80	de 700 à	800 —
0,90	de 800 à	900 —
1 »	de 900 à 1.000	—

toujours 100 reis en plus par chaque 100 milreis.

Le chèque sur place est timbré à 20 reis.

Les mois et l'année sont comptés comme à Londres

L'or sort pour Paris à 541 milreis pour 3 francs et il en revient à 531 reis pour 3 francs. L'or sort pour Londres à 53 ¹/₄ d et en revient à 53.⁷/₁₀ d.

— Lisbonne cotant Paris 585,50 reis pour 3 francs et 8 jours de vue, soit 12 jours de date, à cause du temps nécessaire au voyage et à l'acceptation, on a, en ramenant à vue le cours :

Paris à 8 jours.......... 585 r 50
+ 12 jours à 3 1/2 %..... 0. 68
                        ——————
Paris à vue.... 586, 18

On a pour le cours correspondant du Lisbonne à Paris :

x fr. comptant......... 100 milreis à vue
0 milreis 58618........... 3 francs

d'où $\qquad x = \dfrac{300}{0,58618} = 511$ fr. 78 à vue

Les frais à ajouter ou à retrancher de ce prix si on veut vendre ou acheter du Paris à Lisbonne sont :

Timbre français 1/2 %.. 0,256
— portugais 1 %.. 0,512
Courtage de Paris 1/10 %. ... 0,512
— de Lisbonne 1/8 %.. 0.640
                              ——————
                              1,920

Perte au billet de banque et prime sur l'or. — Le milreis, dont la valeur au pair est 5 fr. 60 est coté à Paris 5 fr. 12 ; il en résulte une perte de 0 fr. 48 à la monnaie ou billet de banque portugais, soit :

$$\frac{0,48 \times 100}{5,60} = 8,572 \text{ %}$$

Par suite, 100 milreis papier ne valent que $100 - 8,572 = 91,428$ milreis or ; de là la prime correspondante à la monnaie française ou prime sur l'or ;

$$\frac{8,572 \times 100}{91,43} = 9,375 \text{ %}$$

Autrement :

x milreis or..... 100 milreis papier
1 milreis papier. 5 fr. 12
5 fr. 60......... 1 milreis or

d'où $\qquad x = \dfrac{100 \times 5,60}{5,12} = 91,428$

soit 8,572 % de perte au papier.

De même :

x milreis papier.... 100 milreis or
1 milreis or,....... 5 fr. 60
5 fr. 12........... 1 milreis papier

d'où $\qquad x = \dfrac{100 \times 5,60}{5,12} = 109,375$

soit 9,375 % de prime sur l'or

Ainsi, lorsque 100 milreis payables à Lisbonne perdent 8,572 et ne valent par conséquent à Paris que 91 fr. 428, réciproquement

100 francs payables à Paris gagnent 9 fr. 375 et coûtent à Lisbonne 109,375 milreis, et la condition de la parité est satisfaite :

$$0,91428 \times 1,09375 = 1$$

Remarque. — Il existe entre la prime sur l'or et la perte au papier une relation analogue à celle qui existe entre le tant % à l'achat et le tant % à la vente. Ainsi, *b* désignant le tant pour cent de prime sur l'or et *p* le tant pour cent de perte au papier, on a :

$$p = \frac{100\ b}{100 + b}$$

$$b = \frac{100\ p}{100 - p}$$

relations très faciles à démontrer.

Application :

$$p = \frac{100 \times 9,375}{109,375} = 8,572$$

$$b = \frac{100 \times 8,572}{91,428} = 9,375$$

Il résulte encore de cette analogie que si la prime sur l'or n'est plus exprimée par un tant pour cent, mais par une fraction exprimant un simple tantième, on passe de la prime sur l'or à la perte au papier en ajoutant le numérateur au dénominateur de la fraction.

Ainsi, le change hellénique atteignant 150 %, il en résulte une prime sur l'or de :

$$50\ \% \text{ ou } \tfrac{1}{2} \text{ de 100 drachmes or}$$

et par suite une perte au papier de :

$$33\ \tfrac{1}{3}\ \% \text{ ou } \tfrac{1}{3} \text{ de 100 drachmes papier}$$

Et inversement on passe de la perte au papier au bénéfice sur l'or en retranchant le numérateur du dénominateur de la fraction qui exprime le tantième de perte.

En général, si $\dfrac{m}{n}$ désigne la prime sur l'or,

$\dfrac{m}{m+n}$ désigne la perte au papier et inversement.

— Calculons la prime sur l'or à Lisbonne, d'après sa propre cote, 586 reis pour 3 fr., le milreis valant 5 fr. 60 au pair. On a :

$$
\begin{array}{lll}
x \text{ milreis papier} & \ldots\ldots\ldots & 100 \text{ milreis or} \\
1 \text{ milreis or} & \ldots\ldots\ldots & 5 \text{ fr. } 60 \\
3 \text{ fr.} & \ldots\ldots\ldots & 0 \text{ milreis } 586
\end{array}
$$

d'où
$$x = \frac{100 \times 5,60 \times 0,586}{3} = 109 \text{ milreis } 38$$

soit 9,38 % de prime sur l'or.

Et pour la perte correspondante au papier :

$$\frac{9,38 \times 100}{109,38} = 8,575 \,\%$$

Négociation sur la place de Lisbonne

Lisbonne cotant tantôt à l'incertain et tantôt au certain, prenons d'abord une place cotée à l'incertain.

Lisbonne, 28 octobre ; ch. à 30 j. de vue, 585,25, escompte 3 1/2 %

fr. 15.000 » Paris 21 novembre

14 38 + 10 j. à 3 1/2 % (du 21/11 au 27/11 + 4 j.)

$$15.014 \; 38 \quad \text{à} \quad \frac{0,58525}{3} = 2.929,05 \text{ milreis}$$

Si l'effet était à échéance du 3 décembre, il faudrait retrancher 10 jours d'escompte.

Passons à une place cotée au certain.

Lisbonne, 28 octobre ; ch. à 60 j. de vue 48 1/4 d, escompte 4 %

£ 600 » Londres 4 octobre.

1,80 + 27 j. à 4 % (du 4/12 au 27/12 + 4 j.)

$$\text{£ } 601,80 : \frac{48,25}{240} = 2.975,50 \text{ milreis.}$$

Si l'effet était à échéance du 19 janvier, on retrancherait 27 jours d'escompte.

COTE DE MADRID

Madrid donne l'incertain à toutes les places, plus ou moins de pesetas ou de piastres pour 1 ou 100 unités monétaires étrangères ; mais Paris et les pays du franc, qui occupent la première partie de la cote, sont cotés généralement à tant pour cent de bénéfice, de telle sorte que le cours sur Paris doit s'entendre ainsi : le chèque de 100 francs vaut 100 pesetas, plus 9 % à 9 1/4 %, selon qu'il s'agit de l'offre ou de la demande, soit, au cours moyen, 109 1/16 pesetas.

Pour les traites tirées sur l'Espagne en francs ou en livres sterling, il est d'usage d'ajouter à la somme en monnaie étrangère : *payable au cours du Paris* ou *du Londres au jour de l'échéance*. Sans cette stipulation, ces traites peuvent être payées en monnaie espagnole sur la base de 19 réaux pour 5 francs et de 97 réaux pour 1 livre sterling (change ancien). Le réal étant égal au quart de la peseta, ce taux arbitraire donne à la piastre une valeur surtaxée de 5 fr. 26 au lieu de 5 francs et de 50 deniers au lieu de d 47 1/4.

Les mois et l'année sont comptés comme à Paris.

Le courtage est de 1 °/₀₀ payable d'ordinaire par le vendeur seul.

Cote du 28 octobre 1911

3 ½ %	Paris, chèque...............	9 % b	à	9 ⅛ % b
—	8 jours de date........	8 ¼ % b	à	8 ½ % b
—	Places françaises, 8 j. de date	»		
4 ½ %	Bruxelles —	8 ¾ % b	à	9 % b
5 ½ %	Places italiennes —	8 % b	à	8 ½ % b
4 %	Londres, chèque............	27 p 42	à	27,44
—	8 jours de date......	27,40	à	27,42
—	60 —	27,30	à	27,40
—	90 —	27,10	à	27,15
5 %	Berlin, 3 mois de date...... .	31 $ 20	à	31 $ 25
6 %	Lisbonne —	137 $	à	140 $

Escompte à Madrid 4 ½ %

Le timbre, établi suivant une échelle compliquée, varie de $^2/_5$ %₀₀ à ¾ %₀₀.

Le chèque est soumis au timbre de quittance, à moins qu'il ne soit endossé, et alors il acquitte le timbre proportionnel.

— Les gold points à l'exportation sont :

101 pesetas 04 par 100 francs pour Paris
25 pesetas 48 par livre sterling pour Londres

Ces chiffres doivent être modifiés conformément à la prime sur l'or à Madrid.

— Paris cotant Madrid 458 fr. 50 les 100 piastres ou 500 pesetas à vue, calculons la perte à la monnaie espagnole à Paris et la prime correspondante à la monnaie française à Madrid.

La valeur au pair de 500 pesetas étant 500 francs, il en résulte au cours de 458,50, une perte de 41,50 et sur 100 pesetas :

$$\frac{41,50 \times 100}{500} = 8,30 \%$$

de perte à la monnaie espagnole à Paris.

Donc, 100 pesetas papier ne valent que 100 — 8,30 = 91,70 pesetas or ; on en déduit pour la prime à la monnaie française sur la place de Madrid :

$$\frac{8,30 \times 100}{91,70} = 9,05 \%$$

Ainsi, la perte sur le billet de banque espagnol étant de 8,30 %, la prime sur l'or correspondante est de 9,05 %.

D'après la cote de Madrid sur Paris, la prime sur l'or ressort à 9,0625 %.

Négociation sur la place de Madrid

Madrid, 28 octobre 1911, change à 8 j. 8 ³/₈ b, escompte 3 ¼ %

fr.	9.000 »	Paris 15 novembre
	8 75	— 10 j. à 3 ¼ % (du 5/11 au 15/11)
fr.	8.991 25	à vue
	753 »	+ 8 ³/₈ % b
pesetas	9.744 25	espèces

Si l'effet à évaluer était à échéance inférieure aux 8 jours de la cote, il faudrait ajouter l'intérêt pour le nombre de jours compris entre l'échéance de l'effet et celle de la cote.

Madrid 28 octobre, ch. à 60 j. 27,35, escompte 4 %

£	1.000 »	Londres 14 décembre
	1,77	16 j. à 4 % (y compris 3 j. de grâce)
£	1 001,77	à 27,35 27.398 p 40

Si l'effet était à échéance du 9 janvier, par exemple, on calcule-rait sa valeur en pesetas, soit au change à 60 jours, auquel cas il faudrait retrancher 16 jours d'escompte, soit au change à 90 jours, auquel cas il faudrait ajouter 20 jours d'intérêt.

COTE DE BRUXELLES

Bruxelles cote à l'incertain et à vue toutes les places, sauf Londres qui est coté une seconde fois à 3 mois.

Cote du 28 octobre 1911

4 %	Amsterdam..............	À vue	208,80	à	208,90
5 %	Allemagne..............	»	123,35	à	123,39
4 %	Londres	»	25,30 ½	à	25,31 ½
—	—	3 mois	25,29	à	25,31
3 ½ %	Paris..	à vue	100,53	à	100,57
5 %	Vienne	»	103,85	à	103,85
4 ¼ %	Madrid................	»	92,11	à	92,13
5 ½ %	Italie................	»	99,55	à	99,59
5 %	St-Pétersbourg	»	266,83	à	266,91
4 %	Genève............	»	99,93	à	100,25

Escompte à Bruxelles 4 ½ % ; hors banque 4 ¼ %

Le courtage est de 1/2 °/₀₀ à la charge du vendeur, qui bonifie en outre le timbre étranger sur les devises non timbrées.

Le timbre est de 1/2 °/₀₀, avec une échelle assez simple :

0'10	jusqu'à		200 francs
0,25	de	200 à 500	»
0,50	de	500 à 1.000	»
1 »	de	1.000 à 2.000	»
1,50	de	2.000 à 3.000	»

et ainsi de suite, 0,50 en sus par chaque 1.000 francs en plus.

Les effets qui ne font que transiter sont timbrés à raison de 1/4 %.

Le chèque est exempt de timbre.

Les gold points sont :

pour

207,55 à l'importation	Amsterdam	209,75 à l'exportation
122,95 —	Berlin	124,20 —
22,51 —	Constantinople	23,22 —
554,15 —	Lisbonne	565,15 —
25,125 —	Londres	25,34 ½ —
489,80 —	Madrid	506,30 —
514,55 —	New-York	521,80 —

— Le cours à vue de Bruxelles sur Paris étant de 100 fr. 36, l cours à la parité de Paris sur Bruxelles est de :

$$\frac{100}{1,0036} = 99 \text{ fr. } 64$$

auquel il faut ajouter ou retrancher, selon que l'on veut vendre o acheter du Paris à Bruxelles :

Timbre belge 1/2 %₀₀	0,05
— français 1/2 %₀₀	0,05
Courtage belge 1/2 %₀₀	0,05
— français 1/10 %₀ ...	0,10
	0,25

La négociation des effets se fait comme à Paris, en retranchan l'escompte pour le nombre de jours que l'effet a encore à courir e en multipliant ensuite par le cours ; mais, s'il s'agit d'un effet lon sur Londres, à 3 mois au plus, il faut ajouter l'intérêt et ensuit appliquer le cours.

COTE DE ROME

Rome donne l'incertain à toutes les places, qui sont cotées à mois, sauf Paris, Londres et Berlin qui sont en outre cotés à vu

Les mois et l'année sont comptés comme à Paris.

Le courtage est de 1/2 %₀₀, réduit dans la pratique à 1/4 %₀₀, paya ble par le vendeur et par l'acheteur.

Cote du 28 octobre 1911

3 ½ %	Paris...................	chèque	100,95
—	—	90 jours	100,15
4 %	Londres..............	chèque	25,40
—	—	90 jours	25,30
5 %.	Allemagne...........	chèque	124,10
—	—	90 jours	123,70
5 %.	Vienne...............	90 jours	106,10

Escompte à Rome 5 1/2 %. ; hors banque 5 %.

Le droit de timbre, pour les échéances inférieures à 6 mois, est basé sur l'échelle suivante :

$$
\begin{array}{lll}
\text{de} \quad 0 \ \text{à} \ 200 \ \text{lires,} & 0'10 \ (1/2 \ \%\text{o}) \\
— \ 201 \ \text{à} \ 300 \ — & 0,18 \ (6/10 \ \%\text{o}) \\
— \ 301 \ \text{à} \ 400 \ — & 0,24 \ — \\
— \ 401 \ \text{à} \ 500 \ — & 0,30 \ —
\end{array}
$$

et ainsi de suite, 0'06 en plus pour chaque 100 lires ou fraction de 100 lires en sus.

Pour les échéances supérieures à 6 mois, le droit de timbre est doublé : 1 ‰ et 12/10 ‰.

Les gold points sont :

$$
\begin{array}{lccl}
& & \text{pour} & \\
99,60 & \text{à l'importation} & \text{Paris} \quad 100,40 & \text{à l'exportation} \\
25,06 \ 1/2 & — & \text{Londres} \quad 25,12 \ 1/2 & — \\
122,72 & — & \text{Berlin} \quad 124,52 & —
\end{array}
$$

Rome cotant Paris à 90 jours 100'15, on a pour le cours à vue :

$$
\begin{array}{lr}
\text{Cours à 90 jours}\ldots\ldots & 100,15 \\
+ \ 90 \ \text{jours à 3 1/2 \%.}\ldots & 0,88 \\
\hline
\text{Cours à vue}\ldots\ldots & 101,03
\end{array}
$$

Et pour le cours à la parité à Paris :

$$
\frac{100}{1,0103} = 98,98
$$

auquel il faut ajouter ou retrancher, suivant que l'on veut vendre ou acheter du Paris à Rome :

$$
\begin{array}{lr}
\text{Timbre français 1/2 \%o}\ldots & 0,049 \\
— \ \text{italien 6/10 \%o}\ldots & 0,059 \\
\text{Courtage à Rome 1/2 \%o}\ldots & 0,049 \\
— \ \text{à Paris 1/10 \%.}\ldots & 0,099 \\
\hline
& 0,256
\end{array}
$$

COTE DE GENÈVE

Genève cote à l'incertain et à vue, sauf Londres qui est en outre coté à courte échéance.

La cote des billets de banque étrangers accompagne souvent celle des effets.

Cote du 28 octobre 1911

3 ½ °/₀	Paris chèque.....................	99,95	à	100,05
—	France bancable...............	99,90	à	100,05
4 %	Londres chèque...............	25,15	à	25,20
—	— court	25,18 ½	à	25,19
4 ½ %	Belgique à vue...............	99,85	à	100
5 ½ %	Italie —	98,90	à	99
5 %	Allemagne —	123,40	à	123,6′
4 %	Amsterdam....................	208,95	à	209,05
5 %	Vienne	105,25	à	105,50
4 ½ %	Barcelone....................	—	à	—

Escompte à Genève 4 %

Les mois et l'année sont comptés comme à Paris.

Le courtage est de 1/2 °/₀₀.

Les effets sont assujettis au timbre de 1/2 °/₀₀, mais non les effets de Genève sur l'étranger, qui en sont exemptés.

Le timbre du chèque est de 10 centimes.

— A Zurich, l'année et les mois se comptent comme à Paris ; les changes sont donnés à vue ; le timbre étranger est bonifié, sauf pour Londres ; le courtage est de 1/2 °/₀₀ ; pas de timbre sur les effets.

A Bâle, les devises sont cotées à vue ; le timbre français seul est bonifié ; le courtage est de 1 °/₀₀ payable des deux côtés ; le timbre est de 1/5 °/₀₀.

Dans le Tessin et à Fribourg, le timbre est de 1/2 °/₀₀ ; à Lucerne, de 0 fr. 10 par effet ; dans le Valais, de 1 °/₀₀ ; dans le canton de Vaud, de 1/4 °/₀₀ ; dans le canton de Berne, de 0 fr. 10 jusqu'à 200 fr., avec augmentation de 0 fr. 05 par chaque 200 fr. en plus.

— Des changes extra-européens — non cotés à Paris — nous ne donnerons que les principaux changes asiatiques et sud-américains.

CHANGES ASIATIQUES

Au point de vue des changes, il y a cinq places asiatiques importantes : trois places chinoises à changes en argent, Sanghaï, Hong-Kong et Canton ; une place japonaise, Yokohama ; les Indes anglaises.

Cote de Sanghaï d'octobre 1911

Londres, câble...............	sh. 2. 5 $^3/_8$ d	pour 1 taël
— à vue...............	— 2. 5 $^3/_8$ d	—
— à 30 j. de vue.......	— 2. 5 $^5/_8$ d	—
— à 4 mois de vue.....	— 2. 5 $^{15}/_{16}$ d	—
— à 6 mois de vue.....	»	—
France, à vue...............	fr. 2,13	—
— à 4 mois de vue......	— 2,15	—
— à 6 mois de vue	— 2,20	—
Allemagne, à vue	1 Rm 80	—
— à 4 mois de vue...	1 Rm 85	—
Indes anglaises, câble........	140 roupies	pour 100 taëls
— à vue.........	140 ½	—
New-York, câble	taëls 230 ¼	pour 100 dollars
— à vue.............	— 230 $^1/_8$	—
— à 4 mois de vue...	— 226 ¾	—
— à 6 mois de vue...	— 225	—
Hong-Kong, câble...........	— 108 $^1/_4$	pour 100 piastres
— à 3 jours de vue...	— 108	—
Japon, câble..............	— 113	pour 100 yen
— à 10 jours de vue.....	— 112 ½	—
Dollars américains...		

La monnaie de compte est le *taël* valant environ 2 fr. 30 au change et se divisant en 100 cents.

Dans le commerce, on emploie aussi le dollar mexicain.

Sanghaï donne le certain aux places européennes et aux Indes ; l'incertain à New-York, à Hong-Kong et au Japon.

Calculons le change indirect de Sanghaï sur Paris par Londres. Sanghaï donnant le certain à Paris et à Londres, on a :

$$\text{Sanghaï cote Paris} \quad \frac{1}{x}$$

$$\text{—} \qquad \text{Londres} \quad \frac{20}{2. 5 \, ^3/_8}$$

$$\text{Paris cote Londres...} \quad 25,16$$

d'où

$$\frac{1}{x} \times 25,16 = \frac{20}{2,448}$$

et par suite

$$x = \frac{25,16 \times 2,418}{20} = 3 \text{ fr. } 10$$

Vérifions par la conjointe :

$$
\begin{array}{ll}
x \text{ fr}\ldots\ldots\ldots\ldots & 1 \text{ taël} \\
1 \text{ taël}\ldots\ldots\ldots\ldots & 2 \text{ sh } 418 \\
20 \text{ sh}\ldots\ldots\ldots\ldots & 1 \text{ £} \\
1 \text{ £}\ldots\ldots\ldots\ldots & 25,16
\end{array}
$$

d'où

$$x = \frac{2,418 \times 25,16}{20} = 3 \text{ fr. } 10$$

— Calculons également le change indirect de Paris sur Sanghaï par Londres :

$$
\begin{array}{llll}
\text{Paris cote Londres} & 25 \text{ fr. } 16 & \text{pour} & 1 \text{ £} \\
\quad— \quad \text{Sanghaï} & x & — & 1 \text{ taël} \\
\text{Londres cote Sanghaï} & \dfrac{2\,5\,\frac{1}{4}}{20} & — & 1 \text{ taël}
\end{array}
$$

doù

$$x = \frac{25,16 \times 2,431}{20} = 3 \text{ fr. } 06$$

Vérifions par la conjointe :

$$
\begin{array}{ll}
x \text{ fr}\ldots\ldots\ldots & 1 \text{ taël} \\
1 \text{ taël}\ldots\ldots\ldots & 2 \text{ sh } 431 \\
20 \text{ sh}\ldots\ldots\ldots & 1 \text{ £} \\
1 \text{ £}\ldots\ldots\ldots & 25,16
\end{array}
$$

d'où

$$x = 3 \text{ fr. } 06$$

COTE DE HONG-KONG

Hong-Kong est un centre important pour les opérations de change et le commerce des métaux précieux.

Il donne le certain à toutes les places, 1 ou 100 piastres, qui est la monnaie courante et dont la valeur au pair est de 5 fr. 38 (plus du double de la valeur au change) pour plus ou moins d'unités monétaires étrangères.

Le droit de timbre est de :

$$
\begin{array}{lll}
0 \text{ p } 30 & \text{jusqu'à } 100 \text{ piastres} \\
1 \quad » & \text{de } 100 \text{ à } 3.000 \text{ piastres} \\
1 \text{ p } 50 & \text{au-dessus de } 3.000 \text{ piastres}
\end{array}
$$

Si une lettre de change est tirée par série, chaque exemplaire paie la moitié du droit.

Les chèques paient 2 cents.

Cote d'octobre 1911

Londres, transferts télégraphiques............ ...	sh 1.9 $^{13}/_{16}$ denier	pr 1 piastre
— traites de banque à vue...........	1.9 $^{7}/_{8}$	—
— — 30 jours de vue..	1.9 $^{15}/_{16}$	—
— — 60 —	1.9 $^{15}/_{16}$	—
— — 3 mois —	1.9 $^{15}/_{16}$	—
— — 4 —	1.10 $^{1}/_{16}$	—
— crédits en banque à 4 mois de vue..	1.10 $^{3}/_{16}$	—
— — 6 —	1.10 $^{5}/_{16}$	—
— traites documentaires à 4 mois de vue	1.10 $^{3}/_{8}$	—
— — 6 —	1.10 $^{1}/_{2}$	—
France, transferts télégraphiques........	fr. 2,20	—
— traites de banque à vue............	2,21	—
— traites de commerce à 3 mois de vue..	2,25	—
— — 4 —	2,26	—
— — 6 —	2,29	—
Allemagne, transferts télégraphiques........	Rm 1,80	—
— traites de banque à vue.........	1,82	—
— traites de commerce à 4 m. de vue	1,85	—
New-York, transferts télégraphiques.........	$ 43	pr 100 piastres
— traites de banque à vue.........	42 $^{7}/_{8}$	—
— traites de commerce à 30 j. de vue	43 $^{1}/_{10}$	—
— — 60 —	43 $^{1}/_{8}$	—
— — 4 m. de vue	43 $^{3}/_{8}$	—
— — 6 m. de vue	43 $^{1}/_{2}$	—
Indes anglaises, transferts télégraphiques.....	Ries 133 $^{1}/_{2}$	—
— traites de banque à vue.........	133 $^{3}/_{4}$	—
— traites de commerce à 30 j. de vue	135	—
Sanghaï, transferts	taëls 105	—
— banque à vue......................	105	—
— commerce à 30 jours de vue........	107 $^{7}/_{8}$	—
Japon, banque à vue	yen 87	—
— commerce à 30 jours de vue.........	87 $^{1}/_{4}$	—

— Le change à vue de Londres sur Hong-Kong étant de 1 sh 9 $^{7}/_{8}$ et le change de Paris sur Londres 25 fr. 16, on aura pour le change de Paris sur Hong-Kong par Londres :

$$x \text{ fr}............. \quad 1 \ $$$
$$1 \ $ .... \quad 21 \ 7/8 \ d$$
$$240 \ d .... \quad 1 \ £$$
$$1 \ £ .... \quad 25,16$$

d'où

$$x = \frac{21 \ ^{7}/_{8} \times 25,16}{240} = 2 \text{ fr. } 30$$

Ou en posant :

$$\text{Paris cote Londres} \ldots \ldots \ldots \quad 25,16$$
$$\text{—} \quad \text{Hong-Kong} \ldots \ldots \quad x$$
$$\text{Londres cote Hong-Kong} \ldots \quad \frac{2 \ ^7/_8}{240}$$

d'où
$$x = \frac{25,16 \times 2 \ ^7/_8}{240} = 2 \text{ fr. } 30$$

On calculerait de même le change indirect de Hong-Kong su
Paris par Londres.

COTE DE CANTON

Nous nous bornerons à donner la cote à vue de Canton sur Par
et sur Londres :

$$\text{Paris à vue} \ldots \ldots \quad 2 \text{ fr. } 45 \text{ pour } 1 \text{ dollar}$$
$$\text{Londres à vue} \ldots \quad 2 \text{ sh } 2 \ ^3/_4 \text{ d} \quad \text{—}$$

Étant donné le change de Canton sur Londres et le chang
25 fr. 15 de Paris sur Londres, on a pour le change indirect d
Canton sur Paris par Londres :

$$\text{Canton cote Paris} \quad \frac{1}{x} \ \$ \text{ pour } 1 \text{ franc}$$

$$\text{—} \quad \text{Londres} \quad \frac{240}{26 \ ^3/_4} \ \$ \text{ pour } 1 \text{ £}$$

$$\text{Paris cote Londres} \quad 25 \ 15 \quad \text{—}$$

d'où

$$\frac{1}{x} \times 25,15 = \frac{240}{26,75}$$

ou

$$x = \frac{25,15 \times 26,75}{240} = 2 \text{ fr. } 80$$

COTE DE YOKOHAMA

Yokohama donne le certain à toutes les places, 1 yen, dont l
valeur au pair est 2 fr. 58, pour plus ou moins d'unités monétaire
étrangères, sauf Hong-Kong qui est coté à tant pour cent de prim
ou de perte sur la base de 1 yen = 1 piastre.

Le timbre est de :

0 yen	10	jusqu'à		50	yen
0	20	de	50	à	100 »
0	40	de	100	à	200 »
0	80	de	200	à	500 »
1	50	de	500	à	1.000 »
2	50	de	1.000	à	2.000 »
5		de	2.000	et au-dessus,	

Cote d'octobre 1911

Londres, transferts télégraphiques............ ...	2 sh 0 $^{1}/_{10}$ d
— traites de banque à vue.............	2.0 $^{3}/_{10}$
— — 30 jours de vue.	2.0 $^{5}/_{10}$
— — 4 mois de vue.	2.0 $^{7}/_{10}$
— crédits privés, 4 mois de vue.......	2.0 $^{13}/_{10}$
— — 6 —	2.0 $^{15}/_{10}$
Paris, traites de banque à vue...............	2 fr. 60
— — 4 mois de vue......	2,65
— crédits privés à 4 mois de vue........	2,63
— — 6 —	2,69
New-York, traites de banque à vue..........	0 $ 49
— crédits privés à 30 jours de vue...	—
— — 4 mois de vue....	0,50 $^{1}/_{4}$
Berlin, traites de banque à vue........	2 Rm 05
— crédits privés à 1 mois de vue........	2,08 $^{1}/_{2}$
— — 4 mois de vue........	2,10
Hong-Kong, banque à vue................	3 % dis.
— privé 10 jours de vue...........	4 % dis.
Sanghaï, banque à vue............	1 taël 18
— privé 10 jours de vue.............	1,19
Indes, banque à vue.....................	1 R" 70
— privé, 30 jours de vue....	1,75

(pour 1 yen)

Dans la pratique, les effets ne sont guère usités au Japon, où presque toutes les opérations se font par l'intermédiaire des banques. Lorsqu'un négociant étranger a un billet à souscrire, il faut, pour lui donner force légale, le présenter à la chancellerie où il est taxé à 2 %, tout au moins à la chancellerie française.

COTE DES INDES ANGLAISES

Les Indes donnent le certain aux places européennes et l'incertain aux places asiatiques d'Extrême-Orient.

Les cours s'entendent souvent nets d'intérêts, de courtage et de timbre, c'est-à-dire tels quels.

Le courtage est de 1/8 % payable par le vendeur seul.

Le timbre est de :

1 anna jusqu'à 100 roupies
2 » de 100 à 200 roupies
3 » de 200 à 300 »
6 » de 300 à 600 »

9	»	de	600	à	900	»
12	»	de	900	à	1.200	»
15	»	de	1.200	à	1.500	»
1 R^le 8	»	de	1.500	à	2.500	»
3	»	de	2.500	à	5.000	»
4 R^le 8 anna	de	5.000	à	7 500 roupies		
6	»	de	7.500	à	10.000	»
9	»	de	10.000	à	15.000	»
12	»	de	15.000	à	20.000	»
15	»	de	20.000	à	25.000	»
18	»	de	25.000	à	30 000	»
24	»	de	30.000	à	40.000	»
30	»	de	40.000	à	50.000	»

et ainsi de suite, en augmentant de 6 roupies par chaque 10.000 roupies ou fraction de cette somme.

Cote d'octobre *1911*

Londres, câble....................	sh. 1.4 $^3/_{32}$ d	pour 1 R^le
— à vue...	1.4 $^5/_{32}$	—
— à 3 mois de vue...........	1.4 $^9/_{32}$	—
— à 6 mois de vue..	1.4 $^{11}/_{32}$	—
Paris, à vue	fr. 1,70	
— 3 mois de vue.............	1,72	—
Berlin, à vue.................. ..	Rm 1,38	—
— 3 mois de vue.............	1,30	—
Hong-Kong, à vue...............	R^le 1.32	pour 1 piastre
— 30 jours de vue...	1,28	—
Sanghaï, à vue....................	1,26	pour 1 taël
— 30 jours de vue..........	1,22	—
Japon, à vue..................... ...	1,52	pour 1 yen
— 30 jours de vue...........	1,48	—
Places de l'empire indien..... ......,	% b ou p	

Les effets à vue et les lettres de crédit ne paient qu'un droit fixe de 1 anna.

Les lettres à vue jouissent d'un délai de 3 jours.

— La plupart des effets de commerce sur Paris et sur Londres étant à 3 mois de vue, on peut les comparer directement ; cependant, il faut, pour que cette comparaison soit exacte, que le taux d'escompte soit le même sur les deux places, sinon il faut avoir égard à cette différence de taux ; mais dans la pratique on néglige ce nivellement des cours, qui toutefois est indispensable si les deux cotes ne sont pas à la même échéance.

Le cours du change sur Paris étant souvent nominal, on est obligé la plupart du temps de se couvrir sur Londres.

Londres à 3 mois de vue étant coté.................... 1 sh 1 1/2 d

en y ajoutant :

Trajet de 2 mois pour aller et retour à 3 1/2 % 0 d 095
Escompte à Londres pour 3 mois à 1 %.. ... 0   015
Timbre anglais 1/2 %/00 0   010
Timbre indien et frais...... 0   065
Courtage à Londres 1 %/00................... 0   015
                                             ____
                                             0 d 200   0 0 1/5
                                                         ____
                                                         1 sh 4 3/10 d

On a pour le cours de la roupie à vue............ ..

Si donc le cours de Paris sur Londres est de 25 fr. 15, on a pour le cours de la roupie par Londres :

$$\text{Indes.cotent Paris} \quad \frac{1}{x} \quad \text{roupie pour 1 franc}$$

$$- \quad \text{Londres} \quad \frac{20}{1 \text{ sh } 358} \quad \text{roupie pour 1 £}$$

Paris cote Londres 25 fr. 15 pour 1 £

d'où

$$\frac{1}{x} \times 25{,}15 = \frac{20}{1{,}358}$$

d'où

$$x = \frac{25{,}15 \times 1{,}358}{20} = 1 \text{ fr. } 71$$

Vérification par la conjointe :

x fr.................... 1 roupie
1 roupie .... 1 sh 358
20 sh............ 1 £
1 £.... .. .. 25 fr. 15

d'où

$$x = \frac{1{,}358 \times 25{,}15}{20} = 1 \text{ fr. } 71$$

CHANGES SUD-AMÉRICAINS

Nous ne parlerons que des places de Rio et de Buenos-Ayres dont les changes sont en papier.

COTE DE RIO-JANEIRO

L'unité monétaire du Brésil est le milreis dont la valeur au pair est 2 fr. 83 ou 27 deniers sterling, la moitié du milreis portugais.

Rio donne le certain à Londres et l'incertain aux autres places de sa cote.

Cote d'octobre 1911

Londres à vue................	d 16 $^{0}/_{32}$	pour 1 milreis
— 90 jours de vue........,....	— 16 $^{3}/_{32}$	—
Paris à vue........	reis 600	pour 1 franc
— 90 jours de vue	— 605	—
Berlin à 90 jours de vue.....	— 728	pour 1 mark
Lisbonne court............	milreis 2,95	p^r 1 milreis portug.
— à 90 jours de vue.........	— 3 »	—
New-York à 3 jours de vue....	— 3 $^1/_4$	pour 1 dollar

Le timbre est de 1 °/₀₀, savoir :

<pre>
o milreis 2 jusqu'à 200 milreis
o   4 de   200 à   400 milreis
o   6 de   400 à   600   »
o   8 de   600 à   800   »
1   de   800 à 1.000   »
2   de 1.000 à 2.000   »
3   de 2.000 à 3.000   »
</pre>

et ainsi de suite, 1 milreis en plus pour chaque 1.000 milreis ou fraction de cette somme en sus.

— Le change de Rio sur Londres étant de 16 $^{0}/_{32}$ d et le change de Paris sur Londres de 25 fr. 16, on a pour le change de Rio sur Paris par Londres :

$$\text{Rio sur Paris........ } x \text{ reis pour 1 franc}$$
$$\text{— Londres..... } \frac{240}{16\,^{0}/_{32}} \text{ milreis pour 1 £}$$
$$\text{Paris sur Londres.... } 25,16 \text{ fr. pour 1 £}$$

d'où

$$x \times 25,16 = \frac{240}{16\,^{0}/_{32}}$$

d'où

$$x = \frac{240 \times 1\,000}{25,16 \times 16\,^{0}/_{32}} = 585 \text{ reis}$$

Vérification par la conjointe :

$$\text{x reis..... .... } 1 \text{ franc}$$
$$25 \text{ fr. 16................. } 1 \text{ £}$$
$$1\ £................. 240 \text{ d}$$
$$16\,^{0}/_{32} \text{ d... .. .. } 1.000 \text{ reis}$$

d'où :

$$x = \frac{240 \times 1.000}{25,16 \times 16\,^{0}/_{32}} = 585 \text{ reis}$$

Le Brésil étant un pays à monnaie dépréciée, calculons, d'après le cours du milreis à Londres, la perte à la monnaie brésilienne et la prime correspondante à Rio de la monnaie anglaise.

Londres cote Rio à 60 jours 16 ¼ d escompte 6 %, soit à vue 16 d 665 ; la valeur au pair du milreis étant 27 deniers, il en résulte une perte de 27 — 16,665 = 10 d 335 à la monnaie brésilienne à Londres, soit :

$$\frac{10,335 \times 100}{27} = 38,28 \%$$

Par suite, 100 milreis papier ne valent que 100 — 38,28 = 61 milreis 72 en or. Et on a pour la prime correspondante à la monnaie anglaise à Rio :

$$\frac{38.28 \times 100}{61,72} = 62,02$$

Ainsi, à une perte de 38,28 % sur le billet de banque brésilien correspond à Rio une prime sur l'or de 62,02.

— Établissons, d'après la cote même de Rio, le rapport entre le cours du change et la prime sur l'or.

A Rio, le cours du change est 16 9/32, c'est-à-dire que 1 milreis vaut 16 9/32 d stg, alors qu'avec le change au pair, 1 milreis vaut 27 d stg ; calculons, d'après ces données, la valeur en milreis papier de 100 milreis or. On a par la conjointe :

```
x milreis papier ...    100 milreis or
1 milreis or ........    27 d
16 9/32 d ...........    1 milreis papier
```

d'où

$$x = \frac{27 \times 100}{16\,9/32} = 165,80$$

La prime sur l'or est donc de 65,80 %.

— Calculons maintenant à combien, au change de 16 9/32 d, revient en milreis la livre sterling :

On a :

```
x milreis ...............   1 £
1 £ .....................   240 d
16 9/32 d ...............   1 milreis
```

d'où

$$x = \frac{240}{16\,9/32} = 14 \text{ milreis } 74$$

Si le change augmente, le nombre de milreis diminue : le pouvoir d'acquisition du milreis augmente donc avec le cours du change, puisque pour 1 livre sterling, on donne d'autant moins de milreis que le change est plus élevé.

COTE DE BUENOS-AYRES

Buenos-Ayres donne le certain, 1 peso, valant 5 fr. au pair, à toutes les places de sa cote.

La cote officielle s'entend des changes en or, dont les cours résultent des transactions effectuées par les courtiers ; mais les banques publient aussi les cours en papier-monnaie.

Cote d'octobre 1911

	OR	PAPIER
Londres, cable............	47 $^{11}/_{10}$ d	
id. à vue	47 $^{11}/_{10}$ d	20 ½
id. à 90 jours de vue	48 $^{1}/_{8}$ —	
Paris, câble........	5,02	
id. à vue	fr. 5,02 ½	2,25
id. à 90 jours de vue...	— 5,05	
Berlin, câble.....................	4 Rm 06	
id. à vue.....	4,06 ½	2,03 ½
id, à 90 jours de vue...........	4,10	
Places italiennes, à vue...........	5,04	2,40
id. à 90 jours de vue.	5,06	
Belgique, à vue...................	5 fr. 04	
Etats-Unis, à vue...........	103 $ 60	
Autriche, à vue..........	4 c 74	
Chili, à vue......................	48 $^{1}/_{8}$	
Bolivie, à vue................	48 $^{1}/_{8}$	
Places espagnoles, à vue...........	5 p 41	2,50
id. à 90 jours de vue.	5,46	

Le courtage est de 2 ⁰/₀₀ payable moitié par le vendeur et moitié par l'acheteur.

Le timbre pour les effets ayant au plus 90 jours à courir est de 1 ⁰/₀₀, savoir :

0	peso	10	de	20 à	100	pesos
0	»	25	de	101 à	250	»
0	»	50	de	251 à	500	»
0	»	75	de	501 à	750	»
1	»		de	751 à	1.000	»

et ainsi de suite, 50 cents en plus pour chaque 500 pesos en sus jusqu'à 10.000 pesos. A partir de cette somme, toute fraction compte pour 1.000 pesos (1 ⁰/₀₀).

Tout effet ayant plus de 90 jours à courir paie autant de fois le droit de timbre que 90 jours sont contenus dans l'échéance, chaque fraction de 90 jours comptant comme 90 jours.

Les chèques au delà de 40 pesos sont timbrés à 5 cents.

— Calculons le change de Buenos Ayres sur Paris par Londres, sachant que Buenos-Ayres cote Londres 47 11/16 d stg et que Paris cote Londres 25 fr. 16.

On a par la conjointe :

$$
\begin{aligned}
x \text{ fr.} &\ldots\ldots\ldots\ldots & 1 \text{ peso} \\
1 \text{ peso} &\ldots\ldots\ldots & 47 \text{ d } 6875 \\
240 \text{ d} &\ldots\ldots\ldots & 25 \text{ fr. } 16
\end{aligned}
$$

d'où
$$
x = \frac{47{,}6875 \times 25{,}16}{240} = 4 \text{ fr. } 99
$$

Et pour la cote en papier-monnaie :

$$
\frac{20{,}50 \times 25{,}16}{240} = 2 \text{ fr. } 15
$$

Ou en disposant ainsi les cotes :

$$
\begin{aligned}
\text{Buenos-Ayres cote Paris} &\quad \frac{1}{x} \\
\text{—} \qquad\qquad \text{Londres} &\quad \frac{240}{20{,}50} \\
\text{Paris cote Londres}\ldots\ldots &\quad 25{,}16
\end{aligned}
$$

et en exprimant, d'après la seconde relation de la parité, que chaque cours est égal au produit des deux entre lesquels il est compris :

$$
\frac{240}{20{,}50} = \frac{1}{x} \times 25{,}16
$$

d'où
$$
x = \frac{25{,}16 \times 20{,}50}{240} = 2 \text{ fr. } 15
$$

— La République Argentine étant infestée de papier-monnaie, calculons la prime sur l'or, sachant qu'à Buenos-Ayres le papier à vue sur Paris est coté 2 fr. 25 le peso papier, le peso d'or valant 5 francs.

On a par la conjointe

$$
\begin{aligned}
x \text{ peso papier} &\ldots\ldots\ldots\ldots & 100 \text{ pesos or} \\
1 \text{ peso or} &\ldots\ldots\ldots\ldots\ldots & 5 \text{ fr.} \\
2{.}25 &\ldots\ldots\ldots\ldots\ldots\ldots & 1 \text{ peso papier}
\end{aligned}
$$

d'où
$$
x = \frac{500}{2{.}25} = 222 \, ^2/_9
$$

La prime sur l'or ressort donc à $222 \, ^2/_9 - 100 = 122 \, ^2/_9 \, \%$.

On a de même pour la perte au papier :

$$\text{x pesos or} \dots\dots\dots\dots \quad \text{100 pesos papier}$$
$$\text{1 peso papier} \dots\dots\dots \quad 2{,}25$$
$$\text{5 fr} \dots\dots\dots\dots\dots \quad \text{1 peso or}$$

d'où
$$x = \frac{225}{5} = 45 \ .$$

d'où on déduit pour la perte au papier :

$$100 - 45 = 55 \ \%$$

— Connaissant la prime sur l'or, on peut en déduire directement la perte au papier et réciproquement.

Dans le premier cas on a :

$$\frac{122 \ ^2/_9 \times 100}{222 \ ^2/_9} \quad 55 \ \% \text{ de perte au papier}$$

Et dans le second cas :

$$\frac{55 \times 100}{45} = 122 \ ^2/_9 \ \% \text{ de prime sur l'or.}$$

Le cours comprend toujours 100 plus la prime, et inversement la prime est égale au cours diminué de 100.

Nivellement des Cours

Les cours qui figurent sur les différentes cotes se rapportent, pour chaque devise, à une ou à plusieurs échéances-types pour une même place, mais variables d'une place à une autre. Pour comparer les cours réciproques de deux places, il faut, comme nous l'avons déjà vu dans l'étude des cotes étrangères, les *niveler*, c'est-à-dire les ramener à la même échéance par un calcul d'intérêt ou d'escompte.

Reprenons cette question du nivellement des cours, qui n'est autre du reste que celle de la transformation des cotes précédemment exposée au point de vue mathématique, pour la développer ici en langage courant.

Soient les deux cotes :

Paris cote Berlin à vue . . . . . *123*   *escompte 5 %*
Berlin cote Paris à 2 mois . .   *80 50 escompte 3 ¼ %*

Amenons à 2 mois la cote à vue de Paris sur Berlin : les marks à 2 mois valant moins de francs que les marks à vue, le nivellement se fait en retranchant du cours à vue 2 mois d'escompte à 5 %.

Cours à vue de Paris sur Berlin . . . .   123 »
— 2 mois d'escompte à 5 %   1,025
____
Cours à 2 mois de Paris sur Berlin   121,975

Mais, dans la pratique, le nivellement se fait généralement *en ramenant à vue les cours à terme*, parce qu'avec les cours à vue, on a pour ainsi dire affaire aux monnaies elles-mêmes, qui sont directement comparables par la quantité de métal précieux qu'elles renferment, ce qui ne saurait avoir lieu avec des effets qui, bien qu'à la même échéance, ne sont pas toujours soumis au même taux sur les deux places.

Ramenons donc à vue la cote de Berlin sur Paris : les francs à vue valant plus de marks que les francs à 2 mois, le nivellement se fait en ajoutant deux mois d'intérêt à 3 ½ % au cours à 2 mois :

Cours à 2 mois de Berlin sur Paris   80,50
+ 2 mois d'intérêt à 3 ½ % 0.17
____
Cours à vue de Berlin sur Paris   80,97

Les deux cotes se présenteront dès lors ainsi :

Paris cote Berlin à vue . . . .   123 »
Berlin cote Paris à vue   80,97

Remarques. — I. Dans le nivellement des cours, il faut, autant que possible, comparer les mêmes qualités de papier, le papier court avec le papier court, le papier long avec le papier long.

II. — Si les deux cours sont à vue ou à la même échéance, le nivellement est tout fait, à la condition, dans le dernier cas, que le taux d'escompte employé soit le même sur les deux places.

— Passons au cas où l'une des places donne le certain à l'autre :

Paris cote Londres à vue   25,18   escompte 3 ½ %
Londres cote Paris à 3 mois   25,36   id.   3 %

Ramenons à vue cette dernière cote : à Londres, avec 1 livre sterling, on obtiendra moins de francs à vue que de francs à 3 mois : le nivellement se fait donc en retranchant du cours à 3 mois un escompte de 3 mois à 3 o/o :

Cours à 3 mois de Londres sur Paris   25,36
— 3 mois d'escompte à 3 %   0,19
____
Cours à vue de Londres sur Paris   25,17

Règle. — *Selon qu'une place donne l'incertain ou le certain, on y ramène à vue un cours à échéance en ajoutant à ce dernier ou en en retranchant l'intérêt au taux étranger et pour le nombre de jours à courir.*

Sur une place qui, comme Londres, donne l'incertain à plusieurs places et le certain à d'autres, il faut, dans le nivellement des cours, avoir égard à cette particularité, et se rappeler en outre que, la seconde partie de la règle ne donne qu'un résultat très approché.

— Les cours nivelés à vue permettent, entre deux places dont l'une donne le certain à l'autre, comme Londres à Paris, de voir immédiatement sur laquelle des deux places la livre sterling est à meilleur marché. Et ils permettent, entre deux places qui se donnent l'incertain, d'établir si les cours réciproques sont ou non à la parité, d'où découlent des conséquences fort importantes, qui se traduisent, comme nous le verrons, dans la règle des 10.000.

— Sur une place où la même devise est cotée à deux échéances différentes, les cours nivelés permettent de comparer le prix du papier court et celui du papier long et de voir ainsi quel est celui des deux papiers qui est le plus en faveur. Ex. :

Berlin cote Paris à 8 jours.......... 80,95   *escompte* 3 ¼ %
Berlin cote Paris à 2 mois.......... 80,50   *id.*   3 ½ %

Amenons le cours à 8 jours au cours à 2 mois par une soustraction de 52 jours d'intérêts à 3 1/2 o/o :

Cours du Paris à 8 jours ,........ 80,95
— 52 jours à 3 ½ %........   0,41
Cours du Paris à 2 mois........ 80,54

Le papier à 8 jours est donc plus demandé que le papier à 2 mois.

Ramenons au contraire le cours à 2 mois au cours à 8 jours par une addition de 52 jours d'intérêt à 3 ½ % :

Cours à 2 mois.......... 80,50
+ 52 jours d'int. à 3 ½ %   0,40
Cours à 8 jours........ 80,90

Même conclusion.

Ramenons enfin à vue les deux cours :

Cours à 8 jours........ 80,95
+ 8 jours d'int. à 3 ½ %   0,06
Cours à vue.......... 81,01

Cours à 2 mois.......... 80,50
+ 2 mois d'int. à 3 ½ %.   0,47
Cours à vue.......... 80,97

Toujours même conclusion.

Le choix du papier n'est donc pas indifférent et, suivant les circonstances, il y aura lieu de préférer un papier à l'autre.

Un banquier de Berlin doit, par exemple, envoyer 10.000 fr. à Paris pour y faire exécuter un ordre ou pour y acquitter une dette échue.

D'après les cours ci-dessus, s'il prend du papier à 2 mois, le montant en doit être tel qu'escompté à Paris à 3 ½ % pour 2 mois, il y fasse encaisser 10.000 fr. comptant, soit :

$$\frac{10.000}{1 - \dfrac{3\frac{1}{2} \times 2}{1.200}} \quad \text{fr. à 2 mois}$$

qui coûteront à Berlin :

$$\frac{10.000 \times 0,805}{1 - \dfrac{7}{1.200}} = 8.097 \text{ Rm 23 comptant}$$

Ou par la conjointe :

      x Rm comptant................   10.000 fr. à vue
      99 ⁵/₁₂ fr. à vue...............   100 fr. à 2 mois
      100 fr. à 2 mois...............   80 Rm 50 comptant

d'où
$$x = \frac{10.000 \times 80,50}{99 \frac{5}{12}} = 8.097 \text{ Rm 23 comptant}$$

S'il prend du papier à 8 jours, le montant en devra être de :

$$\frac{10.000}{1 - \dfrac{3\frac{1}{2} \times 8}{36.000}} \quad \text{fr. à 8 jours}$$

qui coûteront à Berlin :

$$\frac{10.000 \times 0,8095}{1 - \dfrac{28}{36.000}} = 8.101 \text{ Rm 30 comptant}$$

Ou par la conjointe :

      x Rm comptant ....   10.000 fr. à vue
      99 ⁸³/₀₀ fr. à vue...........   100 fr. à 8 jours.
      100 fr. à 8 jours...........   80,95 Rm comptant.

d'où
$$x = \frac{10.000 \times 80,95}{99 \frac{83}{00}} = 8 \, 101,80 \text{ Rm comptant}$$

Le papier à 2 mois fait donc économiser 4 Rm 57.

S'il prend du papier à toute autre échéance, ce papier sera plus ou moins cher, suivant qu'il se rapprochera du papier à 8 jours ou à 2 mois, et le calcul se fera en conséquence.

CHANGE DIRECT ET CHANGE INDIRECT

Le change a pour objet, en dehors de la négociation proprement dite des effets de commerce, l'acquittement d'une dette, le recouvrement d'une créance ou la spéculation sur les changes : il est *direct* ou *indirect* selon que l'opération s'effectue directement entre les deux places intéressées ou par l'intermédiaire d'une place tierce.

Acquittement ou arbitrage d'une dette par change direct

Lorsqu'on a à sa disposition, avec sa propre cote, celle de la place du créancier, on peut s'acquitter d'une dette à l'étranger en adressant à son créancier une *remise*, qu'il encaissera si elle est à vue ou qu'il pourra négocier si elle est à échéance, de façon à rentrer dans ce qui lui est dû; ou bien par une *traite* du créancier sur le débiteur qui l'acquittera à l'échéance.

Mais à qui appartient le choix du règlement ?

A celui en la monnaie duquel la dette ou la créance n'est pas exprimée : la monnaie étrangère est en effet pour lui une marchandise qu'il a le droit d'acheter, s'il est débiteur, de vendre s'il est créancier, au mieux de ses intérêts ; la partie adverse ne saurait avoir d'autre prétention que de recevoir ce qui lui est dû ou de ne payer que ce qu'elle doit.

Un négociant de Paris doit à Berlin 3.000 marks à 45 jours; a-t-il avantage à se libérer par une remise à 30 jours ou à prier son créancier de tirer sur lui à 24 jours ?

Paris cote Berlin......... 123 fr. à vue escompte 5 %
Berlin cote Paris.... .... 80,80 à 2 mois id. 3 ½ %

Solution

Voie de la remise. — Transformant la dette à 45 jours en dette à 30 jours, on a pour la valeur nominale de l'effet à remettre à Berlin

$$\frac{3.000}{1 + \dfrac{15}{7.200}} \quad \text{Rm à 30 jours}$$

qui coûtent à Paris, eu égard à la cote à vue de Paris sur Berlin transformée en cote à 30 jours :

$$\frac{3\,000 \times 1.23 \left(1 - \dfrac{30}{7.200}\right)}{1 + \dfrac{15}{7.200}} = 3.666 \text{ fr. } 91 \text{ [1]}$$

---

[1] On peut également après avoir transformé la dette à acquitter en dette à 30 jours, transformer celle-ci en dette à vue :

$$\frac{3.000 \left(1 - \dfrac{30}{7.200}\right)}{1 + \dfrac{15}{7.200}} \quad \text{Rm à vue}$$

et appliquer ensuite le cours donné à vue :

$$\frac{3.000 \left(1 - \dfrac{30}{7.200}\right) \cdot 1,23}{1 + \dfrac{15}{7.200}} = 3.666 \text{ fr. } 94$$

Cette remarque est faite une fois pour toutes.

Ou par la conjointe :

$$
\begin{array}{ll}
x \text{ fr. comptant} \ldots\ldots\ldots & 3.000 \text{ Rm à } 45 \text{ jours, à payer} \\
7.215 \text{ Rm à } 45 \text{ jours} \ldots\ldots & 7.200 \text{ Rm à } 30 \text{ jours} \\
7.200 \text{ Rm à } 30 \text{ jours} \ldots & 7.170 \text{ Rm à vue} \\
100 \text{ Rm à vue} \ldots\ldots\ldots & 123 \text{ fr. comptant}
\end{array}
$$

d'où
$$
x = \frac{3.000 \times 7.170 \times 123}{7.215 \times 100} = 3.666 \text{ fr. } 94.
$$

Remarques I. — Si la remise était à échéance postérieure à celle de la dette, le binôme ou l'équivalence d'intérêt se transformerait en binôme ou équivalence d'escompte, et binôme ou équivalence disparaîtrait si remise et dette avaient même échéance.

II. — Si la dette est à vue, la somme déboursée à Paris est *indépendante* de l'échéance de la remise, l'escompte perdu sur une place étant gagné sur l'autre. On débourserait alors :

$$
3.000 \times 1,23 = 3.690 \text{ fr.}
$$

En effet, le débiteur achète à Paris un effet à 30 jours en marks et d'un montant égal à :

$$
\frac{3.690}{1,23 \left(1 - \dfrac{30}{7.200} \right)} = 3.012,55 \text{ Rm à } 30 \text{ jours}
$$

Cet effet est remis à Berlin, où, escompté, il produit au créancier :

$$
3.012,55 \left(1 - \frac{30}{7.200} \right) = 3.000 \text{ Rm comptant}
$$

Mais il n'en serait plus de même si l'effet devait être escompté à Berlin au taux hors banque 4 3/8 %. On aurait alors :

$$
\begin{array}{ll}
x \text{ fr. déb. à P.} \ldots\ldots\ldots & 3.000 \text{ Rm à vue à payer à B} \\
99\ ^{61}/_{96} \text{ Rm à vue} \ldots\ldots & 100 \text{ Rm à } 30 \text{ jours} \\
7.200 \text{ Rm à } 30 \text{ jours} \ldots\ldots & 7.170 \text{ Rm à vue} \\
100 \text{ Rm à vue} \ldots\ldots\ldots & 123 \text{ fr. espèces}
\end{array}
$$

d'où
$$
x = \frac{3.000 \times 7.170 \times 123}{99\ ^{61}/_{96} \times 7.200} = 3.688 \text{ fr. } 70
$$

Voie de la traite. — La traite à 24 jours, dont la valeur nominale est en francs, procure au créancier, qui la négocie à Berlin, une somme de marks comptant telle qu'augmentée de ses intérêts pour 45 jours à 5 %, elle reproduit les 3.000 marks qui lui sont dus à cette époque ; on a donc, par la transformation des marks à 45 jours en marks à vue, pour la somme des marks encaissés :

$$
\frac{3.000}{1 + \dfrac{45}{7.200}} \text{ Rm comptant}
$$

Pour évaluer ces marks en francs, monnaie du débiteur et déterminer la valeur nominale de la traite à 24 jours, il faut les diviser par la cote à 2 mois de Berlin sur Paris transformée en cote à 24 jours. On a dès lors :

$$\frac{3.000}{\left(1 + \dfrac{45}{7\,200}\right) 0{,}808 \left(1 + \dfrac{35}{10.000}\right)} = 3.676 \text{ fr. } 90$$

Ou par la conjointe :

$$
\begin{array}{ll}
x \text{ fr. à } 24 \text{ jours}\dots\dots & 3.000 \text{ Rm à } 45 \text{ jours} \\
7.245 \text{ Rm à } 45 \text{ jours}\dots & 7.200 \text{ Rm à vue} \\
80{,}80 \text{ Rm à vue}\dots & 100 \text{ fr. à } 60 \text{ jours} \\
100\ ^{35}/_{100} \text{ fr. à } 60 \text{ jours}\dots & 100 \text{ fr. à } 24 \text{ jours}
\end{array}
$$

d'où
$$x = \frac{3.000 \times 7.200 \times 100 \times 100}{7.245 \times 80{,}80 \times 100\ ^{35}/_{100}} = 3.676 \text{ fr. } 90 \text{ à } 24 \text{ jours}$$

Cette traite escomptée à Paris ferait débourser comptant au débiteur :

$$3.676{,}90 \left(1 - \frac{7}{3.000}\right) = 3.668{,}32 \text{ comptant}$$

On peut obtenir immédiatement ce résultat en ajoutant à la conjointe l'équivalence reliant l'échéance 24 jours à l'échéance à vue :

100 fr. à 24 jours.....	99 $^{23}/_{30}$ fr. comptant

la voie de la traite fait donc débourser comptant   3.668 fr. 32
— remise — —   3.666 fr. 94

Différence en faveur de la remise.....   1 fr. 38

Si la traite tirée en règlement était à échéance postérieure à celle de la cote, le binôme ou l'équivalence d'intérêt relative à la transformation de la cote se transformerait en binôme ou équivalence d'escompte.

Si, au contraire, on est créancier à Berlin de 3.000 Rm à 45 jours, la voie de la traite fera encaisser 1 fr. 38 de plus que la voie de la remise ; car, que l'on achète une remise pour acquitter une dette à l'étranger ou que l'on tire une traite pour y recouvrer une créance, les calculs sont les mêmes ; l'interprétation seule est différente. Ainsi, au cours de 123 fr. 40, une remise sur Berlin de 1.500 Rm coûtera $123{,}40 \times 15 = 1.851$ fr. et une traite de 1.500 Rm tirée sur Berlin fera encaisser $123{,}40 \times 15 = 1.851$ fr. Réciproquement, à ce même cours, une remise coûtant ou une traite produisant 1.851 fr. contiendra autant de Rm que 1 fr. 234 seront contenus dans 1.851, c'est-à-dire $\dfrac{1.851}{1{,}234} = 1.500$ Rm. *Il importe toutefois de distinguer le cas de la remise de celui de la traite, parce que le prix qui est avantageux pour remettre est désavantageux pour tirer.*

Nous allons traiter directement le recouvrement d'une créance, dans le cas où l'une des places donne le certain à l'autre.

*Paris est créancier à Londres de £ 215.5.6 à 2 mois ; il peut recou-
vrer sa créance en tirant à 40 jours sur son débiteur ou en priant
celui-ci de lui faire une remise à 17 jours ; quelle est la voie la plus
avantageuse ?*

    Paris cote Londres.....   25,16 ½ *à vue, escompte 4 %*
    Londres cote Paris.....   25,40 *à 3 mois, escompte 3 ½ %*

Voie de la traite. — La créance à 2 mois transformée en créance
à 40 jours donne pour le montant de la traite (année 365 jours) :

$$\frac{215,275}{1 + \dfrac{20}{9.125}} \quad \text{£ à 40 jours}$$

Cette traite négociée à Paris y fera encaisser, d'après la cote à
vue sur Londres transformée en cote à 40 jours :

$$\frac{215,275 \times 25,165 \left(1 - \dfrac{40}{9.000}\right)}{1 + \dfrac{20}{9.125}} = 5.381 \text{ fr. } 52$$

Ou par la conjointe :

    x fr. espèces.........   215 £ 275 à 60 jours
    9.145 £ à 60 jours. ....   9.125 £ à 40 jours
    9.000 £ à 40 jours........   8.960 £ à vue
    1 £ à vue............   25 fr. 165 espèces

d'où

$$x = \frac{215,275 \times 9.125 \times 8.960 \times 25,165}{9.145 \times 9.000} = 5.381 \text{ fr. } 52$$

Voie de la remise. — Le débiteur ang'ais transforme sa dette à
60 jours en dette à vue :

$$\frac{215,275}{1 + \dfrac{60}{9.125}} \quad \text{£ à vue}$$

avec lesquelles il achète un effet en francs à 17 jours :

$$\frac{215,275 \times 25,40 \left(1 - \dfrac{7}{10}\,\%\right)}{1 + \dfrac{60}{9.125}} = 5.394 \text{ fr. } 25 \text{ à 17 jours}$$

Ou par la conjointe :

    x fr. à 17 jours......   215 £ 275 à 60 jours
    9.185 £ à 60 jours.......   9.125 £ à vue
    1 £ à vue ....   25 fr. 40 à 3 mois
    100 $^{7}/_{10}$ à 3 mois.......   100 fr. à 17 jours

d'où :

$$x = \frac{215,275 \times 9.125 \times 25,40 \times 100}{9.185 \times 100\,{}^{7}/_{10}} = 5.394 \text{ fr. } 35 \text{ à 17 jours}$$

La différence de 0 fr. 10 provient de ce que, dans le raisonnement direct, la cote de Londres a été transformée d'après la formule approchée.

Cet effet escompté à Paris y fait encaisser :

	5.394,35
— 17 jours à 3 ½ %..	8,90
	5.385,45

La voie de la remise est avantageuse au créancier qui encaisse ainsi 5.385,45 — 5.381,52 = 3 fr. 93 de plus que par la voie de la traite.

— Voici quelques autres applications de change direct, dans lesquelles la dette ou la créance est exprimée en monnaie nationale.

Un banquier de Paris est débiteur de 10.000 fr. échus envers un banquier américain ; il remet en règlement un effet en dollars à 20 jours d'échéance ; quel est le montant de cet effet si Paris cote New-York 515 à vue, escompte 6 % ?

Solution

L'effet remis en règlement sera, d'après la cote à vue de Paris sur New-York transformée en cote à 20 jours :

$$\frac{10.000}{515\left(1 - \frac{20}{6.000}\right)} = \$\ 1.948,24 \text{ à 20 jours}$$

Ou par la conjointe :

x \$ à 20 jours......	10.000 fr. à vue
515 fr. à vue........	100 \$ à vue
5.980 \$ à vue..........	6.000 \$ à 20 jours

d'où

$$x = \frac{10.000 \times 100 \times 6.000}{515 \times 5.980} = 1.948\ \$\ 24 \text{ à 20 jour}$$

Bordereau de vérification (achat).

\$ 1.948.24	à 20 jours,
6.49	— escompte 6 % pour 20 jours.
\$ 1.941.75	à 5.15........................ = 10.000 fr.

Un négociant de Paris, créancier de 20.000 fr. à 30 jours sur Vienne, se rembourse par une traite en couronnes à 45 jours ; quel est le montant de cette traite si Paris cote Vienne 104 à vue, escompte 5 %; escompte à Paris 3 % ?

Solution

En encaissant immédiatement sa traite, le créancier, eu égard au taux d'escompte à Paris, ne doit toucher que :

$$20.000\left(1 - \frac{30}{12.000}\right) \text{ fr.}$$

Avec cette somme, il peut tirer, eu égard à la cote à vue de Paris sur Vienne transformée en cote à 45 jours :

$$\frac{20.000\left(1 - \dfrac{30}{12.000}\right)}{1,04\left(1 - \dfrac{15}{7.200}\right)} = 19.303\ c,\ 33\ \text{à}\ 15\ \text{jours}.$$

Ou par la conjointe :

x c. à 15 jours............   20.000 fr. à 30 jours.
12.000 fr. à 30 jours......   11.970 fr. à vue.
104 fr. à vue.............   100 c. à vue.
7.155 c. à vue...........   7.200 c. à 15 jours.

d'où
$$x = \frac{20.000 \times 11.970 \times 100 \times 7.200}{12.000 \times 104 \times 7.155} = 19.303\ c.\ 33\ \text{à}\ 15\ \text{jours}.$$

Inversement, combien une traite de 19.303 c, 33 à 45 jours produira-t-elle de francs à 30 jours, les autres données restant les mêmes ?

On a par la conjointe :

x fr. à 30 jours............   19 303 c 33 à 45 jours.
7.200 c à 45 jours...........   7.155 c à vue.
100 c à vue,................   104 fr. à vue.
11.970 fr. à vue.............   12.000 fr. à 30 jours.

d'où
$$x = \frac{19.303,33 \times 7.155 \times 104 \times 12.000}{7.200 \times 100 \times 11.970}\ \ 20.000\ \text{fr. à 30 jours}.$$

— Etablissons les formules générales du règlement d'une dette ou d'une créance par voie directe.

Combien un négociant d'une place A aura-t-il à débourser immédiatement en sa propre monnaie pour se libérer sur la place étrangère B d'une dette V exprimée en monnaie de cette dernière place et à n jours d'échéance ?

A cote B... c unités cpt pour b unités B à N jours, D diviseur fixe de la place B.
B cote A... c_1 unités cpt pour b_1 unités A à N_1 jours, D_1 diviseur fixe de la place A.

Solution

Plaçons-nous d'abord dans le cas général où les deux places se donnent l'incertain.

La libération peut se faire par voie de remise du débiteur au créancier ou par voie de traite du créancier sur le débiteur.

Voie de la remise. — Supposons la remise à n' jours d'échéance. Trois cas sont à distinguer.

$$n' > n$$
$$n' < n$$
$$n' = n$$

1° $n' > n$. Le montant nominal de l'effet acheté par le débiteur doit être supérieur à celui de la dette et tel que cet effet, escompté en B pour $(n' - n)$ jours, donne V pour valeur au comptant le jour de l'échéance de la dette. On a donc pour valeur nominale de cet effet, en transformant la dette à n jours en dette à échéance postérieure n' jours :

$$\frac{V}{1 - \dfrac{n' - n}{D}} \text{ unités B à n' jours.}$$

et pour le prix V_1 de ce papier en monnaie A du débiteur, eu égard à la cote de A sur B transformée de l'échéance N jours en échéance antérieure n' jours, ce qui suppose $N > n'$:

$$(1) \qquad V_1 = \frac{Vc}{b} \cdot \frac{1 + \dfrac{N - n'}{D}}{1 - \dfrac{n' - n}{D}}$$

Ou par la conjointe, en ayant égard à la propriété du diviseur fixe

V_1 unités A cpt...............	V unités B à n jours.
D — (n' — n) unités B à n j..	D unités B. à n' jours.
D unités B à n' j...........	D + (N — n') unités B à N j.
B. unités B à N j...........	c unités A cpt.

d'où

$$(\text{1 bis}) \qquad V_1 = \frac{Vc}{b} \cdot \frac{D + (N - n')}{D - (n' - n)}.$$

formule qui rentre dans la précédente.

2° $n' < n$. Le montant de l'effet acheté, augmenté de son intérêt pour $(n - n')$ jours, doit reproduire le montant de la dette V ; on a donc pour la valeur nominale de l'effet, en transformant la dette de l'échéance n à l'échéance antérieure n' :

$$\frac{V}{1 + \dfrac{n - n'}{D}} \text{ unités B à n' jours}$$

et pour la valeur V_1 de cet effet en monnaie A du débiteur, eu égard à la cote transformée de l'échéance N à l'échéance antérieure n' jours $(N > n')$:

$$(2) \qquad V_1 = \frac{Vc}{b} \cdot \frac{1 + \dfrac{N - n'}{D}}{1 + \dfrac{n - n'}{D}}$$

Ou par la conjointe :

V_1 unités A comptant.....	V unités B à n jours
D + (n — n') unités B à n j.	D unités B à n' jours
D unités B à n' jours.....	D + (N — n') unités B à N jours
b unités B à N jours......	c unités A comptant

d'où :

$$(\text{2 bis}) \qquad V_1 = \frac{Vc}{b} \cdot \frac{D + (N - n')}{D + (n - n')}$$

Cette formule est identique à la précédente.

Les formules (2) rentrent dans les formules (1) puisque $n - n' = - (n' - n)$, ce qui revient à représenter par un nombre négatif la différence $(n - n')$ lorsque la soustraction ne peut être effectuée.

3° $n' = n$. La valeur nominale de l'effet acheté doit être égale au montant V de la dette en monnaie étrangère ; la question revient à calculer la valeur en unités A d'un effet de V unités étrangères, comme s'il s'agissait d'une simple négociation. On a donc :

$$(3) \qquad V_1 = \frac{Vc}{b} \left(1 + \frac{N - n}{D} \right)$$

Ou par la conjointe :

V_1 unités A comptant......	V unités B à n jours
D unités B à n jours.......	$D + (N - n)$ unités B à N jours
b unités B à N jours.......	c unités A comptant

d'où :

$$(3 \text{ bis}) \qquad V_1 = \frac{Vc}{b} \cdot \frac{D + (N - n)}{D}$$

Les formules (3) rentrent dans les formules (1) ou (2) si, dans ces dernières, on fait $n' = n$.

Remarque. — Si $n' > N$, on regarde $N - n'$ comme négatif, puisque $N - n' = - (n' - N)$; la formule (1) est donc générale.

Cas particuliers. — Si dans cette formule générale :

$$(1) \qquad V_1 = \frac{Vc}{b} \cdot \frac{D + (N - n')}{D - (n' - n)}$$

on fait :

1° $N = 0$, et c'est le cas de Paris qui cote à vue toutes les places qui figurent sur son bulletin de changes, on a :

$$(a) \qquad V_1 = \frac{Vc}{b} \cdot \frac{D - n'}{D - (n' - n)}$$

2° $n' = N$ et $n = 0$, c'est-à-dire si l'échéance de l'effet est la même que celle de la cote et si la dette est à vue, on a :

$$(b) \qquad V_1 = \frac{Vc}{b} \cdot \frac{D}{D - N}$$

3° $n = 0$, $n' = 0$, c'est-à-dire si l'effet et la dette sont à vue, on a :

$$(c) \qquad V_1 = \frac{Vc}{b} \cdot \frac{D + N}{D}$$

4° $N = 0$ et $n = 0$, c'est-à-dire si la cote et la dette sont à vue, on a :

$$(d) \qquad V_1 = \frac{Vc}{b}$$

La somme à débourser est alors indépendante de l'échéance de l'effet.

5° $n = 0$, $n' = 0$, $N = 0$, c'est-à-dire si toutes les données sont à vue, on a encore :

$$(e) \qquad V_1 = \frac{Vc}{b}$$

pour la somme à payer par le débiteur.

— De la formule générale (1) on tire :

$$(4) \qquad V = \frac{V_1 b}{c} \cdot \frac{D - (n' - n)}{D + (N - n')}$$

Cette formule donne le nombre d'unités étrangères V à n jours que l'on peut se procurer en A avec V_1 unités A comptant.

Voie de la traite. — Le créancier en B tire sur son débiteur une traite en unités A à n' jours d'échéance par exemple. Cette traite doit procurer au créancier qui la vend sur sa place une somme en unités B comptant, qui, augmentée de ses intérêts pour n jours, au taux de sa place, doit donner la somme V qui lui est due à cette époque. On a donc, en transformant cette dette à n jours en dette à vue :

$$\frac{V}{1 + \dfrac{n}{D}} \quad \text{unités B comptant}$$

Pour évaluer cette somme en monnaie du débiteur et déterminer ainsi le montant de la traite à n' jours, il faut la diviser par la cote de B sur A, transformée préalablement de l'échéance N_1 à l'échéance antérieure n', ce qui suppose $n' < N_1$, et l'on a :

$$\frac{V b_1}{\left(1 + \dfrac{n}{D}\right) c_1 \left(1 + \dfrac{N_1 - n'}{D_1}\right)} \quad \text{unités A à n' jours}$$

qui, escomptés sur la place A, valent :

$$(6) \qquad V_2 = \frac{V b_1 \left(1 - \dfrac{n'}{D_1}\right)}{\left(1 + \dfrac{n}{D}\right) c_1 \left(1 + \dfrac{N_1 - n'}{D_1}\right)} \quad \text{unités A comptant}$$

Par la conjointe, on a :

$$V_2 \text{ unités A cpt} \dots \dots \quad V \text{ unités B à n jours.}$$
$$D + n \text{ unités B à n jours.} \dots \quad D \text{ unités B à vue.}$$
$$c_1 \text{ unités B cpt} \dots \dots \quad b_1 \text{ unités A à } N_1 \text{ jours.}$$
$$D_1 + (N_1 - n') \text{ unités A à } N_1 \text{ j.} \quad D_1 \text{ unités A à n' jours.}$$
$$D_1 \text{ unités A à n' jours} \dots \quad (D_1 - n') \text{ unités cpt.}$$

d'où

$$(6 \text{ bis}) \qquad V_2 = \frac{V b_1}{c_1} \cdot \frac{D (D_1 - n')}{(D + n) [D_1 + (N_1 - n')]} \quad \text{unités A cpt.}$$

Cette formule est générale et convient au cas ou $N_1 < n'$, à la condition de regarder $(N_1 - n')$ comme une quantité négative.

Cas particuliers — 1° Si $n' = N_1$ et si $n = 0$, on a :

$$(a) \qquad V_2 = \frac{Vb_1}{c_1} \frac{D_1 - N_1}{D_1}$$

2° Si $n' = 0$ et $n = 0$, on a :

$$(b) \qquad V_2 = \frac{Vb_1}{c_1} \frac{D_1}{D_1 + N_1}$$

3° Si $N_1 = 0$ et $n = 0$, on a :

$$(c) \qquad V_2 = \frac{Vb_1}{c_1}$$

La somme à encaisser est alors indépendante de l'échéance de la traite.

4° Si $N_1 = 0$, $n = 0$, $n' = 0$, on a encore :

$$(d) \qquad V_2 = \frac{Vb_1}{c_1}$$

— De la formule générale (6 bis), on tire :

$$V = \frac{V_2 c}{b_1} \frac{(D + n [D_1 + (N_1 - n')])}{D_1 (D_1 - n')}$$

formule qui donne le montant V d'unités étrangères qu'il faut pour se procurer une traite de V_2 unités A à n' jours d'échéance.

— Passons au cas où l'une des deux places donne le certain à l'autre.

Si la place débitrice A donne le certain, en permutant b en c et c en b dans la formule générale (1), on a pour la somme à débourser par voie de remise :

$$(7) \qquad V_1 = \frac{Vb}{c} \frac{D \times (N - n')}{D - (n' - n)}$$

Par la voie de la traite, la place B continuant à donner l'incertain, on a toujours :

$$(8) \qquad V_2 = \frac{V_1 b_1}{c_1} \frac{D (D_1 - n')}{(D + n) [D_1 + (N_1 - n)]}$$

— Si c'est la place B qui donne le certain, on a toujours pour la somme à débourser par voie de remise :

$$(9) \qquad V_1 = \frac{Vc}{b} \frac{D + (N - n')}{D - (n' - n)}$$

Par voie de traite, il suffit de permuter b_1 en c_1 et c_1 en b_1 dans la formule corrélative (6 bis) :

$$(10) \qquad V_2 = \frac{Vc_1}{b_1} \frac{D (D_1 - n')}{(D + n) [D_1 + (N_1 - n')]}$$

Dette exprimée en monnaie du débiteur. — Si la dette est exprimée en monnaie du débiteur, c'est au créancier que revient le droit d'option. Il peut avoir intérêt à demander une remise à son débiteur ou bien à tirer sur lui ; mais, dans un cas comme dans l'autre, le débiteur ne doit débourser que la somme par lui due et en sa propre monnaie.

Les raisonnements et les calculs à faire sont identiques à ceux qui précèdent, toutefois ici le cours passe au dénominateur dans la voie de la remise et au numérateur dans la voie de la traite.

Dans le cas particulier ou dette et cotes sont en vue, si nous reprenons les deux formules relatives au règlement d'une dette en monnaie étrangère :

$$V_1 = \frac{Vc}{b} \quad \text{remise.}$$

$$V_2 = \frac{Vb_1}{c_1} \quad \text{traite}$$

Il suffit pour passer au cas d'une dette étrangère exprimée en monnaie nationale d'intervertir les lettres V_1 et V, V_2 et V; il vient alors :

$$V = \frac{V_1 c}{b}$$

$$V = \frac{V_2 b_1}{c_1}$$

et on en déduit V_1 et V_2 :

$$V_1 = \frac{Vb}{c} \quad \text{remise.}$$

$$V_2 = \frac{Vc_1}{b_1} \quad \text{traite.}$$

Recouvrement d'une créance.

Si une place A est créancière d'une place étrangère B en monnaie de cette dernière place, les formules sont les mêmes que pour l'acquittement d'une dette, mais il faut leur donner une signification contraire, la position de créancier étant contraire à celle de débiteur : au lieu de prendre, comme pour le règlement d'une dette, le résultat le plus faible, il faut choisir le plus élevé.

RÈGLE DES 10.000 OU DE L'UNITÉ

Dans le commerce des marchandises, acheteur et vendeur ont des intérêts opposés : le prix le plus élevé est avantageux pour le vendeur et désavantageux pour l'acheteur. Il n'en est pas toujours de même dans le commerce des effets étrangers, où c'est tantôt le cours du change le plus bas et tantôt le cours du change le plus haut qui est avantageux ou désavantageux, selon qu'il s'agit d'une place qui donne l'incertain ou le certain.

1° Sur une place qui donne l'incertain, le change le plus bas est favorable à l'acheteur, qui, achetant une quantité fixe de monnaie étrangère, a intérêt à donner en échange le moins possible de sa propre monnaie ; le change le plus haut est favorable au vendeur, qui, vendant une quantité fixe de monnaie étrangère, a intérêt à recevoir en échange le plus possible de sa propre monnaie.

2° Sur une place qui donne le certain, le change le plus haut est, au contraire, favorable à l'acheteur, qui, achetant une quantité indéterminée de monnaie étrangère, a intérêt à en recevoir le plus possible en échange d'une quantité fixe de sa propre monnaie ; le change le plus bas est favorable au vendeur, qui, vendant une quantité indéterminée de monnaie étrangère, a intérêt à en donner le moins possible en échange d'une quantité fixe de sa propre monnaie.

La comparaison des cotes, si celle qui donne le certain est ramenée à la forme de l'incertain, conduit immédiatement aux mêmes conclusions.

Pour une place qui donne l'incertain, comme Paris à Londres.. $25\ \text{fr.}\ 15 = 1\ \pounds$

— le certain — Londres à Paris $\dfrac{1\ \pounds}{25,20} = 1\ \text{fr.}$

Sur la place qui donne l'incertain, le cours le plus bas est favorable à l'acheteur et le plus haut est favorable au vendeur, comme pour toute autre espèce de marchandise ; sur la place qui donne le certain, la cote se trouvant en dénominateur, le cours le plus haut est au contraire favorable à l'acheteur et le plus bas favorable au vendeur.

Or, en matière de change, lorsqu'on achète du papier sur l'étranger, c'est pour y faire une remise de fonds : *acheter* et *remettre* sont synonymes ; et lorsqu'on tire sur l'étranger, c'est pour vendre la traite : *vendre* et *tirer* sont aussi synonymes.

De là le vieil axiome cambiste :

Sur une place qui donne l'incertain, il faut acheter, remettre au plus bas, et tirer, vendre au plus haut.

Sur une place qui donne le certain, il faut acheter, remettre au plus haut et tirer, vendre au plus bas.

Cette règle a été remplacée ou mieux complétée par la règle des 10.000, que nous allons exposer.

Lorsque deux places se donnent l'incertain, si les cotes et la dette à acquitter sont à vue, nous avons trouvé que la somme à débourser par le débiteur est égale à :

$$V_1 = \frac{Vc}{b} \qquad \text{s'il fait remise}$$

$$V_2 = \frac{Vb_1}{c_1} \qquad \text{s'il demande traite}$$

L'importance relative de ces deux sommes va dicter au débiteur la voïe à adopter :

Si $V_1 < V_2$, c'est-à-dire si $\dfrac{Vc}{b} < \dfrac{Vb_1}{c_1}$

ou $\dfrac{c}{b} < \dfrac{b_1}{c_1}$ il fait remise

Si $V_1 > V_2$, c'est-à-dire si $\dfrac{c}{b} > \dfrac{b_1}{c_1}$ il demande traite

De là, on déduit :

$$cc_1 < bb_1 \text{ remise}$$
$$cc_1 > bb_1 \text{ traite}$$

Or, b et b_1 étant généralement égaux chacun à 100 :

$$cc_1 < 10.000 \text{ remise}$$
$$cc_1 > 10.000 \text{ traite}$$

ou encore, en prenant pour base du change 1 au lieu de 100 :

$$cc_1 < 1 \text{ remise}$$
$$cc_1 > 1 \text{ traite}$$

les cours c et c_1 étant le centième de ce qu'ils sont dans les inégalités précédentes :

Règle. — Toute question de frais mise à part, si le produit des cours réciproques et à vue de deux places qui se donnent l'incertain est inférieur à 10.000 (ou à l'unité), c'est au débiteur à faire remise au créancier ; si le produit des cours est supérieur à 10.000 (ou à l'unité), c'est au créancier à faire traite sur le débiteur ; si le produit des cours est égal à 10.000 (ou à l'unité), il est indifférent d'opérer par voie de remise ou de traite.

Dans ce dernier cas, on a :

$$cc_1 = 10.000$$
ou
$$cc_1 = 1$$

et les deux places sont dites *à la parité*, propriété que nous avons admise jusqu'ici comme découlant des lois monétaires.

De l'égalité de la parité, on tire :

$$c_1 = \dfrac{1}{c}$$

$\dfrac{1}{c}$ est le cours à la parité en B du cours c en A.

et

$$c = \dfrac{1}{c_1}$$

$\dfrac{1}{c_1}$ est le cours à la parité en A du cours c_1 en B

Règle. — Un cours à vue étant donné, on obtient le cours à la parité en en prenant l'inverse.

Si le cours de la place débitrice A est inférieur à la parité :

$$c < \frac{1}{c_1}$$

le débiteur envoie une remise à son créancier et paie le cours c pour chaque unité de monnaie étrangère.

Si le cours en A est supérieur à la parité :

$$c > \frac{1}{c_1}$$

le débiteur prie son créancier de tirer sur lui et alors il paie la parité $\frac{1}{c}$ pour chaque unité de monnaie étrangère.

En un mot, selon que le cours sur la place débitrice est inférieur ou supérieur au cours à la parité, le débiteur choisit le cours ou la parité, c'est-à-dire la voie de la remise ou de la traite : ce choix constitue un *arbitrage*.

— La règle des cours à la parité est encore vraie si l'une des places donne le certain à l'autre, à la condition de ramener sa cote à la forme de l'incertain.

Si c'est la cote B qui donne le certain, sa cote ramenée à la forme de l'incertain est $\frac{1}{c_1}$ et la cote de la place A étant toujours c, on a, si les cours sont à la parité :

$$c . \frac{1}{c_1} = 1$$

d'où
$$c = c_1$$

Si c'est la place A qui donne le certain, on a :

$$\frac{1}{c} . c_1 = 1$$

d'où
$$c_1 = c$$

Donc, *l'une des places donnant le certain à l'autre, il y a parité si les cours à vue sur les deux places sont les mêmes.*

D'après la règle de l'unité, la place B donnant le certain, si

$$c . \frac{1}{c_1} < 1$$

et
$$c . \frac{1}{c_1} > 1$$

ou
$$c < c_1 \quad \text{il y a lieu à remise}$$
$$c > c_1 \quad \text{il y a lieu à traite}$$

La place A donnant le certain, si :

$$\frac{1}{c} . c_1 < 1$$

et
$$\frac{1}{c} . c_1 > 1$$

ou
$$c_1 < c \text{ il y a lieu à remise}$$
$$c_1 > c \text{ il y a lieu à traite}$$

Règle. — Entre deux places dont l'une donne le certain à l'autre, si le cours à vue sur la place de l'incertain est inférieur au cours à vue sur l'autre place, c'est au débiteur à faire remise; s'il est supérieur, c'est au créancier à faire traite.

Applications

Soit à acquitter à St-Pétersbourg une dette de 100 roubles à vue :

Paris cote Pétersbourg   266 à vue

Pétersbourg cote Paris   37 ½ à vue

Le produit des cours :

$$266 \times 37{,}5 = 9.975$$

étant plus petit que 10.000, c'est au débiteur à faire remise au créancier, et le bénéfice qui en résulte pour lui est égal à la différence entre le produit des bases et le produit des cours, soit 2 ½ $^o/_{oo}$. En effet, débiteur à St-Pétersbourg de 100 roubles échus, nous paierons 266 francs en faisant remise, tandis qu'en acquittant une traite de notre créancier, nous paierions la parité de Pétersbourg

$$\frac{10.000}{37,50} = 266 \, 2/3 \text{, différence } 2/3 \text{ ou } \frac{2/3 \times 1.000}{266} = 2 \tfrac{1}{2} \, ^o/_{oo}$$

Soit à recouvrer une créance échue de 100 florins sur Amsterdam.

Paris cote Amsterdam   208 à vue

Amsterdam cote Paris   48 ¼ à vue

Le produit des cours :

$$208 \times 48{,}25 = 10.036$$

étant plus grand que 10.000, c'est au créancier à faire traite, et le bénéfice qui en résulte pour lui est égal à la différence entre le produit des cours et le produit des bases, soit 3,60 $^o/_{oo}$. En effet, créancier à Amsterdam de 100 florins échus, nous encaissons 208 fr. en faisant traite, tandis qu'une remise de notre débiteur nous ferait

encaisser la parité d'Amsterdam $\dfrac{10.000}{48,25} = 207$ fr. 25, diffé-

rence en moins 0,75, soit $\dfrac{0,75 \times 1.000}{208} = 3{,}60 \, ^o/_{oo}$.

Remarque. — On verrait aussi facilement que Paris aurait à demander remise s'il était créancier de Pétersbourg en roubles ou en francs et à demander traite s'il était débiteur d'Amsterdam en florins ou en francs.

Paris, débiteur à Vienne de 100 couronnes échues, cote Vienne 104,20 et Vienne cote Paris 95,80.

Le produit des cours :

$$104{,}20 \times 95{,}80 = 10.000$$

étant égal à 10.000, il est indifférent d'employer la voie de la remise ou celle de la traite. En effet, par la remise nous payons 104 fr. 20 et par la traite nous payons la parité du Vienne

$$\frac{10.000}{95,80} = 104 \text{ fr. } 20.$$

Paris, débiteur à Londres de 1 livre sterling, cote Londres 25,20 et Londres cote Paris 25 fr. 25.

Ici, la règle se simplifie, la vue seule des cours indiquant la voie à adopter.

Le règlement se fera par voie de remise, qui nous coûtera 25 fr. 20, tandis que la traite tirée de Londres sur Paris ferait débourser 25 fr. 25.

Si on est créancier, on demande à Londres une remise qui nous fait encaisser 25 fr. 25, tandis que la traite ne produirait que 25 fr. 20.

Et inversement si les cours étaient intervertis.

Spéculation par voie directe

La spéculation sur les changes par voie directe est basée sur la différence qui peut exister entre les cours réciproques de deux places.

Elle peut s'effectuer par voie de remise ou par voie de traite : dans le premier cas, le spéculateur commence par se constituer créancier de son correspondant en lui adressant une remise dont il est couvert par une autre remise de son correspondant ; dans le second cas, le spéculateur commence par se constituer débiteur en tirant une traite sur son correspondant, qui, pour se couvrir, tire de son côté une traite sur le spéculateur. Dans la pratique, la spéculation se raisonne sur les cours à vue.

Traitons d'abord la question d'une façon générale.

A cote B   c unités A comptant pour b unités B à vue
B cote A c_1 unités B comptant pour b_1 unités A à vue

Le spéculateur en A achète sur sa place un effet de V unités B pour la somme de :

$$\frac{Vc}{b} \text{ unités A}$$

Il adresse cet effet à son correspondant en B, qui touche la somme V, avec laquelle il achète un effet sur A d'un montant égal à :

$$\frac{Vb_1}{c_1} \text{ unités A}$$

Cet effet est envoyé au spéculateur, qui l'encaisse.

Celui-ci a ainsi déboursé

$$\frac{Vc}{b}$$

puis encaissé

$$\frac{Vb_1}{c_1}$$

Si donc, on a :

$$\frac{Vc}{b} < \frac{Vb_1}{c_1}$$

ou

$$\frac{c}{b} < \frac{b_1}{c_1}$$

ou

$$cc_1 < bb_1$$

ou, en ramenant les bases à l'unité :

$$cc_1 < 1$$

le spéculateur a réalisé un bénéfice égal à la différence :

$$\frac{Vb_1}{c_1} - \frac{Vc}{b}$$

ou, si b et b_1 sont égaux à l'unité :

$$V\left(\frac{1}{c_1} - c\right)$$

Mais si l'on a :

$$\frac{c}{b} > \frac{b_1}{c_1}$$

ou

$$cc_1 > bb_1$$

ou

$$cc_1 > 1$$

il éprouve une perte de même chiffre que le gain réalisé dans l'autre hypothèse.

Il opère alors par voie de traite.

Il tire sur son correspondant en B une traite de V unités B, et, vendant cette traite, il encaisse :

$$\frac{Vc}{b} \text{ unités A}$$

De son côté, le correspondant B, pour rentrer dans les V unités B qu'il a déboursées, tire sur le spéculateur en A une traite de :

$$\frac{Vb_1}{c_1} \text{ unités A}$$

Le spéculateur en A a ainsi reçu...... $\dfrac{Vc}{b}$

et payé.. ... $\dfrac{Vb_1}{c_1}$

Si donc on a :

$$\frac{Vc}{b} > \frac{Vb_1}{c_1}$$

ou
$$\frac{c}{b} > \frac{b_1}{c_1}$$

ou
$$cc_1 > bb_1 \qquad (bb_1 = 10,000)$$

ou encore en prenant les bases égales à l'unité :

$$cc_1 > 1$$

Il aura réalisé un bénéfice égal à :

$$v\left(\frac{c}{b} - \frac{b_1}{c_1}\right)$$

ou si b et b_1 sont égaux à 1 :

$$v\left(c - \frac{1}{c_1}\right)$$

Il en serait de même pour un spéculateur en B.

Règle. — *Entre deux places se donnant l'incertain, si le produit de leurs cours à vue est inférieur à 10,000 (ou à l'unité), les deux places ont avantage à se faire des remises réciproques ; elles ont au contraire avantage à tirer l'une sur l'autre si le produit des cours est supérieur à 10.000 (ou à l'unité) : le bénéfice qui en résulte est proportionnel à la différence du produit des cours à 10.000 (ou à l'unité).*

La règle des 10.000 (ou de l'unité) régit donc les opérations de spéculation, comme elle régit le règlement des dettes et des créances. La chose est du reste évidente à priori, car si la voie de la remise est préférable à celle de la traite ou inversement dans le règlement d'une dette ou d'une créance, elle l'est aussi dans une opération de spéculation, où l'on commence par se constituer débiteur ou créancier.

Si la place B donne le certain, sa cote c_1 étant ramenée à la forme de l'incertain, on a en appliquant la règle de l'unité :

$$c \cdot \frac{1}{c_1} < 1 \quad \text{ou mieux} \quad c < c_1 \quad \text{spéculation par voie de remise.}$$

$$c \cdot \frac{1}{c_1} > 1 \quad\quad — \quad\quad c > 1 \quad\quad — \quad\quad \text{traite}$$

Si A donne le certain :

$$\frac{c_1}{c} < 1 \quad\quad — \quad\quad c_1 < c \quad\quad — \quad\quad \text{remise.}$$

$$\frac{c_1}{c} > 1 \quad\quad — \quad\quad c_1 > c \quad\quad — \quad\quad \text{traite.}$$

Règle. — *Entre deux places dont l'une donne le certain à l'autre, la spéculation doit se faire par voie de remise ou de traite, suivant que le cours de la place de l'incertain est inférieur ou supérieur au cours de la place du certain.*

On voit immédiatement ici, à la seule vue des cours, dans quel sens il faut opérer.

8

Spéculation entre Paris et Berlin :

> *Paris cote Berlin.......   123,25 à vue.*
> *Berlin cote Paris.......   81,10 à vue.*

Le produit des cours :

$$123,25 \times 81,10 = 9995,6$$

étant inférieur à 10.000, il faut opérer par voie de remise réciproque et le bénéfice réalisé est alors de 0,44 °/oo, soit $123,25 \times 0,000\ldots = 0$ fr. 054.

Paris dirige alors ainsi son opération.

Il achète 100 marks à vue qui lui coûtent 123 fr. 25 ; il les adresse à son correspondant qui les encaisse et achète une remise en francs de $\frac{100}{0,811} = 123$ fr. 304 que Paris encaisse, réalisant ainsi un bénéfice de $123,304 - 123,25 = 0$ fr. 054.

A Berlin il n'y a ni perte ni gain, puisqu'on y reçoit et débourse 100 marks ; ce serait l'inverse si la spéculation était à Berlin.

Vérification par la conjointe :

x fr. encaissés au retour.	1 fr. déb. au départ.	
123 fr. 25...............	100 Rm	P achète et remet des Rm à B.
81,10 Rm...............	100 fr.	B achète et remet des fr. à P.

d'où
$$x = \frac{10.000}{123,25 \times 81,10} = 1,00044$$

De là un bénéfice de 0 fr. 00044 pour 1 franc déboursé et pour 123 fr. 25 : $123,25 \times 0,00044 = 0$ fr. 054.

Spéculation entre Paris et Amsterdam :

> *Paris cote Amsterdam.....   209,30 à vue.*
> *Amsterdam cote Paris.....   47,84 à vue.*

Le produit des cours :

$$2,093 \times 0,4784 = 1,0013$$

étant supérieure à 1, la spéculation doit se faire par voie de traite réciproque ; on réalise ainsi un bénéfice de 1,3 °/oo, soit, sur la somme engagée à Paris, $0,2093 \times 1,3 = 0$ fr. 27. Amsterdam qui paie et encaisse 100 florins ne fait ni gain ni perte ; ce serait l'inverse si le spéculateur était à Amsterdam.

Paris dirige alors ainsi son opération.

Il tire une traite de 100 florins et en la vendant il encaisse 209 fr. 30. Amsterdam paie cette traite et pour se couvrir tire sur Paris, au change de 0 fl. 4784, une traite en francs de $\frac{100}{0,4784} = 209$ fr. 03 que Paris acquitte, réalisant ainsi un bénéfice de $209,30 - 209,03 = 0$ fr. 27.

Vérification par la conjointe :

x fr. enc. au départ.   1 fr. déboursés au retour.
1 fr. ....   0 fl. 4784   A tire sur P et vend des francs.
1 fr. ....   2 fr. 093   P tire sur A et vend des florins.

d'où $x = 0,4784 \times 2,093 = 1,0013$

De là un bénéfice de 0 fr. 0013 pour 1 franc déboursé et pour 209 fr. 30 déboursés $209,30 \times 0,0013 = 0$ fr. 27.

— Passons au cas où l'une des places donne le certain.

Spéculation entre Paris et Londres, Paris cotant Londres 25 fr. 15 à vue et Londres cotant Paris 25 fr. 20 à vue.

Le cours sur la place qui donne l'incertain étant le moins élevé, il faut opérer par voie de remise.

Paris achète 1 £ et débourse... 25,15
Londres encaisse la £ et achète des francs qui seront encaissés à Paris.   25,20

Bénéfice à Paris............   0,05

Vérification par la conjointe :

    x fr. enc. au retour.   1 fr. déb. au départ.
    25 fr. 15...........   1 £   P achète et remet à L 1 £.
    1 £........   25,20   L achète et remet à P des francs.

d'où $x = \dfrac{25,20}{25,15} = 1,002$

Soit un bénéfice de 0 fr. 002 pour 1 franc déboursé à Paris et pour 25 fr. 15 : $25,15 \times 0,002 = 0,05$.

— Si, au contraire :

        Paris cote Londres....   25,20 à vue.
        Londres cote Paris....   25,15 à vue.

Le cours sur la place de l'incertain étant le plus élevé, il faut spéculer par voie de traite.

    Paris tire sur Londres une traite de 1 £ qu'il vend.........   25,20
    Londres se couvre en tirant sur Paris une traite de.......   25,15

Bénéfice à Paris..........   0,05

Vérification par la conjointe :

    x fr. enc. au départ.   1 fr. déb. au retour.
    25,15..............   1 £   L tire sur P.
    1 £.....   25,20   P tire sur L.

d'où $x = \dfrac{25,20}{25,15} = 1,002$

bénéfice 2 ⁰/₀₀ et sur 25,15 : $25,15 \times 0,002 = 0$ fr. 05.

— C'est par suite de ces opérations de spéculation que les cours réciproques de deux places tendent toujours à se rapprocher de la parité.

— Du bénéfice brut réalisé dans la spéculation, il faut retrancher les frais de commission, de timbres d'effets, de dépêches, etc. Ces frais peuvent absorber tout ou partie des bénéfices ; aussi les opérations de spéculation ne peuvent-elles guère être traitées qu'en compte à 1/2 ou par une maison qui, ayant une succursale sur la place avec laquelle elle veut opérer, n'a pas à payer de commission et de courtage.

Dans la pratique, on construit, comme nous le verrons, des tables qui donnent les cours à la parité de ceux pratiqués à l'étranger, de façon à voir immédiatement la spéculation à effectuer lorsqu'on reçoit par télégraphe la cote de la place étrangère.

— A la spéculation sur les changes se rattachent les questions suivantes :

On a en portefeuille un effet à vue sur Berlin ; est-il plus avantageux de le négocier sur place que de l'envoyer à Berlin contre remise sur Paris à 8 jours adressée en retour ?

Paris cote Berlin 123 fr. 35 à vue escompte 4 1/2 0/0.
Berlin cote Paris 81 Rm à 8 jours escompte 3 0/0.

Solution

La négociation à Paris produirait 123 fr. 35.

Et à Berlin :

$$x \text{ fr.} \ldots \ldots \ldots \quad 100 \text{ Rm.}$$
$$81 \text{ Rm.} \ldots \ldots \ldots \quad 100 \text{ fr. à 8 jours.}$$
$$12.000 \text{ fr. à 8 j.} \ldots \quad 11.992 \text{ fr. à vue.}$$

d'où
$$x = \frac{10 \times 11.992}{81 \times 12} = 123,371$$

La négociation à Berlin produira donc un bénéfice de 0 fr. 24 par 100 marks, abstraction faite de tous frais.

A cette question se rattache étroitement la suivante :

On reçoit de Berlin des retours sur Paris à 8 jours et au prix de 81 Rm les 100 fr. à 8 jours, en couverture de remises sur l'Allemagne ; à quel prix ressortent ces retours si l'escompte à Paris est de 3 0/0.

La conjointe ci-dessus résout la question ; mais nous allons la reprendre par le raisonnement direct.

Les retours reçus de Berlin sont représentés par des effets ayant 8 jours à courir, il en résulte que dans 8 jours on touchera 100 fr. par chaque 81 marks envoyés à la négociation à Berlin ; or il est très important de tenir compte des intérêts restant à courir sur les effets qu'on reçoit en échange de ceux qu'on a remis, en d'autres termes faut évaluer en francs comptant les francs à 8 jours ; par suite

$$100 \text{ fr. à 8 jours équivalent à} \quad 99\,^{14}/_{15} \text{ fr. à vue.}$$

donc
$$81 \text{ Rm comptant} \quad — \quad 99\,^{14}/_{15} \text{ fr. à vue.}$$

$$1 \text{ Rm comptant} \quad — \quad \frac{99\,^{14}/_{15}}{81} \text{ fr. à vue.}$$

$$100 \text{ Rm comptant} \quad — \quad \frac{99\,^{14}/_{15} \times 100}{81} = 123 \text{ fr. } 374$$

— *On reçoit d'Amsterdam des retours sur Paris au cours de 47 1/2 florins les 100 francs à 2 mois, en couverture de remises sur la Hollande ; à quel prix ressortent ces retours si l'escompte à Paris est de 3 o/o :*

On a par la conjointe :

$$x \text{ fr. à vue}\ldots\ldots\ldots\ldots \quad 100 \text{ fl. à vue.}$$
$$47,50 \text{ fl. à vue}\ldots\ldots\ldots \quad 100 \text{ fr. à 2 mois.}$$
$$100 \text{ fr. à 2 mois}\ldots\ldots \quad 99\,\tfrac{1}{2} \text{ fr. à vue.}$$

d'où
$$x = \frac{100 \times 99,50}{47,50} = 209 \text{ fr. } 50$$

abstraction faite de tous frais.

Remarques. — I. Les banquiers qui n'opèrent pas habituellement sur les changes, négocient sur place les valeurs étrangères qui leur sont endossées ; ils n'effectuent de remises sur une place étrangère que pour faire provision à une traite demandée par un client, qui s'adresserait ailleurs en cas de refus de lui rendre ce service. Le banquier n'en réalise pas moins un bénéfice en se réservant un écart raisonnable entre le cours du jour et celui auquel la traite est vendue au client.

II. Si une place n'est pas cotée, le banquier envoie directement à l'encaissement les effets payables sur cette place, et il attend le règlement de la contrevaleur demandée en remises sur Paris pour calculer le prix des valeurs reçues des clients.

III Lorsque l'escompte à l'étranger est plus élevé qu'en France, il peut être avantageux pour un banquier, à défaut d'autre emploi de ses capitaux, d'acheter, à titre de placement temporaire, du papier long pour le négocier à l'approche de l'échéance. Ainsi le taux d'escompte étant de 3 ½ % à Paris et de 4 % à Londres, un banquier français a avantage à mettre en portefeuille du papier long anglais, qui lui procure un supplément d'intérêt de 1/2 0/0. Il peut résulter de là une plus grande demande de papier long, provoquant une hausse des cours sur ce papier.

Inversement si l'escompte est de 4 0/0 à Paris et de 3 1/2 0/0 à Londres, le porteur français de papier long anglais, qui le garde en portefeuille, perd 1/2 0.0 d'intérêt ; il a donc avantage à envoyer ce papier se faire escompter par la Banque d'Angleterre, afin de rechercher un meilleur emploi de ses capitaux. Le papier long est dès lors offert, tandis que le papier court qui peut avoir en partie pour objet de faire venir de Londres les capitaux résultant de l'escompte du papier long est plus demandé.

CHANGE INDIRECT

Le *change indirect* a bour but le paiement d'une dette, le recouvrement d'une créance ou la spéculation sur les changes, en passant par l'intermédiaire de plusieurs places dites places *médiates*, ou, en pratique, par l'intermédiaire d'une seule place, dite *place tierce*.

On emploie le change indirect lorsqu'il est plus avantageux que le change direct, qu'il n'y a pas de change ouvert entre les deux places intéressées, ou que les communications sont interceptées.

Pour effectuer un calcul de change indirect, il faut convertir la monnaie de la première place en monnaie de la place intermédiaire, au cours du change qui existe entre elles ; puis convertir le résultat obtenu en monnaie de la seconde place, qui doit encaisser la remise ou payer la traite, au cours existant entre la place intermédiaire et la seconde place.

ACQUITTEMENT OU ARBITRAGE D'UNE DETTE

Celui qui est débiteur sur une place étrangère a, en dehors de la remise ou de la traite directes, quatre moyens de s'acquitter :

1° Acheter sur sa propre place du papier payable sur une place tierce et l'envoyer à son créancier, qui le négocie pour rentrer dans ce qui lui est dû ;

2° Adresser le papier payable sur une place tierce à son correspondant de cette place, qui l'ayant encaissé s'il est à vue ou négocié s'il est à échéance, achète, avec les fonds ainsi obtenus, du papier payable sur la place du créancier à qui il l'envoie ;

3° Prier son correspondant de la place tierce d'acheter d'abord du papier payable sur la place du créancier et d'en faire remise à ce dernier, puis de se couvrir ensuite de ses déboursés en tirant sur le débiteur ;

4° Enfin prier le créancier de tirer sur le correspondant de la place tierce, qui lui-même, pour se rembourser, tire sur le débiteur.

Supposons Paris débiteur à Amsterdam de 5.000 florins à 45 jours.

Le plus souvent dans la pratique la dette à acquitter est à vue pour plus de généralité nous la supposons à échéance.

Voie de la remise indirecte. — Paris, débiteur, trouve à acheter sur sa place du papier à 30 jours sur Berlin, qui, adressé à Amsterdam, où il sera négocié, fera encaisser au créancier l'équivalent des florins à 45 jours qui lui sont dus.

P———————————B————————⟶ A [1]

Il faut donc avoir à sa disposition le cours du mark à Paris où l'effet est acheté et son cours à Amsterdam où il est vendu.

Paris cote Berlin à vue.......... 1 fr. 234, escompte 5 %.
Amsterdam cote Berlin à 3 mois. 0 fl. 5.825, id. 5 %.

Calculons la somme que Paris aura à débourser.

La dette à 45 jours transformée en dette à vue, d'après le taux 4 % à Amsterdam, devient :

$$\frac{5.000}{1 + \dfrac{45}{9.000}} \text{ fl. à vue.}$$

Cette somme est produite par la négociation à Amsterdam d'un effet en marks à 30 jours, dont le montant, d'après la cote d'Amsterdam sur Berlin transformée de 90 à 30 jours, est de :

$$\frac{5.000}{\left(1 + \dfrac{45}{9.000}\right) 0,5825 \left(1 + \dfrac{60}{7.200}\right)} \text{ Rm. à 1 mois.}$$

qui coûteront à Paris, d'après le cours à vue du mark à Paris transformé en cours à 30 jours :

$$\frac{5.000 \times 1,234 \left(1 - \dfrac{30}{7.200}\right)}{\left(1 + \dfrac{45}{9.000}\right) 0,5825 \left(1 + \dfrac{60}{7.200}\right)} = 10.408 \text{ fr. 92.}$$

Ou par la conjointe :

x fr espèces..........	5.000 fl. à 45 j.	à payer.
9.045 fl. à 45 jours.....	9.000 fl. à vue.	
0 fl. 5.825 comptant....	1 Rm. à 3 mois.	A. vend des Rm.
7.260 Rm. à 3 mois.....	7.200 Rm. à 1 mois.	
7.200 Rm. à 1 mois....	7.170 Rm. à vue.	P. achète des Rm.
1 Rm. à vue.........	1 f. 234 espèces.	

d'où
$$x = \frac{5.000 \times 9.000 \times 7.170 \times 1,234}{9.045 \times 0,5825 \times 7.260} = 10.408 \text{ fr. 92}$$

Vérification. — Avec la somme ainsi trouvée, Paris achète des marks à 1 mois d'un montant égal à :

x Rm. à 1 mois.......	10.408 fr. 92.
1 fr. 234 espèces.......	1 Rm. à vue.
7.170 Rm. à vue.......	7.200 Rm. à 1 mois.

d'où
$$x = \frac{10.408,92 \times 7.200}{1,234 \times 7.170} = 8.470 \text{ Rm } 40 \text{ à 1 mois.}$$

Amsterdam négocie ces marks et en retire :

x fl. comptant.......... 8.470 Rm. 40 à 1 mois.
7.200 Rm. à 1 mois.... 7.260 Rm. à 3 mois.
1 Rm. à 3 mois........ 0 fl. 5825 comptant.

d'où
$$x = \frac{8.470,40 \times 7.260 \times 0,5825}{7.200} = 4.975 \text{ fl. } 12 \text{ comptant.}$$

qui, augmentés de leur intérêt à 4 0/0 donnent bien le montant de la dette à 45 jours : 4.975,12 $(1 + \frac{1}{2} \%) = 5.000$ florins à 45 jours.

Voie des deux remises. — Paris, débiteur, achète et envoie un effet en marks à 30 jours à son correspondant de Berlin, qui le négocie et achète avec le produit de cette négociation un effet en florins à 20 jours équivalant à la dette à 45 jours et l'adresse au créancier d'Amsterdam.

$$P \longrightarrow B \longrightarrow A$$

Il faut avoir le cours du mark à Paris où l'effet en marks est acheté et le cours du florin à Berlin où l'effet en florins est acheté.

Paris cote Berlin.......... 1 fr. 234 à vue, escompte 5 %.
Berlin cote Amsterdam.... 1 Rm. 688 à 2 mois, escompte 4 %.

La dette en florins à 45 jours transformée en dette à 20 jours devient :

$$\frac{5.000}{1 + \frac{25}{9.000}} \text{ fl. à 20 jours,}$$

dont le prix à Berlin sera, eu égard à la cote à 2 mois de Berlin sur Amsterdam transformée en cote à 20 jours :

$$\frac{5.000 \times 1,688 \left(1 + \frac{40}{9.000}\right)}{1 + \frac{25}{9.000}} \text{ Rm. comptant.}$$

et en marks à 30 jours :

$$\frac{5.000 \times 1,688 \left(1 + \frac{40}{9.000}\right)}{\left(1 + \frac{25}{9.000}\right)\left(1 - \frac{30}{7.200}\right)} \text{ Rm. à 30 jours.}$$

qui coûteront à Paris, eu égard à sa cote transformée :

$$\frac{5.000 \times 1,688 \left(1 + \frac{40}{9.000}\right) 1,231 \left(1 - \frac{30}{7.200}\right)}{\left(1 + \frac{25}{9.000}\right) \left(1 - \frac{30}{7.200}\right)} = 10.432 \text{ fr. } 27$$

Par la conjointe, on a :

x fr. espèces...........	5.000 fl. à 45 jours.	à payer.
9.025 fl. à 45 jours....	9.000 fl. à 20 jours.	}
9.000 fl. à 20 jours....	9.040 fl. à 60 jours.	} B. achète et remet des fl. à A.
1 fl. à 60 jours........	1.688 Rm. comptant.	}
7.170 Rm. comptant..	7.200 Rm. à 1 mois.	}
7.200 Rm. à 1 mois...	7.170 Rm. à vue.	} P. achète et remet des Rm. à B.
1 Rm. à vue..........	1 fr. 231 comptant.	}

d'où
$$x = \frac{5.000 \times 9.040 \times 1,688 \times 1,231}{9.025} = 10.432 \text{ fr. } 27$$

Vérification. — Avec 10.432 fr. 27, Paris achète des Rm. à 30 jours :

x Rm. à 30 jours.......	10.432 fr. 27 comptant.
1 fr. 234 espèces........	1 Rm. à vue.
7.170 Rm. à vue.......	7.200 Rm. à 30 jours.

d'où
$$x = \frac{10.432,27 \times 7.200}{1,234 \times 7.170} = 8.489,40 \text{ Rm. à 1 mois.}$$

De son côté, avec le produit de la négociation de ces marks, Berlin achète des florins à 20 jours :

x fl. à 20 jours.........	8.489,40 Rm. à 30 jours.
7.200 Rm. à 30 jours...	7.170 Rm. à vue.
1 Rm. 688 comptant....	1 fl. à 2 mois.
9.040 fl. à 2 mois......	9.000 fl. à 20 jours.

d'où
$$x = \frac{8.489,40 \times 7.180 \times 9.000}{7.200 \times 1,688 \times 9.040} = 4.986,14 \text{ fl. à 20 jours.}$$

qui, augmentés de 25 jours d'intérêt à 4 0/0, donnent bien 4.986,14 $\left(1 + \frac{25}{9.000}\right)$ = 5.000 florins à 45 jours.

Voie de la remise et de la traite. — Berlin fait une remise à Amsterdam en florins à 50 jours et se rembourse par une traite à vue sur Paris.

$$P \longleftarrow \overline{} B \longrightarrow A$$

Berlin cote Amsterdam....	1,688 à 2 mois et 4 %.
Berlin cote Paris..........	0,805 à 2 mois et 3 %.

La dette de 5.000 florins à 45 jours transformée en dette à 50 jours devient :

$$\frac{5.000}{1 - \frac{5}{9.000}} \text{ fl. à 50 jours.}$$

C'est là le montant de l'effet adressé à Amsterdam par Berlin, qui débourse à cette occasion, eu égard à sa cote transformée de 2 mois en 50 jours :

$$\frac{5.000 \times 1,688 \left(1 + \frac{10}{9.000}\right)}{1 - \frac{5}{9.000}} \text{ Rm. comptant.}$$

dont il se couvre par une traite à vue et en francs sur Paris de montant égal à :

$$\frac{5.000 \times 1,688 \left(1 + \frac{10}{9.000}\right)}{\left(1 - \frac{5}{9.000}\right) 0,805 \left(1 + \frac{60}{12.000}\right)} = 10.449 \text{ fr. } 70$$

Par la conjointe on a :

x fr. comptant........ .	5.000 fl. à 45 jours.	à payer.
8.995 fl à 45 jours. ...	9.000 fl. à 50 jours.	B. remet des fl. à A.
9.000 fl. à 50 jours	9.010 fl. à 60 jours.	
1 fl. à 60 jours.........	1 Rm. 688 comptant.	
o Rm. 805 comptant....	1 fr. à 60 jours.	B. tire sur Paris.
12.060 fr. à 60 jours...	12.000 fr. comptant.	

d'où

$$x = \frac{5.000 \times 9.010 \times 1,688 \times 12.000}{8.995 \times 0,805 \times 12.060} \quad 10.449 \text{ fr. } 70$$

Vérification. — La traite à vue sur Paris de 10.449 fr. 70 fait encaisser à Berlin :

x Rm. à vue........	10.449 fr. 70 à vue.
12.000 fr. à vue....	12.060 fr. à 2 mois.
100 fr. à 2 mois.....	80,50 Rm. à vue.

d'où $\qquad x = 8.454 \text{ Rm. } 07 \text{ à vue.}$

qui, avec cette somme, achète des florins à 50 jours :

x fl. à 50 jours.......	8 454 Rm. 07 à vue.
168,80 Rm. comptant.	100 fl. à 60 jours.
9.010 fl. à 60 jours ..	9.000 fl. à 50 jours.

d'où $\qquad x = 5.002 \text{ fl. } 80 \text{ à 50 jours.}$

Ces florins escomptés à Amsterdam pour 5 jours :

$$\begin{array}{r} 5.002,80 \\ 2,80 \quad \text{net de 5 jours à 4 \%} \\ \hline 5.000 \text{ fl.} \end{array}$$

produisent bien au créancier les 5.000 florins qui sont dus à 45 jours.

Voie des deux traites. — Amsterdam tire à 20 jours sur Berlin, qui tire à vue sur Paris.

P ⇐———————— B ⇐———————— A

Amsterdam cote Berlin.....	0,5825 à 3 mois et 5 %
Berlin cote Paris..........	0,805 à 2 mois et 3 %

La traite tirée à 20 jours d'Amsterdam sur Berlin doit faire encaisser comptant l'équivalent de 5,000 florins à 45 jours, soit :

$$\frac{5.000}{1 + \dfrac{45}{9.000}} \text{ fl. à vue.}$$

Elle sera donc, d'après la cote d'Amsterdam sur Berlin transformée en coté à 20 jours :

$$\frac{5.000}{\left(1 + \dfrac{45}{9.000}\right) 0,5825 \left(1 + \dfrac{70}{7.200}\right)} \text{ Rm. à 20 jours.}$$

Cette traite escomptée à Berlin ferait débourser :

$$\frac{5.000 \left(1 + \dfrac{20}{7.200}\right)}{\left(1 + \dfrac{45}{9.000}\right) 0,5825 \left(1 + \dfrac{70}{7.200}\right)} \text{ Rm comptant.}$$

Pour se couvrir de cette somme, Berlin tire sur Paris une traite à vue dont le montant, d'après la cote à 2 mois de Berlin sur Paris transformée en cote à vue, est de :

$$\frac{5.000 \left(1 - \dfrac{20}{7.200}\right)}{\left(1 + \dfrac{45}{9.000}\right) 0,5825 \left(1 + \dfrac{70}{7.200}\right) 0,805 \left(1 + \dfrac{60}{12.000}\right)} = 10.426 \text{ fr. } 45$$

Par la conjointe, on a :

x fr. espèces..........	5.000 fl. à 45 jours.	
9.045 fl. à 45 jours....	9.000 fl. à vue.	
o fl. 5825 comptant....	1 Rm. à 3 mois.	A. tire sur B.
7.270 Rm. à 3 mois...	7.200 Rm. à 20 jours.	
7.200 Rm. à 20 jours.	7.180 Rm. à vue.	
o Rm. 805 à vue.. ...	1 fr. à 2 mois.	B. tire sur P.
12.060 fr. à 2 mois....	12 000 fr. comptant.	

d'où

$$x = \frac{5.000 \times 9.000 \times 7.180 \times 12.000}{9.045 \times 0,5825 \times 7.270 \times 0,805 \times 12.060} = 10\ 426 \text{ fr. } 45.$$

Vérification. — La traite à vue de 10.426 fr. 45 sur Paris fait encaisser à Berlin ;

x Rm. comptant.....,.	10.426 fr. 45 comptant.
12.000 fr. comptant....	12.060 fr. à 2 mois.
100 fr. à 2 mois.......	80,50 Rm. comptant.

d'où $\quad x = 8.435,26$ Rm. à vue.

Et en Rm. à 20 jours :

$$\frac{8\ 435.25}{1 - \dfrac{20}{7.200}} = 8.458,76 \text{ Rm. à 20 jours.}$$

La traite correspondante tirée sur Berlin fera encaisser à Amsterdam :

$$x. \text{ fl. comptant} \ldots \ldots \quad 8.458,76 \text{ Rm. à 20 jours.}$$
$$7.200 \text{ Rm. à 20 jours} \ldots \quad 7.270 \text{ Rm. à 3 mois.}$$
$$100 \text{ Rm. à 3 mois} \ldots \ldots \quad 58 \text{ fl. 25 comptant.}$$

d'où
$$x = 4.975 \text{ fl. comptant.}$$

et en florins à 45 jours : $\dfrac{4.975}{1 - \frac{1}{2}\%} = 5.000$ fl. à 45 jours.

On paiera donc, abstraction faite de tous frais :

    1°   10.408,90   par la voie de la remise indirecte.
    2°   10.432,27   —   des deux remises.
    3°   10.449,70   —   de la remise et de la traite.
    4°   10.426,45   —   des deux traites.

La voie la plus économique est celle de la remise indirecte.

— Pour le recouvrement d'une créance, les calculs sont les mêmes, mais il faut adopter la voie qui fait encaisser le plus. Ainsi, dans le recouvrement sur Amsterdam d'une créance de 5.000 florins à 45 jours, la voie à adopter est celle de la remise couverte par une traite, qui fait encaisser le plus de francs.

Traitons, du reste, directement cette question de recouvrement d'une créance, en laissant de côté la voie des deux traites ou *arbitrage d'attente*, rarement employé dans la pratique.

Paris étant créancier de Berlin de 10.000 marks échus, prenons comme place intermédiaire Londres, qui donne le certain aux deux places intéressées.

    Berlin cote Londres $\ldots \ldots$ 20,40   3 mois et 4 %.
    Paris cote Londres $\ldots \ldots$ 25,20   à vue et 4 %.
    Londres cote Paris $\ldots \ldots$ 25,36   3 mois et 3 %.
    Londres cote Berlin $\ldots \ldots$ 20,80   3 mois et 4 $\frac{1}{2}$ %.

Pour varier les calculs, nous poserons les conjointes de façon que les cours portent leur nivellement avec eux, et au lieu d'exprimer les intérêts à l'aide des diviseurs fixes, nous les baserons sur 1 ou 100 unités monétaires.

1° *Voie de la remise indirecte.* — Berlin achète et adresse en règlement à Paris un effet en livres sterling à 20 jours.

$$\underset{\text{B}}{\rule{0pt}{0pt}} \xrightarrow{\hspace{3cm} \text{L} \hspace{3cm}} \underset{\text{P}}{\rule{0pt}{0pt}}$$

On a par la conjointe :

$$x \text{ fr. comptant} \ldots \ldots \quad 10.000 \text{ Rm. échus à recouvrer.}$$
$$20,40 \left(1 + \frac{7}{9}\%\right) \text{ Rm. cpt.} \quad 1 \text{ £ à 20 jours. B achète et remet des £ à P}$$

$$1 \text{ £ à 20 jours} \ldots\ldots\ldots \quad 25 \text{ fr. } 20 \left(1 - \frac{2}{9}\,\%\right) \text{ cpt- P vend les £.}$$

d'où
$$x = \frac{10.000 \times 25,20 \left(1 - \dfrac{2}{9}\,\%\right)}{20,40 \left(1 + \dfrac{7}{9}\,\%\right)} = 12.230 \text{ fr. } 35.$$

Vérification. — Berlin achète des £ à 20 jours.

$$x \text{ £ à 20 jours} \ldots\ldots \quad 10.000 \text{ Rm. à vue.}$$
$$20,40 \text{ Rm. à vue} \ldots \quad 1 \text{ £ à 3 mois.}$$
$$9.070 \text{ £ à 3 mois} \ldots \quad 9.000 \text{ £ à 20 jours.}$$

d'où
$$x = \frac{10.000 \times 9.000}{20,40 \times 9.070} = 486 \text{ £ } 13 \text{ à 20 jours.}$$

Paris les vend :

$$x \text{ fr. espèces} \ldots\ldots \quad 486 \text{ £ } 13 \text{ à 20 jours.}$$
$$9.000 \text{ £ à 20 jours} \ldots \quad 8.980 \text{ £ à vue.}$$
$$1 \text{ £ à vue} \ldots\ldots\ldots \quad 25,20 \text{ fr. espèces.}$$

d'où
$$x = \frac{486,13 \times 8.980 \times 25,20}{9.000} = 12.230 \text{ fr. } 35.$$

2° *Voie des deux remises.* — Berlin achète des £ à 30 jours et les envoie à Londres, qui les fait escompter (année 365 jours) et avec le produit achète un effet en francs à 15 jours, qu'il adresse à Paris où il pourra être négocié, sinon encaissé à l'échéance.

$$\text{B} \longrightarrow \text{L} \longrightarrow \text{P}$$

$$x \text{ fr. espèces} \ldots\ldots\ldots\ldots\ldots \quad 10.000 \text{ Rm. à vue.} \quad \text{à recouvrer.}$$
$$20,40 \left(1 + \frac{2}{3}\,\%\right) \text{ Rm. cpt.} \quad 1 \text{ £ à 30 jours.} \quad \text{B achète et remet des £ à L.}$$
$$9.125 \text{ £ à 30 jours} \ldots\ldots\ldots \quad 9.095 \text{ £ à vue.} \quad \text{escompte des £ à L.}$$
$$\text{£ à vue} \ldots\ldots\ldots\ldots \quad \frac{25,36}{1 + \dfrac{45}{73}\,\%} \text{ fr. à 15 j. L achète et remet des fr. à P.}$$
$$100 \text{ fr. à 15 jours} \ldots\ldots\ldots \quad 99\,{}^{7}/_{8} \text{ fr. à vue.} \quad \text{P escompte les francs.}$$

d'où
$$x = \frac{1.000 \times 9.095 \times 25,36 \times 99\,{}^{7}/_{8}}{20,40 \left(1 + {}^{2}/_{3}\,\%\right) \times 9.125 \times 100 \left(1 + \dfrac{45}{73}\,\%\right)} = 12.217 \text{ fr. } 80.$$

Vérification. — Berlin achète des £ à 30 jours.

$$x \text{ £ à 30 jours} \ldots\ldots \quad 10.000 \text{ Rm. comptant.}$$
$$20,40 \text{ Rm. comptant} \ldots \quad 1 \text{ £ à 3 mois.}$$
$$9.060 \text{ £ à 3 mois} \ldots \quad 9.000 \text{ £ à 30 jours.}$$

d'où
$$x = \frac{10.000 \times 9.000}{20,40 \times 9.060} = 486 \text{ £ } 95 \text{ à 30 jours.}$$

Londres escompte ces £ et achète des francs à 15 jours :

$$x \text{ fr. à 15 jours}\ldots\ldots\quad 486 \text{ £ } 95 \text{ à 30 jours.}$$
$$9.125 \text{ £ à 30 jours} \ldots\ldots\quad 9.095 \text{ £ à vue.}$$
$$1 \text{ £ à vue} \ldots\ldots\ldots\quad 25 \text{ fr. } 36 \text{ à 3 mois.}$$
$$1 + \frac{45}{73} \text{ \% fr. à 3 mois} \ldots\quad 1 \text{ fr. à 15 jours.}$$

d'où
$$x = \frac{486.95 \times 9.095 \times 25.36 \times 7.300}{9.125 \times 7.345} = 12.233 \text{ fr. à 15 jours.}$$

Qui, escomptés à Paris, produisent comptant :

$$x \text{ fr. comptant} \ldots\ldots\quad 12.233 \text{ à 15 jours.}$$
$$12.000 \text{ fr. à 15 jours} \ldots\quad 11.985 \text{ fr. comptant.}$$

d'où
$$x = \frac{12.233 \times 11.985}{12.000} = 12.217 \text{ fr. } 70$$

3° *Voie de la remise et de la traite.* — Londres tire à vue sur Berlin et fait à Paris une remise à 15 jours.

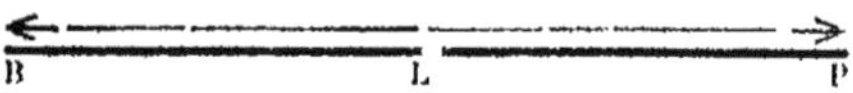

On a :

$$x \text{ fr. espèces} \ldots\ldots\quad 10.000 \text{ Rm. à recouvrer.}$$
$$\frac{20,80}{1 + \frac{81}{73} \text{ \%}} \text{ Rm. cpt.}\quad 1 \text{ £ comptant.}\qquad \text{L tire sur B.}$$
$$1 \text{ £ comptant} \ldots\ldots\quad \frac{25.36}{1 + \frac{45}{73} \text{ \%}} \text{ fr. à 15 j.}\quad \text{L remet à P.}$$
$$100 \text{ fr. à 15 jours} \ldots\quad 99 \, ^7/_8 \text{ fr. à vue.}\qquad \text{escompte à P.}$$

d'où
$$x = \frac{10.000 \left(1 + \frac{81}{73} \text{ \%}\right) \times 25,36 \times 99 \, ^7/_8}{20,80 \left(1 + \frac{45}{73} \text{ \%}\right) \times 100} = 12\,236 \text{ fr. } 75.$$

Cette dernière voie est la plus avantageuse.

Vérification. — Londres tire à vue sur Berlin :

$$x \text{ £ à vue} \ldots\ldots\quad 10.000 \text{ Rm. à vue.}$$
$$7.300 \text{ Rm. à vue} \ldots\quad 7.381 \text{ Rm. à 3 mois.}$$
$$20,80 \text{ Rm. à 3 mois.}\quad 1 \text{ £ comptant.}$$

d'où
$$x = \frac{10.000 \times 7.381}{7.300 \times 20,80} = 486 \text{ £ } 104$$

Londres achète et remet à Paris des francs à 15 jours :

$$x \text{ fr. à 15 jours} \ldots\quad 486 \text{ £ } 104 \text{ à vue.}$$
$$1 \text{ £ à vue} \ldots\ldots\quad 25 \text{ fr. } 36 \text{ à 3 mois.}$$
$$7.345 \text{ fr. à 3 mois} \ldots\quad 7.300 \text{ fr. à 15 jours.}$$

d'où
$$x = \frac{486,104 \times 25,36 \times 7.300}{7.345} = 12.252 \text{ fr. } 05.$$

Paris escompte les francs et encaisse :

$$12.252 \text{ fr. } 05$$
$$15 \text{ fr. } 30 \quad \text{moins 15 jours à 3 \%.}$$
$$12.236 \text{ fr. } 75 \quad \text{comptant.}$$

FORMULES GÉNÉRALES

Un négociant d'une place A doit à un négociant d'une place B une somme de V unités monétaires B ; en dehors des deux moyens directs, le débiteur peut s'acquitter envers son créancier par 4 moyens indirects que nous connaissons Etablir les formules générales qui se rapportent à ces 4 moyens indirects.

Plaçons nous d'abord dans le cas où les trois places se donnent l'incertain.

C'est du reste le cas général, auquel se ramène celui du certain.

Disposons les cotes des trois places, de façon que chacune d'elles cote successivement les deux autres.

A cote B	c_1	unités A pour 1 unité B à N_1 jours,	D_2 diviseur fixe de la place B;
— C	c_2	— A	—	C à N_2	—	D_3	—		C;
B cote C	c_3	— B	—	C à N_3	—	D_3	—		C;
— A	c_4	— B	—	A à N_4	—	D_1	—		A;
C cote A	c_5	— C	—	A à N_5	—	D_1	—		A;
— B	c_6	— C	—	B à N_6	—	D_2	—		B;

1° *Voie de la remise indirecte.*

Supposons que A, débiteur en B de V unités B à n jours d'échéance, achète sur sa propre place un effet à n' jours sur la place tierce C et s'adresse à son créancier en B, qui le négociera pour rentrer dans ce qui lui est dû.

La dette à n jours transformée en dette à vue, d'après le diviseur fixe D_2 de la place créditrice, devient :

$$\frac{V}{1 + \dfrac{n}{D_2}} \text{ unités B à vue.}$$

Cette somme est produite par la négociation sur la place B d'un effet en unités C à n' jours dont le montant, d'après la cote de B sur C transformée de N_3 à n' jours $(N_3 > n')$, est égal à :

$$\frac{V}{\left(1 + \dfrac{n}{D_2}\right) c_3 \left(1 + \dfrac{N_3 - n'}{D_3}\right)} = \text{unités C à n' jours.}$$

qui coûteront en A, d'après la cote de A sur C transformée de N_2 à n' jours $(N_2 > n')$:

$$(1) \qquad V_1 = \frac{Vc_2}{c_3} \cdot \frac{1 + \dfrac{N_2 - n'}{D_3}}{\left(1 + \dfrac{n}{D_2}\right)\left(1 + \dfrac{N_3 - n'}{D_3}\right)} \quad \text{unités A comptant.}$$

Ou par la conjointe :

V_1 unités A comptant..........	V unités B à n jours.
$(D_2 + n)$ unités B à n jours.....	D_2 unités B à vue.
C_3 unités B à vue............	1 unité C à N_3 jours.
$(D_3 + N_3 - n')$ unités C à N_3 j..	D_3 unités C à n' jours.
D_3 unités C à n' jours........	$[D_3 + (N_2 - n')]$ unités C à N_2 jours.
1 unité C à N_2 jours..........	c_2 unités A comptant.

d'où

$$(\text{1 bis}) \qquad V_1 = \frac{Vc_2}{c_3} \cdot \frac{D_2\,[D_3 + N_2 - n']}{(D_2 + n)\,[D_3 + (N_3 - n')]}$$

formule qui convient encore si N_2 et N_3 sont inférieurs à n' : $(N_2 - n')$ et $(N_3 - n')$ deviennent alors négatifs.

— Si le débiteur faisait remise à la place tierce sur laquelle tirerait le créancier, la formule serait la même.

Si on applique cette formule au paiement des florins dus à Amsterdam, on a :

$$V_1 = \frac{5.000 \times 1.234 \times 9.000 \times 7.170}{0,5825 \times 9.045 \times 7.260} = 10.408 \text{ fr. } 92.$$

2° *Voie des deux remises.*

Le débiteur en A achète et envoie un effet en unités C à n' jours à son correspondant en C, qui le négocie et achète avec le produit de cette négociation un effet en unités B à n'' jours, équivalent à la dette V unités B à n jours et l'adresse au créancier en B.

La dette de V unités B à n jours transformée en dette à n'' jours devient $(n > n'')$:

$$\frac{V}{1 + \dfrac{N - n''}{D_2}} \quad \text{unités B à n'' jours.}$$

Dont le prix en C, eu égard à la cote transformée de C sur B de N_6 à n'' jours $(N_6 > n'')$:

$$\frac{Vc_6\left(1 + \dfrac{N_6 - n''}{D_2}\right)}{1 + \dfrac{n - n''}{D_2}} \quad \text{unités C comptant.}$$

et en unités C à n' jours :

$$\frac{Vc_6\left(1+\dfrac{N_6-n''}{D_2}\right)}{\left(1+\dfrac{n-n''}{D_2}\right)\left(1-\dfrac{n'}{D_3}\right)}\ \text{unités C à n' jours.}$$

qui coûteront en A, eu égard à sa cote transformée de N_2 à n' jours $(N_2 > n')$.

$$(2)\qquad V_2 = \frac{VC_6\left(1+\dfrac{N_6-n'}{D_2}\right)c_2\left(1+\dfrac{N_2-n'}{D_3}\right)}{\left(1+\dfrac{n-n''}{D_2}\right)\left(1-\dfrac{n'}{D_3}\right)}\ \text{unités A comptant.}$$

Par la conjointe, on a :

V_2 unités A comptant.	V unités B à n jours.
$[D_2 + (n - n'')]$ unités B à n j.	D_2 unités B à n'' jours.
D_2 unités B à n'' jours	$[D_2 + (N_6 - n'')]$ unités B à N_6 jours.
1 unité B à N_6 jours.........	C_6 unités C comptant.
$(D_3 - n')$ unités C comptant.	D_3 unités C à n' jours.
D_3 unités C à n'jours........	$[D_3 + (N_2 - n')]$ unités C à N_2 jours.
1 unité C à N_2 jours.........	C_2 unités A comptant.

d'où

$$(2\ \text{bis})\qquad V_2 = Vc_2\,c_6\,\frac{[D_2 + (N_6 - n'')]\,[D_3 + (N_2 - n')]}{(D_2 + n - n'')\,(D_3 - n')}$$

application à l'acquittement de la dette en florins :

$$V = 5.000 \times 1,688 \times 1,234\,\frac{9.040}{9.025} = 10.432\ \text{fr. } 27.$$

3° *Voie de la remise et de la traite.*

Le correspondant de la place tierce achète sur sa place C un effet en unités B à n' jours d'échéance, qui adressé au créancier en D lui procure par la négociation une somme correspondante à celle qui lui est due à l'époque n ; le correspondant se rembourse ensuite par une traite à vue sur le débiteur en A.

$$A \longleftarrow \underline{\qquad\qquad} \longrightarrow B$$
$$C$$

La dette V unités B à n jours transformée en dette à n' jours devient si n' > n :

$$\frac{V}{1+\dfrac{n'-n}{D_2}}\ \text{unités B à n' jours.}$$

C'est là le montant de l'effet adressé à B par C qui débourse pour l'achat de cet effet, eu égard à sa cote transformée de N_6 à n' jours.

$$\frac{Vc_6 \left(1 + \dfrac{N_6 - n'}{D_2}\right)}{1 + \dfrac{n' - n}{D_2}} \text{ unités C comptant.}$$

dont il se couvre par une traite à vue sur A et en unités de cette place d'un montant égal à, eu égard à la cote de C sur A transformée de N_5 jours à vue :

$$(3) \qquad V_3 = \frac{Vc_6 \left(1 + \dfrac{N_6 - n'}{D_2}\right)}{\left(1 + \dfrac{n' - n}{D_2}\right) c_5 \left(1 + \dfrac{N_5}{D_1}\right)} \text{ unités A comptant.}$$

Conjointe :

V_3 unités A comptant............	V unités B à n jours.
$(D_2 + n' - n)$ unités B à n j....	D_2 unités B à n' jours.
D_2 unités B à n' jours.........	$(D_2 + N_6 - n')$ unités B à N_6 jours.
1 unité B à N_6 jours...........	c_6 unités C comptant.
c_5 unités C comptant.........	1 unité A à N_5 jours.
$(D_1 + N_5)$ unités A à N_5 jours.	D_5 unités A comptant.

d'où

$$(3 \text{ bis}) \qquad V_3 = \frac{Vc_6}{c_5} \frac{(D_2 + N_6 - n') D_1}{[D_2 + (n' - n)] (D_1 + N_5)}$$

Application à la dette en florins :

$$V_3 = \frac{5.000 \times 1,688}{0,805} \times \frac{9.010 \vee 12.000}{8.995 \times 12.060} = 10.449 \text{ fr. } 70$$

4° *Voie des deux traites.*

B tire à n' jours sur C, qui tire à vue sur A.

$$A \Longleftarrow \rule{3cm}{0pt} C \Longleftarrow \rule{3cm}{0pt} B$$

La traite tirée à n' jours de B sur C doit faire encaisser comptant à B l'équivalent de V unités B à n jours, soit :

$$\frac{V}{1 + \dfrac{n}{D_2}} \text{ unités B à vue.}$$

Elle sera donc, d'après la cote de B sur C transformée de N_2 à n jours :

$$\frac{V}{\left(1 + \dfrac{n}{D_2}\right) c_3 \left[1 + \dfrac{N_3 - n'}{D_3}\right]} \text{ unités C à n' jours.}$$

Cette traite escomptée en C ferait débourser :

$$\frac{V\left(1+\dfrac{n'}{D_3}\right)}{\left(1+\dfrac{n}{D_2}\right)c_3\left(\dfrac{N_3-n'}{D_3}\right)} \text{ unités C comptant.}$$

Pour se couvrir de cette somme, C tire sur A une traite à vue dont le montant, d'après la cote de C sur A transformée de N_5 jours à vue.

$$(4) \qquad V_4 = \frac{V\left(1+\dfrac{n'}{D_3}\right)}{\left(1+\dfrac{n}{D_2}\right)c_3\left(1+\dfrac{N_3-n'}{D_3}\right)c_5\left(1+\dfrac{N_5}{D_1}\right)} \text{ Unités A comptant.}$$

Conjointe :

V_4 unités A comptant.........	V unités B à n jours.
(D_2+n) unités B à n jours.....	D_2 unités B à vue.
c_3 unités B comptant.........	1 unité C à N_3 jours.
(D_3+N_3-n') unités C à N_3 j.	D_3 unités C à n' jours.
D_3 unités C a n' jours.........	(D_3-n') unités C comptant.
c_5 unités C comptant.........	1 unité C à N_5 jours.
(D_1+N_5) unités A à N_5 jours..	D_1 unités A comptant.

d'où

$$(4 \text{ bis}) \qquad V_4 = \frac{V}{c_3 c_5} \frac{D_2(D_3-n')D_1}{(D_2+n)(D_3+N_3-n')(D_1+N_5)} \text{ unités A comptant.}$$

Application à la dette en florins :

$$V_4 = \frac{5.000}{0,5825\times0,805} \frac{9,000\times7.180\times12.000}{9.045\times7.270\times12.060} = 10.426 \text{ fr. } 45.$$

— S'il s'agit d'une créance à recouvrer à l'étranger, les formules précédentes subsistent; il n'y a qu'à les interpréter en sens inverse et à adopter le résultat le plus fort.

— Comme on ne peut combiner la monnaie de la place tierce C que de deux façons différentes avec chacune des monnaies des places A et B, il s'ensuit qu'il y a quatre solutions distinctes de la question et quatre seulement.

— Si les cotes et la dette sont à vue, ainsi que les effets employés à son règlement, et si en outre V = 1, c'est-à-dire si la dette à acquitter est égale à l'unité de monnaie étrangère, les cotes, disposées de façon que chaque monnaie soit à son tour intermédiaire entre les deux autres, deviennent :

A cote B.	c_1
— C.	c_2
B cote C.	c_3
— A.	c_4
C cote A.	c_5
— B.	c_6

et les formules correspondantes sont :

$$(1)\quad\begin{cases} V_1 = \dfrac{c_2}{c_3} & \text{remise indirecte sur C de A à B.} \\[2mm] V_2 = c_2 c_6 & \text{remise directe de A à C et de C à B.} \\[2mm] V_3 = \dfrac{c_6}{c_5} & \text{remise directe de A à C et traite de B sur C.} \\[2mm] V_4 = \dfrac{1}{c_5 c_3} & \text{traite de B sur C et de C sur A.} \end{cases}$$

Si la place B ou C donne le certain, il suffit de remplacer, dans les formules, leurs cotes par leurs inverses.

Mais si c'est la place débitrice A qui donne le certain, après avoir ramené ses cotes à la forme de l'incertain :

$$
\begin{array}{lcc}
\text{A cote B} & & \dfrac{1}{c_1} \\[2mm]
\quad— \text{ C} & & \dfrac{1}{c_2} \\[2mm]
\text{B cote C} & & c_3 \\[1mm]
\quad— \text{ A} & & c_4 \\[1mm]
\text{C cote A} & & c_5 \\[1mm]
\quad— \text{ B} & & c_6
\end{array}
$$

il ne faut pas oublier que les V doivent se trouver en dénominateur ; les formules (1) deviennent alors :

$$\frac{1}{V_1} = \frac{1}{c_2 \, c_3}$$

$$\frac{1}{V_2} = \frac{c_6}{c_2}$$

$$\frac{1}{V_3} = \frac{c_6}{c_5}$$

$$\frac{1}{V_4} = \frac{1}{c_3 \, c_5}$$

ou en remontant à la forme du certain :

$$(2)\quad\begin{cases} V_1 = c_2 \, c_3 & \text{remise indirecte} \\[2mm] V_2 = \dfrac{c_2}{c_6} & \text{double remise} \\[2mm] V_3 = \dfrac{c_5}{c_6} & \text{remise et traite} \\[2mm] V_4 = c_3 \, c_5 & \text{double traite} \end{cases}$$

En rapprochant les formules (1) et (2) on peut énoncer les règles suivantes :

Selon que la place débitrice donne l'incertain ou le certain :

1° La remise indirecte répond au quotient ou au produit de la seconde cote par la 3e ;

2° La double remise répond au produit ou au quotient de la seconde cote par la 6ᵉ ;

3° La remise et la traite répond au quotient de la 6ᵉ cote par la 5ᵉ ou à son inverse ;

4° La double traite répond à l'inverse du produit ou au produit lui-même de la 3ᵉ cote par la 5ᵉ.

Discussion. — Reprenons les résultats relatifs à l'incertain, qui constitue le cas général :

$$V_1 = \frac{c_2}{c_3}$$
$$V_2 = c_2 c_6$$
$$V_3 = \frac{c_6}{c_5}$$
$$V_4 = \frac{1}{c_3 c_5}$$

Multiplions membre à membre les égalités de rang impair, puis celles de rang pair, il vient :

$$V_1 V_3 = \frac{c_2 c_6}{c_3 c_5}$$
$$V_2 V_4 = \frac{c_2 c_6}{c_3 c_5}$$

et par suite

$$V_1 V_3 = V_2 V_4$$

Comparons maintenant les résultats obtenus par les quatre voies de change indirect.

Si les quatre solutions sont équivalentes, il en résulte que :

$$\frac{c_2}{c_3} = c_2 c_6 = \frac{c_6}{c_5} = \frac{1}{c_3 c_5}$$

ou en réduisant au même dénominateur :

$$\frac{c_2 c_5}{c_3 c_5} = \frac{c_2 c_3 c_5 c_6}{c_3 c_5} = \frac{c_3 c_6}{c_3 c_5} = \frac{1}{c_3 c_5}$$

et par suite

$$c_2 c_5 = c_2 c_3 c_5 c_6 = c_3 c_6 = 1$$

égalités qui se réduisent aux deux suivantes :

$$c_2 c_5 = 1$$
$$c_3 c_6 = 1$$

Or, la première égalité exprime la parité entre A et C et la seconde la parité entre C et B ; il suffit donc pour qu'il y ait parité entre les trois places, qu'il y ait parité entre la place tierce C et les deux places intéressées A et B. S'il en est ainsi, il est indifférent d'opérer par l'un quelconque des moyens indirects. Dans le cas contraire, il faut rechercher quel est le procédé le plus économique à employer.

Reprenons à cet effet nos quatre valeurs réduites au même dénominateur :

$$V_1 = \frac{c_2\, c_5}{c_3\, c_5}$$

$$V_2 = \frac{c_2\, c_4\, c_3\, c_5}{c_3\, c_5}$$

$$V_3 = \frac{c_3\, c_6}{c_3\, c_5}$$

$$V_4 = \frac{1}{c_3\, c_6}$$

1° Si

$$c_2\, c_5 > 1$$
$$c_3\, c_6 > 1$$

la plus petite des quatre valeurs est $\dfrac{1}{c_3\, c_5}$; la voie des deux traites est la plus avantageuse.

2° Si

$$c_2\, c_5 < 1$$
$$c_3\, c_6 < 1$$

la plus petite valeur est $\dfrac{c_3\, c_5\, c_3\, c_6}{c_3\, c_5}$: la voie des deux remises doit être employée.

3° Si

$$c_2\, c_5 > 1$$
$$c_3\, c_6 < 1$$

la plus petite valeur est $\dfrac{c_3\, c_6}{c_3\, c_5}$: la voie de la remise et de la traite doit être adoptée.

4° Si

$$c_2\, c_5 < 1$$
$$c_3\, c_6 > 1$$

la plus petite valeur est $\dfrac{c_2\, c_5}{c_3\, c_5}$: la voie de la remise indirecte est préférable.

En résumé :

$c_2\, c_5 > 1$	$c_3\, c_6 > 1$	2 traites
	$c_3\, c_6 < 1$	remise et traite
$c_2\, c_5 < 1$	$c_3\, c_6 < 1$	2 remises
	$c_3\, c_6 > 1$	remise indirecte

La question se ramène donc à un examen des parités entre A et C d'une part et B et C de l'autre.

Cas particuliers. — 1° Si

$$c_2\ c_5 = 1$$
$$c_3\ c_6 \gtrless 1$$

$$V_1 = V_4 = \frac{1}{c_3\ c_5}$$

et
$$V_2 = V_3 = \frac{c_3\ c_6}{c_3\ c_5}$$

Si donc

	$c_3\ c_6 > 1$	La 1ʳᵉ ou la 4ᵉ solution doit être adoptée
et si	$c_3\ c_6 < 1$	2ᵉ 3ᵉ — —

2° Si

$$c_2\ c_5 \gtrless 1$$
$$c_3\ c_6 = 1$$

On a

$$V_3 = V_4 = \frac{1}{c_3\ c_5}$$

et
$$V_1 = V_2 = \frac{c_2\ c_6}{c_3\ c_5}$$

Si donc

$c_2\ c_5 > 1$	La 3ᵉ ou 4ᵉ solution doit être adoptée
$c_2\ c_5 < 1$	La 1ʳᵉ ou 2ᵉ — —

— Il nous reste à comparer le change direct et le change indirect pour qu'il y ait équivalence entre les six procédés, il faut qu'il y ait parité entre les deux places intéressées et entre les trois places A, B et C prises deux à deux ; on doit donc avoir :

$$(1) \qquad \begin{aligned} c_1\ c_4 &= 1 \\ c_2\ c_5 &= 1 \\ c_3\ c_6 &= 1 \end{aligned}$$

Il faut en outre qu'il y ait équivalence entre le change direct et le change indirect, par exemple entre la voie de la remise directe et celle de la double traite ; soit :

$$c_1 = \frac{1}{c_3\ c_5}$$

d'où on tire

$$(2) \qquad c_1\ c_3\ c_5 = 1$$

Or c_1, c_3, c_5 sont les cours des 3 places A, B, C se cotant circulairement ainsi :

A cote B	c_1
B cote C	c_3
C cote A	c_5

De même si l'on exprime qu'il y a équivalence entre la voie de la traite directe et celle de la double remise, on a :

$$\frac{1}{c_4} = c_2\, c_6.$$

d'où

$$(3) \qquad c_2\, c_4\, c_6 = 1$$

Or c_2, c_4, c_6 sont les cotes des 3 places A, C et B se cotant circulairement :

$$
\begin{aligned}
&\text{A cote C} \qquad c_2 \\
&\text{C cote B} \qquad c_6 \\
&\text{B cote A} \qquad c_4
\end{aligned}
$$

Il y a donc équivalence entre les six procédés, s'il y a parité entre les 3 places prises deux à deux et si de plus le produit des 3 cours des trois places se cotant circulairement est égal à l'unité.

Si on remplace successivement les seconds membres des égalités (1) par les premiers membres des égalités (2) et (3), il vient :

$$
\begin{aligned}
c_1 &= c_2\, c_6 \\
c_2 &= c_1\, c_3 \\
c_3 &= c_2\, c_4 \\
c_4 &= c_3\, c_5 \\
c_5 &= c_4\, c_6 \\
c_6 &= c_5\, c_1
\end{aligned}
$$

C'est-à-dire que les cotes étant disposées de façon que chaque monnaie soit à son tour intermédiaire entre les deux autres :

$$
\begin{aligned}
&\text{A cote B} \qquad c_1 \\
&\quad\ \ \text{—} \ \ \ \ \text{C} \qquad c_2 \\
&\text{B cote C} \qquad c_3 \\
&\quad\ \ \text{—} \ \ \ \ \text{A} \qquad c_4 \\
&\text{C cote A} \qquad c_5 \\
&\quad\ \ \text{—} \ \ \ \ \text{B} \qquad c_6
\end{aligned}
$$

Chaque cote est égale au produit des deux cotes entre lesquelles elle est comprise ; c'est là une seconde relation de la parité. Si elle est remplie, les six procédés de change sont équivalents.

Ainsi se trouvent démontrées les conditions de la parité entre 3 places, que nous avions jusqu'ici admises comme découlant des lois qui ont présidé à la détermination de l'unité monétaire de chaque pays.

On expose d'ordinaire la pratique des changes sans tenir compte des frais accessoires ni, dans le change indirect, de la commission due au banquier intermédiaire, par la raison qu'il est difficile d'évaluer ces frais en dehors de toute opération réelle. Il arrive souvent en effet que le courtier, pour étendre ses affaires, sacrifie une partie de sa rémunération, et que des arrangements spéciaux, des compensations, des comptes en participation, amènent des économies sur le total de ces frais. Au reste les opérations de change laissent aujourd'hui si peu de bénéfice, qu'elles ne sauraient guère être traitées que de compte à demi.

Nous allons néanmoins traiter cette question des frais et commission, d'ailleurs assez délicate quand il s'agit de change indirect.

COMMISSION ET FRAIS DE BANQUE

Une opération de change direct entraîne des frais de négociation, frais de courtage et de timbre, qui, sur la place de Paris, sont à la charge de celui qui vend l'effet.

Dans une opération de change indirect par voie de remise ou de traite, il est dû en outre une *commission* au correspondant qui sert d'intermédiaire.

Sur une place qui donne l'incertain, la commission et frais de banque augmentent le prix d'achat de la remise et diminuent le prix de vente de la traite, ou, en d'autres termes, les frais sur remise augmentent le prix du change et les frais sur traite le diminuent.
Et inversement sur une place qui donne le certain.

L'application de cette règle appelle quelques explications :
Lorsqu'un banquier fait une remise à un de ses correspondants étrangers avec ordre de faire lui-même une remise sur une autre place, le banquier intermédiaire encaisse la remise qui lui est adressée, *en retranche sa commission et frais*, et achète avec le reste un effet dont il fait remise à la place indiquée.

Paris envoie, par exemple, une remise de 100 florins à Amsterdam, qui l'encaisse, et qui en remet à son tour le produit à Londres, déduction faite de ses frais et commission, savoir :

```
Amsterdam encaisse ..........................................   100 fl.
        Il en déduit : comᵒⁿ de banque ¼ % .........    0 25
                       courtage d'achat 1 ⁰/₀₀.. ........    0 10
                       timbre anglais ½ ⁰/₀ₙ...........    0 05      0 10
                                                        ─────    ─────
                                                    Net ......    99 60
```

Ainsi entre Paris et Londres, par voie d'Amsterdam, la commission et frais étant de ¼ % + 1 ⁰/₀₀ + ½ ⁰/₀₀ soit de ⅖ %, 100 fr. déboursés à Paris ne font encaisser à Londres que l'équivalent de 99 fr. ; et inversement 99 £ encaissées à Londres font débourser à Paris l'équivalent de 100 livres sterling.

Il résulte de là que si l'on fait une remise indirecte en quantité donnée de monnaie étrangère, la commission augmente le nombre x de francs à débourser à Paris pour se procurer la remise ; et le rapport *soustractif et croissant* à introduire dans la conjointe est :

$$99\ {}^{0}/_{10} \dots\dots\dots \dots\dots \dots \dots \quad 100$$

Inversement si l'on fait à l'étranger un remise indirecte correspondante à un nombre donné de francs, la commission diminue le nombre x d'unités étrangères de la remise ; le rapport *soustractif et décroissant* à introduire dans la conjointe est :

$$100 \dots\dots\dots\dots\dots \dots\dots \quad 99\ {}^{0}/_{10}$$

Passons à la traite indirecte.

Lorsqu'un banquier tire sur un de ses correspondants, qui, pour se rembourser, tire sur une autre place, le banquier intermédiaire *ajoute sa commission et frais* au montant de la traite qu'il a payée et tire pour le tout sur la place indiquée.

Ainsi Paris tire une traite de 100 florins sur Amsterdam et lui donne ordre de se rembourser par une traite sur Londres, addition faite de sa commission et frais, soit au total 100 $^{4}/_{10}$ les frais étant supposés les mêmes que dans le cas de la remise. Donc 100 fr. encaissés à Paris font débourser à Londes l'équivalent de 100 $^{4}/_{10}$, inversement 100 $^{4}/_{10}$ £ déboursés à Londres ne font encaisser à Paris que l'équivalent de 100 livres sterling.

Il résulte de là que si l'on tire indirectement pour une somme donnée en monnaie étrangère, la commission diminue le nombre x de francs à encaisser à Paris lors de la négociation de la traite ; et le rapport *additif et décroissant* à introduire dans la conjointe est :

$$100\ {}^{4}/_{10} \dots\dots\dots\dots\dots\dots \quad 100$$

Tandis que si on tire en monnaie étrangère x pour une quantité donnée de francs, le rapport relatif à la commission à introduire dans la conjointe est *additif et croissant* :

$$100 \dots \dots\dots\dots\dots\dots\dots \quad 100\ {}^{4}/_{10}$$

En résumé, s'il s'agit de convertir une monnaie étrangère en francs, le premier terme du rapport est 99 $^{0}/_{10}$ pour la remise et 100 $^{4}/_{10}$ pour la traite, et le second terme est 100 pour la remise comme pour la traite.

Inversement, s'il s'agit de convertir des francs en monnaie étrangère, le premier terme du rapport est 100 dans tous les cas, et le second terme est 99 $^{0}/_{10}$ pour la remise, 100 $^{4}/_{10}$ pour la traite.

— Appliquons ces règles au règlement d'une dette ou d'une créance par voie indirecte, en présentant les opérations comme si elles étaient réelles.

*Un banquier de Paris, pour se libérer à Londres d'une dette de 800 £
à 1 mois, fait une remise indirecte par Amsterdam ; combien de francs
déboursera-t-il ?*

Paris cote Amsterdam . . . . . .   209 fr. à vue
Amsterdan cote Paris . . . . . .   12 fl. à 2 mois et 4 %.
Commission et frais de banque à Amsterdam ¼ %.

On a par la conjointe :

x fr. à débourser... ..   800 £ à 1 mois (à payer)
9.000 £ à 1 mois......   9.030 £ à 2 mois ⎫   A achète des £ et remet à L
1 £ à 2 mois. ....   12 fl. cpt.   ⎬
99 ½ fl. cpt...........   100 fl. cpt.   ⎬   P achète des fl. et remet à A
100 fl. à vue..........   209 fr. espèces. ⎭

d'où $\qquad x = \dfrac{800 \times 9.030 \times 12 \times 209}{9.000 \times 99\,\frac{1}{2}} = 20.232$ fr. 50

*La commission augmente le montant des francs à débourser à Paris
ou, ce qui revient au même, augmente le cours du change, qui est un
multiplicateur.*

Le banquier de Paris, ayant trouvé que la remise de 800 £ à 1 mois
par voie d'Amsterdam lui coûte 20.232 fr. 50, exécute ainsi son
opération.

Il achète pour cette somme une remise sur Amsterdam de :

$$\frac{20.232\ 50}{2,09} = 9.680 \text{ fl } 40$$

Il adresse cette remise à son correspondant d'Amsterdam, qui
l'encaisse, et qui, après avoir déduit sa commission de la somme
encaissée :

	fl.	9.680	40
¼ % de C^{on}......		48	40
avec le reste.....fl		9.632	»

achète du papier à 1 mois sur Londres, au cours de 12 fl. pour 1 £ à
2 mois :

x £ à 1 mois............. ....   9.632 fl. cpt.
12 fl. cpt................. ....   1 £ à 2 mois.
9.030 £ à 2 mois. ....   9.000 £ à 1 mois.

d'où $\qquad x = \dfrac{9.632 \times 9.000}{12 \times 9.030} = 800$ £ à 1 mois.

*Inversement quel est le montant d'un effet en £ à 1 mois sur Londres
que l'on peut se procurer avec une somme de 20.232 fr. 05, par voie
d'Amsterdam, toutes les autres données restant les mêmes ?*

On a :

<pre>
x £ à 1 mois enc. à L............ ....   20.232 05 cpt déb. à P
209 fr. cpt. déb. à P.............   100 fl. à vue enc. à A
100 fl. cpt .enc. à A......... .....   99 ½ fl. déb. à A.
12 fl. cpt. déb. à A................ .... 1 £ à 2 mois enc. à L
9.030 £ à 2 mois enc. à L. ....   9.000 £ à 1 mois enc. à L
</pre>

d'où
$$x = \frac{20.232\ 05 \times 99\ \frac{1}{2} \times 9.000}{209 \times 12 \times 9.030} = 800\ \text{£ à 1 mois.}$$

La commission diminue le nombre de livres sterling à encaisser à Londres, ou, ce qui revient au même, augmente le cours du change, qui est ici un diviseur.

— Passons au recouvrement d'une créance.

Un banquier de Paris, créancier à Londres de 800 £ à 1 mois, effectue le recouvrement par une traite indirecte sur Amsterdam, les cours et la commission étant les mêmes que ci-dessus, quelle est la somme en francs encaissée à Paris ?

On a :

<pre>
x fr. enc. à P. ... .   800 £ à 1 mois déb. à L.
9.000 £ à 1 mois déb. à L.   9.030 £ à 2 m. déb. à L ⎫
1 £ à 2 mois déb. à L......   12 fl. cpt. enc. à A   ⎬ A tire sur L
100 ½ fl. enc. à A...........   100 fl. déb. à A   ⎪
100 fl. cpt. déb à A.......   209 fr. cpt. enc. à P.   ⎭ P tire sur A
</pre>

d'où
$$x = \frac{800 \times 9.030 \times 12 \times 209}{9.000 \times 100\ \frac{1}{2}} = 20.030\ \text{fr. } 70$$

La commission diminue le nombre de francs encaissés à Paris ou, ce qui revient au même, diminue le cours du change.

Le banquier dirige alors son opération ainsi :

Il calcule combien de florins à vue correspondent à cette somme de 20.030 fr. 70 :

$$\frac{20.030\ 70}{2\ 09} = 9.584\ \text{fl } 10\ \text{cpt}$$

En conséquence, il tire une traite de cette somme sur Amsterdam, qui, l'ayant acquittée, y ajoute sa commission :

<pre>
Somme payée.............   fl. 9.584 10
+ ¼ % de com^on 47 90
                                 ──────────
                             fl. 9.632 »
</pre>

Il se rembourse enfin de cette somme par une traite en livres sterling à 1 mois sur Londres, d'un montant égal à :

        x £ à 1 mois déb. à L...   9.632 fl. enc. à A
        12 fl. enc. à A............   1 £ à 2 mois déb. à L
        9.030 £ à 2 mois déb. à L   9.000 £ à 1 mois déb. à L

d'où
$$x = \frac{9.632 \times 9.000}{12 \times 9.030} = 800 \text{ £ à 1 mois.}$$

Inversement combien une traite indirecte de Paris sur Londres par Amsterdam qui fait encaisser 20.030 fr. 70 à Paris, fera-t-elle débourser de £ à 1 mois à Londres, les données étant toujours les mêmes ?

On a :

        x £ à 1 mois.............   20.030 fr. 70 cpt
        209 fr. cpt...............   100 fl. cpt.
        100 fl. cpt..............   100 ½ fl. cpt.
        12 fl. cpt. ....   1 £ à 2 mois
        9.030 £ à 2 mois.......   9.000 £ à 1 mois.

d'où
$$x = \frac{20.030\ 70 \times 100\ ½ \times 9.000}{209 \times 12 \times 9.030} = 800 \text{ £ à 1 mois.}$$

La commission augmente le nombre de livres sterling à débourser à Londres ou, ce qui revient au même, diminue le cours du change.

— Les quatre exemples ci-dessus comprennent tous les cas relatifs aux rapports à établir dans les conjointes pour tenir compte de la commission, du courtage, timbres, ports de lettres et frais quelconques occasionnés par les remises et traites indirectes, lorsque ces frais ne sont pas compris dans la commission. On évalue alors ces frais à tant % et le rapport s'établit de la même manière que celui de la commission, en ayant soin de distinguer les quatre cas indiqués ci-dessus, dont deux pour les remises et deux pour les traites.

— La conjointe relative au recouvrement d'une créance ne diffère de celle relative à l'acquittement d'une dette que par la manière dont la commission est prélevée. Si on néglige cette commission de part et d'autre, pour n'en tenir compte qu'à la fin du calcul, comme il est assez d'usage de le faire, la remise de 800 £ fait débourser exactement la même somme de francs que la traite de 800 £ en fait encaisser.

En effet la conjointe :

        x fr. cpt................   800 £ à 1 mois
        9.000 £ à 1 mois........   9.030 £ à 2 mois.
        1 £ à 2 mois.............   12 fl. cpt.
        100 fl. cpt...............   209 fr. cpt.

d'où
$$x = \frac{800 \times 9.030 \times 12 \times 209}{9.000 \times 100} = 20.130 \text{ fr. 90}$$

donne 20.130 fr. 90 pour somme à débourser en cas de remise et comme somme à encaisser en cas de traite : l'interprétation seule de la conjointe est différente.

Par suite, eu égard à la commission, on a pour la somme à débourser en cas de remise :

$$20.130 \ 90 \times \frac{100}{99 \frac{1}{2}} = 20.232 \text{ fr. } 05$$

et pour la somme à encaisser en cas de traite :

$$20.130 \ 90 \times \frac{100}{100 \frac{1}{2}} = 20.030 \text{ fr. } 70$$

Les autres procédés de règlement par voie indirecte donnent lieu à des calculs analogues.

— S'il y a plusieurs places intermédiaires, on répète le rapport de la commission autant de fois qu'elle doit être payée, ou mieux, avec la pratique ordinaire, on se contente de cumuler toutes les commissions et frais et d'en prendre le tant % sur le résultat des opérations. Mais il est rare, à moins qu'il ne s'agisse, comme nous le verrons, de *remises* ou de *traites continues* ou *rentrantes*, que l'on prenne plus d'une place intermédiaire, à cause des difficultés résultant des longueurs et des frais qui absorbent les bénéfices, sans compter que les gains procurés par certains changes sont souvent compensés par des pertes sur d'autres changes.

SPÉCULATION PAR ARBITRAGE INDIRECT

La *spéculation par arbitrage indirect* consiste à acheter sur une place étrangère pour le revendre sur sa propre place où le prix en est plus élevé — ou inversement — un effet payable sur une place tierce.

Le correspondant est couvert de son achat par une remise du spéculateur ou par un tirage du correspondant sur le spéculateur, et inversement dans le cas de vente. Dans le premier cas, on a *le prix de revient ou de vente par voie de remise ;* dans le second cas, *le prix de revient par voie de traite ou ordre de banque.*

Prix de revient par voie de remise.

A quel prix revient à Paris 1 mark acheté à Amsterdam, que l'on couvre par une remise en florins ?

La spéculation se raisonne d'ordinaire sur les cours à vue. Disposons les cotes de Paris et d'Amsterdam de façon que les deux cours de la monnaie tierce (marchandise achetée) soient placés entre les cours réciproques de Paris et d'Amsterdam.

Paris cote Amsterdam........	208 05	à vue
— Berlin............	123 20	—
Amsterdam cote Berlin.......	59 05	—
— Paris...............	47 70	—

On a par la conjointe :

x fr. cpt........	1 Rm à vue	à acheter
1 Rm à vue.....	0 fl. 5905	A achète et remet des R à P
1 fl. à vue......	2 fr. 0805	P achète et remet des fl. à A

d'où
$$x = 0{,}5905 \times 2{,}0805 = 1 \text{ fr. } 2312.$$

Le mark acheté à Amsterdam au prix arbitré de 1 fr. 2312 et vendu à Paris 1 fr. 232 procure un bénéfice de 0 fr. 0008 par mark. Il y a donc avantage à acheter des marks à Amsterdam et à les vendre à Paris, et comme conséquence si l'on a une dette à payer à Amsterdam, il vaut mieux faire remise en papier sur Berlin qu'en papier direct en florins.

Remarque. — Si au lieu d'acheter, on vend des marks par voie d'Amsterdam, Paris se couvrant alors par une traite sur Amsterdam, la même conjointe résout la question, l'interprétation seule en est différente.

— A la question du *prix de revient arbitré* est liée celle de la *parité* ou *cours arbitré*.

COURS ARBITRÉ

Quel doit être à Paris le cours du florin pour que le prix du mark y soit le même que par voie d'Amsterdam, étant donné le cours du mark sur les deux places ?

On a :

x fr. cpt..........	1 fl. à vue
0 fl. 5905 à vue..	1 Rm à vue
1 Rm à vue.....	1 fr. 232 cpt

d'où
$$x = \frac{1{,}232}{0{,}5905} = 2 \text{ fr. } 08636$$

Tel est le chiffre auquel doit être à Paris le cours du florin pour que le prix du mark y soit le même que par voie d'Amsterdam. La vérification est facile.

La division de la question en calcul du *prix de revient arbitré* et en calcul du *cours* ou *parité arbitrée* n'a pas beaucoup d'importance, car il est évident que, les mêmes cours étant donnés, on doit arriver au même résultat par les deux procédés ; seulement, pour le premier, on regarde le résultat comme une *différence de prix*, et, pour

— 144 —

le second, comme une *différence de change*. Ainsi, d'après le prix de revient arbitré, le mark est à 1,232 — 1,2312 = 0 fr. 0008 meilleur marché acheté à Amsterdam qu'à Paris, soit $\dfrac{0,0008 \times 100}{1,2312} = 6\frac{1}{2}\%$ de bénéfice. D'après le cours arbitré, en achetant à Amsterdam 1 mark au prix de 0 fl. 5905 et le vendant à Paris à 1 fr. 232, on reçoit 2 fr. 08636 pour 1 florin qui nous aurait coûté 2 fr. 085, soit un bénéfice de 0 fr. 00136 ou $\dfrac{0,00136 \times 100}{2\,085} = 6\frac{1}{2}\%$.

Pour les arbitrages des changes et des métaux précieux, le calcul du cours arbitré peut présenter des avantages pratiques, mais non pour les fonds publics dont on ne calcule d'ordinaire que le prix de revient, sauf s'il faut les faire entrer dans une cote chiffrée où alors ils figurent avec le chiffre du cours à la parité.

Dans l'arbitrage de change direct, *prix arbitré* et *parité arbitrée* se confondent.

ORDRE DE BANQUE

A quel prix revient à Paris 1 mark acheté à Amsterdam qui se couvre de ses déboursés par une traite sur Paris ?

On a d'après les cotes ci-dessus :

$$
\begin{array}{lll}
x \text{ fr. cpt} \ldots\ldots & 1 \text{ Rm (à acheter)} & \\
1 \text{ Rm} \ldots\ldots & 0 \text{ fl } 5905 & \text{A achète des Rm} \\
0 \text{ fl } 477 \ldots\ldots & 1 \text{ fr.} & \text{A tire sur P}
\end{array}
$$

d'où
$$x = \frac{0,5905}{0,477} = 1 \text{ fr. } 238$$

Le mark revenant à 1 fr. 238 et ne pouvant être vendu à Paris que 1 fr. 232, il en résulterait une perte de 0 fr. 006 par mark ; mais alors on vendrait des marks à Amsterdam, qui couvrirait Paris par une remise : la conjointe est la même, l'interprétation seule en est contraire.

— Supposons maintenant que Paris opère avec Londres qui lui donne le certain ; spéculant encore sur les marks, nous avons les cotes :

$$
\begin{array}{llll}
\text{Paris cote Londres} \ldots\ldots & 25\ 20 & \text{à vue} \\
\text{—} \qquad \text{Berlin} \ldots\ldots & 1\ 232 & \text{—} \\
\text{Londres cote Berlin} \ldots\ldots & 20\ 24 & \text{—} \\
\text{—} \qquad \text{Paris} \ldots\ldots & 25\ 16 & \text{—}
\end{array}
$$

On a :

PRIX DE REVIENT

```
x fr. cpt... ...      1 Rm (à acheter)
20 Rm 24.......       1 £      L achète et remet des Rm à P
1 £.............      25 fr. 20 P achète et remet des £ à L
```

d'où
$$x = \frac{25.20}{20,24} = 1 \text{ fr. } 245$$

Le mark acheté à Londres coûtant plus cher qu'à Paris, il faut diriger la spéculation dans le sens contraire, c'est-à-dire acheter à Paris et vendre à Londres ; Paris se couvrant par une traite sur Londres ; la conjointe subsiste, avec une interprétation différente.

COURS ARBITRÉ

On a :

```
x fr. cpt.........    1 £ à vue
1 £.............      20 Rm 24     Cours du Rm à L
1 Rm .........       1 fr. 232    Cours du Rm à P
```

d'où
$$x = 20,24 \times 1.232 = 24 \text{ fr. } 9377$$

ORDRE DE BANQUE

On a :

```
x fr. cpt.........    1 Rm à vue
20 Rm 24 ......       1 £      L achète et remet des Rm à P
1 £.............      25 fr. 16   L tire sur P et vend des fr.
```

d'où
$$x = \frac{25,16}{20,24} = 1 \text{ fr. } 243$$

Achetant à Londres à 1 fr. 243 et vendant à Paris à 1 fr. 232, il en résulterait une perte de 0 fr. 011 ; il faut donc acheter à Paris et vendre à Londres, qui couvrira Paris par une remise en francs, et alors la même conjointe conduit à un prix de vente de 1 fr. 243, d'où un bénéfice de 0 fr. 011 par mark.

— Passons à la théorie générale de la spéculation par voie indirecte ; elle va nous conduire à des formules qui dispensent de poser les conjointes pour le calcul du prix de revient, de la parité et de l'ordre de banque.

THÉORIE GÉNÉRALE DE LA SPÉCULATION PAR VOIE INDIRECTE

La spéculation par voie indirecte donne lieu à la double question suivante :

1° *Le change à vue entre deux places A et B étant donné, ainsi que le prix en B d'un effet en monnaie tierce, quel est le prix équivalent en A ?*

C'est la question du *prix de revient arbitré*.

2° *Étant donné le prix en A et en B d'un effet en monnaie tierce, quel est le cours du change à vue qui résulte de ces deux prix ?*

C'est la question du *cours* ou *parité arbitrée*.

Trois nombres interviennent donc dans cette double question ; deux étant connus, il est facile d'en déduire le troisième.

Disposons les cotes des deux places A et B de façon que les deux cours de la monnaie tierce soient placés entre les cours réciproques de A et de B.

A cote B	c_1	unités A pour 1 unité B à vue
— C	c_2	— A — C —
B cote C	c_3	— B — C —
— A	c_4	— B — A —

Nous savons qu'il y a deux sortes de prix de revient : le prix de revient par voie de remise ou le prix de revient tout court ; le prix de revient par voie de traite ou ordre de banque.

PRIX DE REVIENT

A combien d'unités A revient 1 unité C achetée en B, que l'on couvre par une remise en unités B ?

On a par la conjointe, d'après les cotes de B sur C et de A sur B :

x_1 unités A.....	1 unité C	(à acheter)
1 unité C.......	c_3 unités B	(B achète et remet à A une unité C)
1 unité B.......	c_1 unités A	(A achète et remet à B une unité B)

d'où
$$x_1 = c_1\,c_3$$

Le prix de revient est égal au produit des cotes de rang impair.

Si, au lieu d'acheter, on vend de la monnaie tierce, la même conjointe donne le *prix de vente arbitrée*.

COURS OU PARITÉ ARBITRÉE

Quel doit être le prix en unités A de l'unité B pour qu'une unité C coûte le même prix en A qu'en B ?

On a, d'après les cotes de A et de B sur C :

x_2 unités A.........	1 unité B	cours arbitré
c_2 unités B.........	1 unité C	cours en B d'une unité C
1 unité C............	c_2 unités A	— A —

d'où

$$x_2 = \frac{c_2}{c_3}$$

Le cours ou parité arbitrée est égal au quotient des deux cotes moyennes.

ORDRE DE BANQUE

Combien d'unités A coûtera 1 unité C achetée en B, qui se couvre de ses déboursés par une traite sur A ?

On a, d'après les cotes de B sur C et sur A :

x_3 unités A. . . . . 1 unité C (à acheter)

1 unité C. . . . . c_3 unités B (B achète et remet à A)

c_4 unités B. . . . . 1 unité A (B tire sur A)

d'où

$$x_3 = \frac{c_3}{c_4}$$

L'ordre de banque ou prix de revient par voie de traite est égal au quotient des deux dernières cotes.

Si c'est la place B qui donne ordre à A d'acheter ou de vendre de la monnaie tierce C, on a, en remontant les cotes de bas en haut :

$c_4 \, c_2$ prix de revient

$\dfrac{c_3}{c_2}$ parité

$\dfrac{c_2}{c_1}$ ordre de banque

— Si la place B donne le certain, en ramenant ses cotes à la forme de l'incertain :

A cote B c_1

— C c_2

B cote C $\dfrac{1}{c_3}$

— A $\dfrac{1}{c_4}$

On a, en appliquant les règles formulées :

$\dfrac{c_1}{c_3}$ prix de revient

$c_2 \, c_3$ parité

$\dfrac{c_4}{c_3}$ ordre de banque

— Mais si c'est la place A qui donne le certain

A cote B $\dfrac{1}{c_1}$

— C $\dfrac{1}{c_2}$

B cote C c_3

— A c_4

il faut se rappeler que l'inconnue, c'est-à-dire le cours, doit se trouver en dénominateur, et que par suite on a :

$$\frac{1}{x_1} = \frac{c_3}{c_1}$$

$$\frac{1}{x_2} = \frac{1}{c_2 c_3}$$

$$\frac{1}{x_3} = \frac{c_3}{c_4}$$

ou en remontant à la forme du certain :

$$x_1 = \frac{c_1}{c_3} \qquad \text{parité}$$

$$x_2 = c_2 c_3 \qquad \text{prix de revient}$$

$$x_3 = \frac{c_4}{c_3} \qquad \text{ordre de banque}$$

On a donc :

si **A** et **B** se donnent l'incertain   si **A** donne le certain à **B**

$c_1 c_3$ .... prix de revient .... $\dfrac{c_1}{c_3}$

$\dfrac{c_2}{c_3}$ .... parité ... . $c_2 c_3$

$\dfrac{c_3}{c_4}$ .... ordre de banque .... $\dfrac{c_4}{c_3}$

De là les régles suivantes.

Selon que les deux places engagées se donnent l'incertain ou que la place qui spécule donne le certain à l'autre :

Le prix de revient est égal au produit ou au quotient des cotes de rang impair.

La parité est égale au quotient ou au produit des deux cotes moyennes.

L'ordre de banque est égal au quotient des deux dernières cotes ou à son inverse.

Discussion. — Si

$$c_1 c_3 < \frac{c_3}{c_4}$$

ou

$$c_1 c_4 < 1$$

le prix de revient doit être préféré à l'ordre de banque.

Si au contraire :

$$c_1 c_4 > 1$$

c'est l'ordre de banque qui doit être adopté.

Or c_1 et c_4 sont les cours réciproques des deux places engagées : *il faut donc spéculer par voie du prix de revient si le produit des cours réciproques des deux places intéressées est inférieur à l'unité et dans le cas contraire par la voie de l'ordre de banque.*

Et, comme conséquence, la place A, pour s'acquitter d'une dette en B adoptera la voix du prix de revient ou de l'ordre de banque, selon que le produit des cours réciproques des deux places sera inférieur ou supérieur à l'unité.

Si ce produit est égal à l'unité, les deux places sont à la parité, et il est alors indifférent d'opérer par l'une ou l'autre voie.

D'autre part, en vertu de la relation de la parité entre 3 places, on doit avoir :

$$c_2 = c_1\, c_3$$

Si donc

$$c_2 > c_1\, c_3$$

c'est-à-dire si le cours direct de A sur C est supérieur au prix de revient, la monnaie C revient à meilleur marché achetée en B qu'en A. Il est donc avantageux d'acheter en B du papier C et de le vendre en A sur sa propre place ; et, comme conséquence, A, pour s'acquitter d'une dette en B, achètera du papier sur C plutôt que du papier direct. Au contraire pour remettre de B en A, il vaut mieux acheter du papier direct que du papier sur C.

Dans le cas où $c_2 < c_1\, c_3$, il faut acheter le papier C sur sa propre place A et le revendre en B.

La relation de la parité nous donne encore :

$$c_3 = c_2\, c_4$$

d'où

$$c_2 = \frac{c_3}{c_4}$$

et alors selon que l'on aura :

$$c_2 \gtrless \frac{c_3}{c_4}$$

il faudra ou non opérer directement ou par voie d'ordre de banque.

— Donnons un exemple de spéculation basée sur les cours tels qu'ils sont donnés par les cotes et eu égard aux frais qu'elle entraîne.

Amsterdam est coté à Paris 207 fr. 40 à vue et à Londres 12 fl. 20 à 3 mois, escompte 4 % ; y a-t-il lieu pour Paris de faire acheter des florins à Londres contre couverture en traite à vue sur Paris à 25 fr. 20, où les florins seront vendus ?

Calculons le prix d'achat des florins par Londres :

$$x \text{ fr. esp} \ldots\ldots\ldots\ldots \quad 100 \text{ fl. à vue}$$
$$100 \text{ fl. à vue} \ldots\ldots\ldots\ldots \quad 101 \text{ fl. à 3 mois}$$
$$12 \text{ fl. 20 à 3 m} \ldots\ldots\ldots\ldots \quad 1 \text{ £ cpt}$$
$$1 \text{ £ cpt} \ldots\ldots\ldots\ldots \quad 25{,}20$$

d'où pour le prix de revient brut $\ldots\ldots\ldots\ldots\ldots\ldots x = 208$ fr. 62

A ce prix brut il faut ajouter :

Courtage à Londres sur l'Amsterdam...	1 %o.. ..	0,208	
— à Paris — ...	1 %o.....	0,208	
— à Londres sur le Paris........	1 %o.....	0,208	
Timbre à Londres de la traite sur Paris.	½ %o....	0,104	
Timbre de transit en France.............	¼%o....	0,052	
Commission au correspondant 1/8 %....	1 ¼ %o...	0,260	1,0
	5 %o	1,040	**Prix d'achat** 209 6

Il n'y a donc pas lieu d'acheter des florins à Londres pour les reven
dre à Paris ; mais alors l'opération inverse est possible : on peu
acheter des florins à Paris pour les revendre à Londres contr
couverture en remise en francs sur Paris.

On a pour le prix de vente brut........... 208,6

Il faut retrancher de ce prix :

Courtage à Paris sur l'Amsterdam......	1 %o......	0,208	
— Londres —	1 %o......	0,208	
— à Londres sur le Paris........	1 %o	0,208	
Timbre à Paris de la remise en francs..	½ %o. ...	0,104	
Timbre hollandais à bonifier à Paris....	½ %o.....	0,104	
Commission au correspondant 1/8 %....	1 ¼ %o...	o 260	1,1
	5 ¼ %o	1,092	**Prix de vente** 207,5

On réalise ainsi un bénéfice de 207,52 — 207,40 = 0 fr. 12 pa
100 florins.

*On reçoit de New-York des retours à 60 jours sur Londres au chang
de 4 $ 90 pour 1 £ à 60 jours ; à quel prix ressortent ces retours si o
peut les négocier à Paris au cours de 25 fr. 20 à vue ; escompte
Londres 3 ½ % ?*

On a :

$$x \text{ fr. à vue}............... \quad 1 \$ \text{ à vue}$$
$$4,90 \$ \text{ à vue}......... . \quad 1 £ \text{ à } 60 \text{ j.}$$
$$100 £ \text{ à } 60 \text{ j}... .... \quad 99 \text{ } 5/12 £ \text{ à vue}$$
$$1 £ \text{ à vue}............. \quad 25 \text{ f. } 20 \text{ espèces}$$

d'où

$$x = \frac{99 \text{ } 5/12 \times 25,20}{4,90 \times 100} = 5 \text{ fr. } 10 \text{ pour } 1 \text{ dollar}$$

*On reçoit de Londres des retours sur Madrid à 3 mois et au cours
43 dslg, en couverture de remises faites à Londres ; à quel prix resso
tent ces retours si on peut les négocier à Paris à 4 fr. 60 ?*

Londres cote Madrid 43 d. la £ à 3 mois escompte 6 %
Paris cote Madrid 4 fr. 60 la $ à vue.

On a par la conjointe :

$$
\begin{aligned}
x \text{ fr. à vue} &\ldots\ldots\ldots\ldots & 1\ \pounds \text{ à vue} \\
1\ \pounds \text{ à vue} &\ldots\ldots\ldots\ldots & 240\ d \text{ à vue} \\
43\ d \text{ à vue} &\ldots\ldots\ldots\ldots & 1\ \$\text{ à 3 mois} \\
6.000\ \$\text{ à 3 mois} &\ldots\ldots\ldots\ldots & 5910\ \$\text{ à vue} \\
1\ \$\text{ à vue} &\ldots\ldots\ldots\ldots & 4{,}60 \text{ espèces}
\end{aligned}
$$

d'où
$$
x = \frac{240 \times 5.910 \times 4{,}60}{43 \times 6.000} = 25{,}29 \text{ la } \pounds \text{ (sans frais)}
$$

On reçoit de Lisbonne des retours sur Londres à 3 mois en couverture de remises faites sur le Portugal ; à quel prix ressortent ces retours sachant que :

Lisbonne cote Londres 50 d 3 mois pour 1 milreis escompte 3 ½ %
Paris cote Londres 25,20 à vue.

On a par la conjointe :

$$
\begin{aligned}
x \text{ fr. à vue} &\ldots\ldots\ldots\ldots & 1 \text{ milreis à vue} \\
1 \text{ milreis à vue} &\ldots\ldots\ldots\ldots & 50\ d \text{ à 3 mois} \\
100\ d \text{ à 3 mois} &\ldots\ldots\ldots\ldots & 99\ 1/8\ d \text{ à vue} \\
240\ d \text{ à vue} &\ldots\ldots\ldots\ldots & 1\ \pounds \text{ à vue} \\
1\ \pounds \text{ à vue} &\ldots\ldots\ldots\ldots & 25{,}20 \text{ espèces}
\end{aligned}
$$

d'où
$$
x = \frac{50 \times 99\ 1/8 \times 25{,}20}{100 \times 240} = 5 \text{ fr. 20 le milreis}
$$

abstraction faite de tous frais.

— La recherche du change indirect d'une place sur une autre par une place tierce, et dont nous avons donné des exemples dans l'étude des cotes étrangères, n'est pas autre chose qu'un calcul de prix de revient.

Donnons ici, comme exemple, le calcul du change indirect de la Havane sur Paris par Londres.

A la Havane, le change s'établit pour Paris au moyen d'un agio sur la base de 1 piastre valant 5 francs, et pour Londres sur la base de 4,44 piastres pour 1 livre sterling : l'agio est donc exprimé en piastres. Les changes étant tous deux à 60 jours de vue, on n'a pas à niveler les cours, si toutefois on néglige la différence d'intérêt qu'il peut y avoir entre Paris et Londres.

Londres étant coté à la Havane avec 50 % de prime et à Paris 25 fr. 20, disposons nos cotes comme d'habitude :

$$
\begin{aligned}
\text{La Havane cote Paris } \frac{1+x}{5}\ \$ &\qquad \text{pour 1 fr.} \\[1em]
\text{— \qquad Londres } 4{,}44\ (1+0{,}50) &\qquad \text{pour 1 } \pounds \\
\text{Paris cote Londres } 25{,}20 &\qquad \text{— \quad 1 } \pounds
\end{aligned}
$$

En exprimant que le cours de la Havane sur Londres est égal au produit des deux cours entre lesquels il est compris, on a :

$$\frac{1+x}{5} \times 25,20 = 4,44 \times 1,50$$

d'où
$$1 + x = \frac{4,44 \times 1,50 \times 5}{25,20} = 1,321$$

d'où
$$x = 0,321$$

Ainsi Londres étant coté à 50 % de prime à la Havane, la prime à la monnaie française n'y sera par voie de Londres que de 32,10 %.

Si on considère 25,20 comme le cours moyen de la livre Sterling, on peut regarder la quantité :

$$\frac{4,44 \times 5}{25,20} = 0,881$$

comme à peu près fixe ; et alors on a :

$$1 + x = 0,881 \times 1,50$$
$$x = 0,881 \times 1,50 - 1 = 0,321$$

d'où la règle que l'on rencontre — sans démonstration — dans quelques ouvrages :

Le change de la Havane sur Paris par Londres est égal au produit de 0,881 par la prime sur Londres, diminué de l'unité.

OPÉRATIONS DE CIRCULATION : REMISE CONTINUE ET TRAITE RENTRANTE

Une *remise continue* consiste en une remise faite à une place étrangère, de celle-ci à une seconde, de celle-ci à une troisième... et enfin de la dernière place à celle d'où la première remise est partie.

Une *traite rentrante* consiste en une traite tirée sur une place étrangère, de celle-ci sur une seconde, de celle-ci sur une troisième... et de la dernière place sur la place du premier tireur.

Au moyen des remises continues, on fait valoir des fonds pour lesquels on n'a pas un meilleur emploi ; par les traites rentrantes, on se procure pour un certain temps les fonds dont on a besoin.

Comme dans tout change indirect, il ne s'agit toujours que de changer la monnaie d'un pays en monnaie d'un second pays, celle-ci en monnaie d'un troisième, et ainsi de suite jusqu'au dernier ; mais ici la valeur de la remise continue ou de la traite rentrante, après avoir subi plusieurs conversions successives, se trouve finalement réduite en sa monnaie primitive, dont la quantité est augmentée ou diminuée du bénéfice ou de la perte de l'opération.

Les opérations de circulation, à cause des frais qu'elles nécessitent, ne mettent guère en jeu que trois places.

Nous savons que quand trois places se cotent circulairement :

$$A \text{ cote } B \dots \quad c \quad \text{à vue}$$
$$B \text{ cote } C \dots \quad c_1 \quad —$$
$$C \text{ cote } A \dots \quad c_2 \quad —$$

elles sont à la parité si $c\, c_1\, c_2 = 1$.

Nous allons démontrer que :

Entre trois places qui se donnent l'incertain, si le produit des cours à vue est inférieur à l'unité, il faut opérer par voie de remise continue, et par voie de traite rentrante si le produit des cours est supérieur à l'unité : le bénéfice réalisé est proportionnel à la différence entre le produit des cours et l'unité.

Supposons d'abord que le spéculateur en A fasse à son correspondant en B une remise de V unités B, qui lui coûte :

$$x = V\, c \text{ unités A.}$$

Le correspondant en B encaisse cette somme V et achète une remise de V_1 unités C qu'il adresse à son correspondant en C et dont le montant devant procurer V_1 sera tel que :

$$V = V_1\, c_1 \text{ unités B.}$$

Enfin le correspondant en C encaisse cette somme V_1 et achète une remise de y unités A qu'il adresse au spéculateur en A ; le prix de cette remise sera :

$$V_1 = y\, c_2 \text{ unités c}$$

Multipliant membre à membre ces trois égalités, il vient :

$$x = y\, c\, c_1\, c_2$$

d'où

$$\frac{x}{y} = c\, c_1\, c_2$$

Si $c\, c_1\, c_2 < 1$, y sera plus grand que x et le bénéfice réalisé sera $y - x$.

— Autrement, par la conjointe :

x unités A à recevoir..........	1 unité A déboursée
c unités A...................	1 unité B (A remet à B)
c_1 unités B.................	1 unité C (B remet à C)
c_2 unités C.................	1 unité A (C remet à A)

d'où

$$x = \frac{1}{c\, c_1\, c_2}$$

Pour qu'il y ait bénéfice, il faut que x soit > 1 et par suite : $c\, c_1\, c_2 < 1$; dans le cas contraire il y a perte, mais alors on opère par voie de traite rentrante.

Le spéculateur en A tire sur son correspondant en B une traite de V unités B qu'il vend :

$$x = \mathrm{V}\, c \text{ unités A}$$

Le correspondant en B paie la somme V et pour se rembourser de ses déboursés, il tire une traite de V_1 unités C ; pour que la vente de cet effet lui procure les V unités de sa monnaie qu'il a payées, il faut que :

$$\mathrm{V} = \mathrm{V}_1\, c_1 \text{ unités B}$$

Enfin le correspondant en C se couvre par une troisième traite de y unités A sur le spéculateur lui-même ; cette traite devant être vendue au prix V_1 on a :

$$\mathrm{V}_1 = y\, c_2 \text{ unités A}$$

Multipliant membre à membre ces trois égalités, on a :

$$x = y\, c\, c_1\, c_2$$

d'où
$$\frac{x}{y} = c\, c_1\, c_2$$

Si $c\, c_1\, c_2 > 1$, $x > y$ et le bénéfice réalisé est $x - y$.

— Autrement par la conjointe :

      x unités A déb. au retour...   1 unité A enc. au départ
      c unités A....................   1 unité B   (A tire sur B)
      c_1 unités B....................   1 unité C   (B tire sur C)
      c_2 unités C....................   1 unité A   (C tire sur A)

d'où
$$x = \frac{1}{c\, c_1\, c_2}$$

Pour qu'il y ait bénéfice, il faut que x soit < 1 et par suite $c\, c_1\, c_2 > 1$, sinon il y a perte.

— Si $c\, c_1\, c_2 = 1$, les trois places sont à la parité et il est indifférent d'opérer par voie de remise ou de traite ; mais comme alors le bénéfice est nul, la question ne se pose pas.

— Si l'une des trois places donne le certain, on ramène sa cote à la forme de l'incertain et on applique ensuite la règle.

— Dans les cotes de trois places sur lesquelles on peut opérer par voie de remise ou de traite rentrante, il y a toujours 2 de ces places au-dessus ou au-dessous du pair et la 3e au-dessous ou au-dessus du pair.

Applications.

*Un banquier de Paris fait une remise à Amsterdam, qui fait une
remise à Berlin, qui fait une remise à Paris.*

> Paris cote Amsterdam....   2,075 à vue
> Amsterdam cote Berlin...   0,59   —
> Berlin cote Paris........   0,805 —

Quel est le résultat de cette circulation ?

Le produit des cours :

$$2,075 \times 0,59 \times 0,805 = 0,98552$$

étant inférieur à l'unité, on peut en effet opérer par voie de
remise continue, et le bénéfice réalisé est de :

$$1 - 0,98552 = 0,01448$$

soit 1,448 % de la somme encaissée.

Vérification par la conjointe :

> x fr. encaissés au retour............   1 fr. déb au départ
> 2,075................................   1 fl. (P remet à A)
> o fl. 59............................   1 Rm (A remet à B)
> o Rm 805...........................   1 fr. (B remet à P)

d'où
$$x = \frac{1}{2,075 \times 0,59 \times 0,805} = 1 \text{ f. } 0147$$

Pour 1 franc déboursé, Paris encaisse 1 fr. 0147, réalisant ainsi un
bénéfice de 0 fr. 0147 et sur 100 fr. encaissés :

$$\frac{0,0147 \times 100}{1,0147} = 1,448 \%$$

*Un banquier de Paris tire sur Amsterdam, qui tire sur Londres, qui
tire sur Paris :*

> Paris cote Amsterdam......   2,0975
> Amsterdam cote Londres....   12,10
> Londres cote Paris........   25,18

Quel est le résultat de cette circulation ?

Le produit des cours, la cote de Londres étant ramenée à la forme
de l'incertain :

$$2,0975 \times 12,10 \times \frac{1}{25,18} = 1,00793$$

étant supérieur à l'unité, on ne peut en effet opérer que par voie
de traite, et il en résulte un bénéfice de 0,793 %

Vérifions par la conjointe :

```
    x f. déb. au retour............. .. 1 f. enc. au départ
    2 f. 0975.... .............. .. ....... 1 fl. (P tire sur A)
   12 fl. 10....... .... ............... 1 £  (A tire sur L)
    1 £... .......... ............... 25 f. 18 (L tire sur P)
```

d'où
$$x = \frac{25,18}{2,0975 \times 12,10} = 0 \text{ f. } 99213$$

Pour 1 franc encaissé au départ, Paris débourse 0 fr. 99213 au retour, réalisant ainsi un bénéfice de 0 fr. 00787 et sur 100 fr. déboursés :

$$\frac{0,00787 \times 100}{0,99213} = 0,793 \,\%$$

— Le bénéfice brut procuré par les opérations de remise continue et de traite rentrante risque fort le plus souvent d'être absorbé par les courtages et commissions ; aussi ce genre d'opération ne peut-il guère se faire que de compte à ¼, pour éviter les frais à payer aux tiers.

— Traitons maintenant la question eu égard aux frais, comme s'il s'agissait d'une opération réelle, en ayant soin, en établissant les rapports des commissions et frais, de ne pas oublier que, dans le cas de remise, la commission augmente le change et le diminue dans le cas de traite, ou inversement sur une place qui donne le certain.

Un banquier de Paris consacre 20.000 fr. à une opération de circulation par l'intermédiaire d'Amsterdam et de Berlin ; quel sera le résultat de son opération si :

Paris cote Amsterdam...... 2 fr. 075 à vue
Amsterdam cote Berlin...... 0 fl. 59
Berlin cote Paris........ .. 0 Rm. 805

(nous prenons les cours à vue pour ne pas compliquer la question de calculs d'intérêts).

Les frais de commission et autres sont :

1/5 % à Amsterdam
1/4 % à Berlin
1/10 % à Paris

Solution

Le produit des cours, $2,075 \times 0,59 \times 0,805 = 0,9855$, étant inférieur à l'unité, il faut opérer par voie de remise continue.

On a par la conjointe :

$$
\begin{array}{ll}
x \text{ fr. enc. au retour} \dots\dots\dots & 20.000 \text{ fr. déb. au dép.} \\
2 \text{ fr. } 075 \dots\dots\dots\dots\dots & 1 \text{ fl.} \\
100 \text{ fl.} \dots\dots\dots\dots\dots\dots & 99\ 4/5 \text{ fl.} \\
0 \text{ fl. } 59 \dots\dots\dots\dots\dots & 1 \text{ Rm} \\
100 \text{ Rm} \dots\dots\dots\dots\dots & 99\ \tfrac{3}{4} \text{ Rm} \\
0 \text{ Rm } 805 \dots\dots\dots\dots & 1 \text{ fr.} \\
100 \text{ fr.} \dots\dots\dots\dots\dots & 99\ 9/10 \text{ fr.}
\end{array}
$$

P remet à A
A remet à B
B remet à P

d'où
$$
x = \frac{20.000 \times 99\ 4/5 \times 99\ \tfrac{3}{4} \times 99\ 9/10}{2{,}075 \times 100 \times 0{,}59 \times 100 \times 0{,}805 \times 100} = 20.182 \text{ fr. } 40
$$

Le bénéfice réalisé est donc de 182 fr. 40.

— Reprenons la question en faisant d'abord abstraction des frais :

$$
\begin{array}{ll}
x \text{ fr. enc.} \dots\dots\dots\dots & 20.000 \text{ fr. déb.} \\
2 \text{ fr. } 075 \dots\dots\dots\dots & 1 \text{ fl.} \\
0 \text{ fl. } 59 \dots\dots\dots\dots & 1 \text{ Rm.} \\
0 \text{ Rm. } 805 \dots\dots\dots\dots & 1 \text{ fr.}
\end{array}
$$

d'où
$$
x = \frac{20.000}{2{,}075 \times 0{,}59 \times 0{,}805} = 20.293 \text{ fr. } 80
$$

En multipliant membre à membre les équivalences suivantes :

$$
\begin{array}{ll}
x \text{ fr} \dots\dots & 20.293 \text{ fr. } 80 \\
100 \dots\dots & 99\ 4/5 \\
100 \dots\dots & 99\ 3/4 \\
100 \dots\dots & 99\ 9/10
\end{array}
$$

on a comme ci-dessus :

$$
x = 20.182 \text{ fr. } 40
$$

— Dans la pratique, on se contente de retrancher de 20.293, 80 un pourcentage de $\frac{1}{5} + \frac{1}{4} + \frac{1}{10} = \frac{11}{20}$ %, ce qui donne :

$$
20.293{,}80 \left(1 - \frac{11}{20}\% \right) = 20.182 \text{ fr. } 20
$$

résultat très approché.

Itinéraire de la remise continue. — 1º Le banquier de Paris, voulant faire une remise continue de 20.000 fr., commence par acheter, avec cette somme, du papier sur Amsterdam au change de 2 fr. 075 ; il obtient ainsi un effet de :

$$
\frac{20.000}{2{,}075} = 9.638 \text{ fl. } 75
$$

qu'il envoie à son correspondant d'Amsterdam.

2° Celui-ci ayant encaissé l'effet, retient sa commission de 1/5 %, et avec ce qui reste, 9.638,75 (1 — 1/5 %) = 9.619 fl. 30, achète du papier sur Berlin à 0 fl. 59 pour 1 mark, soit un effet de :

$$\frac{9.619.30}{0,59} = 16.303 \text{ Rm } 90$$

qu'il envoie au correspondant de Berlin.

3° Celui-ci encaisse l'effet, retient sa commission de 1/4 %, et avec ce qui reste, 16.303,90 (1 — 1/4 %) = 16.263 Rm 15, achète du papier sur Paris à 0 Rm 805, soit :

$$\frac{16.263.15}{0,805} = 20.262 \text{ fr. } 65$$

qu'il remet à Paris.

4° Le banquier parisien en déduisant ses frais de $^1\!/_{10}$ % sur la somme encaissée, celle-ci se trouve ainsi réduite à 20262,65 (1 — $^1\!/_{10}$ %) = 20182 fr. 45, en remboursement de sa 1re remise, gagnant ainsi 182 fr. 45

— *Un banquier de Paris consacre 20.000 fr. à une opération de circulation par Amsterdam et Londres.*

> *Paris cote Amsterdam* . . . . *2 fr. 0975 à vue*
> *Amsterdam cote Londres* . . . . *12 fl 10*
> *Londres cote Paris* . . . . *25 fr. 18*

Les commissions et frais sont : $^1\!/_5$ % *à Amsterdam,* $^1\!/_4$ % *à Londres,* $^1\!/_{10}$ % *à Paris.*

Quel est le résultat de la spéculation ?

Solution

La cote de Londres étant ramenée à la forme de l'incertain, le produit des cours :

$$2,0975 \times 12,10 \times \frac{1}{25,18} = 1,0079$$

étant supérieur à l'unité, il faut opérer par voie de traite rentrante.

On a par la conjointe :

x fr. déb. au retour.. ...	20.000 fr. enc. au départ	
2 fr. 0975	1 fl	P tire sur A
100 fl.	100 $^1\!/_5$ fl	
12 fl 10	1 £	A tire sur L
100 £.	100 $^1\!/_4$ £	
1 £.	25 fr. 18	L tire sur P
100 fr	100 $^1\!/_{10}$ f.	

d'où

$$x = \frac{20.000 \times 100\,^1\!/_5 \times 100\,^1\!/_4 \times 25,18 \times 100\,^1\!/_{10}}{2,0975 \times 100 \times 12,10 \times 100 \times 100} = 19.951 \text{ fr. } 90$$

De là un bénéfice de 20.000 — 19.951 fr. 90 = 48 fr. 10.

Si l'on pose la conjointe en dehors des commissions, on a :

$$
\begin{array}{lr}
x \text{ fr. déb.} \dots\dots\dots\dots\dots\dots & 20.000 \text{ fr. enc.} \\
2 \text{ fr. 0975} \dots\dots\dots\dots\dots\dots & 1 \text{ fl} \\
12 \text{ fl } 10 \dots\dots\dots\dots\dots\dots & 1 \text{ £} \\
1 \text{ £} \dots\dots\dots\dots\dots\dots & 25,18
\end{array}
$$

d'où

$$ x = \frac{20.000 \times 25,18}{2,0975 \times 12,10} = 19.842 \text{ fr. } 60 $$

En ajoutant à ce résultat $\dfrac{1}{5}\ \% + \dfrac{1}{4}\ \% + \dfrac{1}{10}\ \% = \dfrac{11}{20}\ \%$, on a :

$$ 19.843 \text{ fr. } 60 \left(1 + \frac{11}{20}\ \% \right) = 19.951 \text{ fr. } 75 $$

résultat très approché, avec un bénéfice de 48 fr. 25.

Itinéraire de la traite rentrante. — Le banquier parisien trouvant un bénéfice à opérer par voie de traite, dirige son opération de la manière suivante.

1° Il tire sur Amsterdam une lettre de change de la valeur de 20.000 francs, qui, au change de 2 fr. 0975 pour 1 florin, produit :

$$ \frac{20.000}{2.0975} = 9.535 \text{ fl } 15 $$

2° Le correspondant d'Amsterdam paie cette traite, y ajoute sa commission de $^1/_5$ %, ce qui donne 9.535,15 $(1 + {^1/_5}\ \%) = 9.554$ fl 25, qui, au change de 12 fl 10 pour 1 livre sterling, donnent

$$ \frac{9.554,25}{12,10} = 789 \text{ £ } 60 $$

pour valeur nominale de la traite qu'il tire sur Londres pour se rembourser de sa commission et frais.

3° Le banquier de Londres, qui a payé cette traite de £ 789,60, y ajoute sa commission de $^1/_4$ %, ce qui donne 789,60 $(1 + {^1/_4}\ \%) = 791$ £ 55 ; il tire en conséquence sur Paris, au change de 25 fr. 18, une traite de valeur nominale égale à :

$$ 791,55 \times 25,18 = 19.931 \text{ fr. } 75 $$

4° Le banquier parisien, ajoutant à cette somme ses frais de $^1/_{10}$ %, pour valeur définitive de la traite 19.931,75 $(1 + {^1/_{10}}\ \%) = 19.951$ fr. 70 ; ayant tiré pour 20.000 fr. sur Amsterdam et payant 19.951 fr. 70, il a gagné 48 fr. 30.

Les opérations de circulation peuvent également se faire avec des traites et des remises combinées.

C'est ainsi que si un banquier a besoin d'une certaine somme pour un temps indéterminé, il se sert du crédit que ses correspondants lui accordent. Il tire à 3 mois sur Amsterdam, par exemple ;

négocie sa traite et donne ordre à Amsterdam de se rembourser à
3 mois sur Berlin ; 6 mois s'étant ainsi écoulés, il couvre la seconde
traite par une remise directe sur Berlin.

Pour éviter de faire connaître à ses correspondants qu'il n'a pas
de fonds disponibles pour couvrir par des remises les traites à leur
échéance, le banquier peut organiser la circulation d'une façon
moins apparente. Pour se procurer des fonds afin de couvrir la
première traite sur Amsterdam, il tire en même temps une seconde
traite sur Berlin et il en achète avec le produit, et au même prix, un
effet sur Berlin qu'il remet à Amsterdam, vers l'échéance de la
traite qu'il a faite sur Berlin ; il couvre ainsi celle-ci par une
remise directe. Il obtient de cette façon le même résultat que par
la circulation ordinaire, parce que la valeur des traites est détruite
par celle des remises faites au même change. Il n'y a que des frais
en plus.

— Pour traiter la question de la circulation par voie de remises
et de traites combinées, disposons les trois places de façon que
chacune cote successivement les deux autres ainsi :

Paris cote Amsterdam	2,09	
— *Berlin*.....	1,234	
Amsterdam cote Berlin	0,591	
— *Paris.*	0,48	$0,48 \times 2,09 = 1,0032 > 1$
Berlin cote Paris......	0,8115	$0,8115 \times 1,234 = 1,0014 > 1$
— *Amsterdam*	1,694	$1,694 \times 0,591 = 1,00125 > 1$

Effectuons les produits des cours réciproques des trois places
deux à deux ; ces produits étant supérieurs à l'unité, il faut opérer
par voie de traite.

On a par la conjointe :

x fr. déb. au retour...	1 fr. enc. au départ	
1 fr. 234..............	1 Rm	P tire sur B
1 Rm 694..............	1 fl	B tire sur A
0 fl 48	1 fr.	A tire sur P

d'où

$$x = \frac{1}{1{,}234 \times 1{.}694 \times 0{,}48} = 0 \text{ fr. } 99622$$

De là un bénéfice de 1 — 0,99622 = 0 fr. 00338 par franc.

— Prenons les cotes suivantes dans lesquelles le cours de Berlin
sur Paris diffère de celui ci-dessus :

Paris cote Amsterdam	2,09	
— *Berlin*....	1,234	
Amsterdam cote Berlin	0,591	
— *Paris.*	0,48	$0,48 \times 2,09 = 1,0032 > 1$
Berlin cote Paris......	0,805	$0,805 \times 1,234 = 0,99337 < 1$
— *Amsterdam*	1,694	$1,694 \times 0,591 = 1,00125 > 1$

Il résulte des produits réciproques des places deux à deux que Paris doit faire remise à Berlin, Amsterdam tirer sur Berlin et Paris tirer sur Amsterdam.

On a par la conjointe :

$$
\begin{array}{ll}
x \text{ f. enc. au retour} \ldots & 1 \text{ f. déb. au départ} \\
1 \text{ f. } 234 \ldots & 1 \text{ Rm (P remet à B)} \\
1 \text{ Rm} \ldots & 0 \text{ fl.} 585 \text{ (A tire sur B)} \\
1 \text{ fl.} \ldots & 2 \text{ f. } 09 \text{ (P tire sur A)}
\end{array}
$$

d'où
$$ x = \frac{0{,}585 \times 2.09}{1{,}234} = 1 \text{ f. } 00096 $$

De là un bénéfice de 0 fr. 00096 par franc.

— Prenons enfin les cotes suivantes :

Paris cote Amsterdam	*2,09*	
— *Berlin*	*1,234*	
Amsterdam cote Berlin	*0,59*	
— *Paris*	*0,478*	$0{,}478 \times 2{,}09 = 0{,}9902 < 1$
Berlin cote Paris	*0,8115*	$0{,}8115 \times 1{,}234 = 1{,}0014 > 1$
— *Amsterdam*	*1,685*	$1{,}685 \times 0{,}59 = 0{,}99415 < 1$

Il résulte des produits des cours réciproques que Paris doit tirer sur Berlin, Amsterdam remettre à Berlin et Paris remettre à Amsterdam.

On a par la conjointe :

$$
\begin{array}{ll}
x \text{ f. deb. au retour} \ldots & 1 \text{ f. enc. au départ} \\
1 \text{ f. } 234 \ldots & 1 \text{ Rm} \quad \text{(P tire sur B)} \\
1 \text{ Rm} \ldots & 0 \text{ fl. } 59 \quad \text{(A remet à B)} \\
1 \text{ fl.} \ldots & 2 \text{ f. } 09 \quad \text{(P remet à A)}
\end{array}
$$

d'où
$$ x = \frac{0{,}59 \times 2{,}09}{1{,}234} = 0{,}99927 $$

De là un bénéfice de $1 - 0{,}99927 = 0{,}00073$ par franc.

— Bien d'autres combinaisons sont possibles, suivant que les cours réciproques des trois places prises deux à deux ont un produit supérieur, égal ou inférieur à l'unité.

— Si l'une des places donne le certain, on ramène sa cote à la forme de l'incertain.

— Prenons un exemple de circulation un peu différente et basée sur les cours tels qu'ils sont donnés par les cotes.

Un banquier de Paris achète pour 25.000 fr. de papier à 1 mois sur St-Pétersbourg et le fait vendre à Londres, en demandant en retour du papier à 2 mois sur Lisbonne, qu'il revend à Paris ; calculer le résultat de cette spéculation ?

$$\begin{array}{ll}
\text{Paris cote St-Pétersbourg} \dots\dots & 263, \text{ à vue} \\
\qquad — \qquad \text{Lisbonne} \dots\dots\dots & 550, \text{ à vue} \\
\text{Londres cote Lisbonne} \dots\dots\dots & 52\,d, \text{ à } 3\,m. \text{ esc}^{\text{te}}\ 6\,\% \\
\qquad — \qquad \text{St-Pétersbourg} \dots\dots & 25\,d, \text{ à } 3\,m. \text{ esc}^{\text{te}}\ 5\,\%
\end{array}$$

Frais accessoires : à Paris ⅛ %, à Londres ¼ %, tant à l'achat qu'à la vente.

Solution

La commission à l'achat augmentant le cours du change et la commission à la vente le diminuant, nous aurons par la conjointe en faisant porter la commission et le nivellement des cours directement sur le change :

x fr. à encaisser au retour...... 25.000 fr. déb. au départ

$$2{,}63 \left(1 + \frac{1}{800}\right)\left(1 - \frac{1}{240}\right) \text{ fr. cpt.} \quad \text{1 Rb à 1 mois} \qquad\qquad \text{P achète des Rb}$$

$$\text{1 Rb à 1 mois} \dots\dots\dots\dots\dots 25\left(1 + \frac{1}{120}\right)\left(1 - \frac{1}{400}\right) \text{ d cpt.} \qquad \text{L vend des Rb}$$

$$52 \left(1 + \frac{1}{400}\right)\left(1 + \frac{1}{200}\right) \text{ d cpt..} \quad \text{1 milreis à 2 mois} \qquad \text{L achète des milreis}$$

$$\text{1 milreis à 2 mois} \dots\dots\dots\dots 5{,}50 \left(1 - \frac{1}{100}\right)\left(1 - \frac{1}{800}\right) \text{ fr. cpt.} \quad \text{P vend des milreis}$$

$$\text{d'où } x = \frac{25.000 \times 25 \times 399 \times 121 \times 5{,}50 \times 99 \times 799 \times 240 \times 200}{120 \times 100 \times 2{,}63 \times 801 \times 239 \times 52 \times 401 \times 201} = 24.883 \text{ f. } 60$$

La spéculation occasionnant une perte de 116 fr. 40 ne doit pas être entreprise.

-- En développant la conjointe, on a :

x fr. encaissés...............	25.000 fr. déboursés	
801 fr....................	800 fr.	⎫
2 fr. 63...................	1 Rb à vue	⎬ P achète des Rb
7.170 Rb à vue............	7.200 Rb à 1 mois	⎭
7.200 Rb à 1 mois..........	7.260 Rb à 3 mois	⎫
1 Rb à 3 mois.............	25 d	⎬ L vend des Rb
400 d....................	399 d	⎭

52 d......................	1 milreis à 3 mois	
6.030 milreis à 3 mois..	6.000 milreis à 2 mois	L achète des milreis
401 milreis..	400 milreis	
6.000 milreis à 2 mois.........	5.940 milreis à vue	
1 milreis à vue...............	5 fr. 50	P vend des milreis
800 fr.......................	799 fr.	

d'où $\qquad x = 24.883$ fr. 60

**

— Les règlements et les spéculations financières avec l'étranger ne s'effectuent pas seulement avec des effets de commerce, mais aussi avec des métaux précieux et des fonds publics.

MÉTAUX PRÉCIEUX

Les *matières d'or et d'argent* sont offertes dans le commerce sous la forme de lingots ou de monnaies.

Lorsqu'on veut en déterminer le prix, il faut connaître le *poids*, le *titre* et le *prix de l'unité* d'un poids déterminé d'or fin ou d'argent fin.

Et si le poids et le titre sont exprimés en unités de poids et de titre étrangers, il faut connaître les rapports entre ce poids et ce titre étrangers et le poids et le titre du pays en monnaie duquel on veut déterminer la valeur des lingots ou des monnaies étrangères.

La connaissance des poids qui servent à peser l'or et l'argent et des titres auxquels on emploie les métaux précieux sur les différentes places de commerce est donc indispensable dans les spéculations sur les métaux précieux.

Poids

Les *poids métriques* sont employés en France, en Hollande, en Belgique, en Suisse, en Italie, en Espagne et en Portugal.

La *livre métrique* de 500 *grammes* est usitée en Allemagne et en Autriche.

La *livre troy* (ltr) de 373 grammes 242 à 12 *onces* (oz) à 20 *penny weighs* ou *deniers* (dwts) à 24 *grains* est usitée en Angleterre et aux Etats-Unis.

La *livre russe* de 409 gr. 512 à 96 *solotnicks* à 96 *doli* est usitée en Russie.

Titre

Le *titre* ou degré de fin de l'or ou de l'argent est exprimé par la quantité de métal précieux contenu dans l'unité de poids. Pour le déterminer, on divise l'unité de poids en un certain nombre de parties égales qui représentent la pureté absolue, c'est-à-dire sans alliage de cuivre : c'est ce qu'on appelle l'*échelle du titre*.

Il y a ainsi entre le poids et le titre une corrélation intime, qui fait que *le titre d'un lingot est exprimé par une fraction du poids total de ce lingot*. Lorsque ce poids total est divisé en 1.000, 24, 12, 96 parties égales, le métal fin a pour titre $\frac{1.000}{1.000},\ \frac{24}{24},\ \frac{12}{12},\ \frac{96}{96}$: le dénominateur restant le même, le numérateur suit toutes les variations du degré de fin.

En France, il y a un rapport parfait entre le poids et le titre, divisés l'un et l'autre en 1.000 parties égales, et le titre s'exprime en millièmes de fin : 1.000 est l'échelle du titre et $\frac{1.000}{1.000}$ le titre du métal pur. Les pièces d'or qui contiennent 900 parties de métal précieux pour 100 parties de cuivre sont au titre de $\frac{900}{1.000}$ le fin au $\frac{9}{10}$; par suite 9 grammes d'or pur équivalent à 10 grammes d'or au titre légal. Il en est de même dans les pays du franc et en Allemagne, en Autriche, en Hollande, en Espagne, aux Etats-Unis.

En Angleterre, l'unité de poids est pour l'or la *livre troy* divisée en 24 *carats*, à 4 *grains*, à 4 *quarts*, de telle sorte que l'échelle du titre ou titre du métal fin est $\frac{24}{24}$. Quant aux monnaies d'or anglaises, elles sont frappées au titre standard ou légal de 22 carats d'or pur pour 2 de cuivre, ce qui fait ressortir le titre à $\frac{22}{24}$ ou $\frac{11}{12}$; par suite 11 onces d'or pur équivalent à 12 onces d'or standard.

Pour l'argent l'unité de poids est encore la *livre troy*, mais avec sa division ordinaire à 12 *onces* à 20 *penny weights*, et comme le titre légal des monnaies d'argent est 11 onces 2 penny weights de métal fin pour 12 onces brut, le titre ressort à $\frac{11,2}{12}$ ou en réduisant en penny weights $\frac{222}{240}$ ou $\frac{37}{40}$; par suite 37 onces d'argent fin équivalent à 40 onces d'argent standard.

La Banque d'Angleterre accepte aujourd'hui le titre formulé en millièmes.

En Russie, le métal fin a pour titre $\frac{96}{96}$ et le titre des monnaies d'or, qui contiennent 88 solotnicks de métal fin pour 8 de cuivre, est de $\frac{88}{96} = \frac{22}{14} = \frac{11}{12}$ comme en Angleterre.

Un lingot d'or, essayé à Londres, est au titre de 23,2 ¼ (23 carats 2 grains ½) ; exprimer ce titre : 1° en millièmes ; 2° en solotnicks.

On a pour le titre anglais :

$$\frac{23 + \dfrac{2}{4} + \dfrac{1}{8}}{24} = \frac{189}{192}$$

Et en posant :

$$1° \quad \frac{x}{1.000} = \frac{189}{192}$$

On en tire pour le titre en millièmes :

$$x = \frac{1.000 \times 189}{192} = 984$$

2° et pour le titre en solotnicks :

$$\frac{x}{96} = \frac{189}{192}$$

d'où

$$x = \frac{96 \times 189}{192} = 94 \; ½ \text{ solotnicks}$$

A Londres, un lingot d'argent est reconnu au titre de 11,17 (11 onces 17 deniers) ; trouver le titre français correspondant.

On a pour le titre anglais :

$$\frac{11 + \dfrac{17}{20}}{12} = \frac{237}{240}$$

Posant :

$$\frac{x}{1.000} = \frac{237}{240}$$

on en tire :

$$x = \frac{1.000 \times 237}{240} = 987 \; ½ \text{ millièmes}$$

pour le titre français.

L'or monnayé est en Angleterre au titre français de 0,916 2/3 ; quel est le titre anglais équivalent ?

Posons :

$$\frac{x}{24} = 0{,}916\ {}^{2}/_{3}$$

ou

$$\frac{x}{24} = \frac{2.750}{3.000}$$

d'où

$$x = \frac{24 \times 2.750}{3.000} = 22\ \text{carats}$$

L'argent monnayé d'Angleterre est au titre français de 0,925 : calculer son titre anglais.

Posons :

$$\frac{x}{12} = \frac{925}{1.000}$$

d'où

$$x = \frac{12 \times 925}{1.000} = 11\ \text{onces 2 penny weights}$$

Taille et pied

La *taille* est le nombre de pièces de même valeur que l'on peut fabriquer avec un poids déterminé d'or ou d'argent au titre légal.

Ainsi la pièce d'argent de 5 francs est à la taille de 40 par kilogramme d'argent à 0,900 ; la pièce de 20 francs est à la taille de 155 par kilogramme d'or à 0,900.

La livre sterling est à la taille de 46 ${}^{20}/_{40}$ par livre troy d'or au titre standard de 22 carats, soit 1.869 livres sterling par 40 livres troy d'or à $\frac{11}{12}$: le shilling est à la taille de 66 par livre troy d'argent au titre standard de 11 onces 2 penny weights ou $\frac{37}{40}$

On obtient facilement, au moyen de la taille, le poids des pièces de monnaie ; et réciproquement, au moyen du poids, on peut retrouver la taille.

Le *pied* est le nombre de pièces de même valeur que l'on peut fabriquer avec un poids déterminé de métal fin.

La pièce d'or de 10 marks est au pied de 279, c'est-à-dire que 279 pièces de 10 marks renferment 1 kilogramme d'or pur.

Le produit du titre par le pied est égal à la taille.

Désignons par t le titre, par P le poids de la pièce, par p son poids de métal fin, par π le pied et par τ la taille.

On a, d'après les définitions du titre, de la taille et du pied :

$$t = \frac{p}{P}$$
$$\tau \, P = 1 \, k^o$$
$$\pi \, p = 1 \, k^o$$

— Des deux dernières égalités, on tire :

$$\tau \, P = \pi \, p$$

d'où

$$\frac{\tau}{\pi} = \frac{p}{P}$$

et par suite

$$\frac{\tau}{\pi} = t$$

d'où
$$\tau = \pi \, t$$

L'avant-dernière égalité montre qu'il y a entre le titre, la taille et le pied, une relation analogue à celle qu'il y a entre le titre, le poids du métal précieux et le poids total.

La dernière égalité fait voir que l'on passe du pied à la taille en multipliant le pied par le titre ; et réciproquement on passe de la taille au pied en divisant la taille par le titre.

— Dans l'évaluation des matières d'or et d'argent, il y a lieu de distinguer *la valeur au pair intrinsèque* ou simplement *au pair*, la *valeur au tarif* et la *valeur commerciale*.

Valeur au pair

La *valeur au pair* d'un lingot d'or ou d'argent est la valeur du métal fin qu'il contient, telle qu'elle résulte des lois monétaires.

Ainsi en France et dans les pays de l'Union monétaire latine, la valeur du métal fin contenu dans un lingot doit être calculée à raison de 1 franc par 4 gr. 50 d'argent pur, et pour l'or, à poids égal, à 15 ½ fois la valeur de la monnaie d'argent. Il résulte de là que 9 grammes d'argent pur valent 2 francs et que par suite 1 gramme d'argent

pur vaut 2/9 de franc et 1 gramme d'or pur vaut $2/9 \times 15 \frac{1}{2} = \frac{31}{9}$ de franc.

De là pour la valeur intrinsèque du kilogramme d'argent pur :

$$\frac{2}{9} \times 1.000 = 222 \text{ fr. } 22$$

et pour celle du kilogramme d'or pur :

$$\frac{31}{9} \times 1.000 = 3.444 \text{ fr. } 44$$

A Londres, la valeur au pair d'une once d'or au titre standard se déduit de ce que dans 40 livres troy d'or à $\frac{11}{12}$, on frappe 1.869 livres sterling ; d'où pour la valeur d'une once d'or au titre standard, l'once étant le douzième de la livre :

$$\frac{1.869}{40 \times 12} = 3 \text{ £ } 17 \text{ sh } 10 \frac{1}{2} \text{ d}$$

C'est à ce prix que la Monnaie de Londres accepte les lingots d'or pour les transformer en espèces ; mais, dans la pratique, c'est à la Banque d'Angleterre que l'on remet les lingots d'or contre versement immédiat en espèces de 3 £ 17 sh 9 d ; la différence 1 ½ d représente l'intérêt pour les délais imposés par la Monnaie pour la fabrication des pièces.

A Berlin, la valeur au pair d'une livre de 500 grammes d'or pur résulte de ce que d'une livre d'or pur on retire 139 ½ pièces d'or de 10 marks et que par suite, une livre d'or pur vaut 1.395 marks.

Des raisonnements analogues s'appliquent au calcul de la valeur intrinsèque d'un lingot dans les autres pays.

— La valeur au pair d'une monnaie étrangère est la valeur de cette monnaie en fonction de la monnaie nationale, eu égard à la quantité de métal fin que ces deux monnaies renferment.

Ex. :

Quelle est en francs la valeur au pair de la livre sterling dont le poids est de 7 gr. 988 et le titre $\frac{11}{12}$?

On a par la conjointe :

```
x fr...................... 1 £
1 £...................... 7 gr. 988
12 gr. à 11/12........... 11 gr. or fin
1.000 gr. or fin......... 3.444 fr. 44
```

d'où

$$x = \frac{7,988 \times 11 \times 3.444,44}{12 \times 1.000} = 25 \text{ fr. } 23$$

Ou en partant de la notion de la taille, 1 869 £ étant frappées dans 40 livres troy d'or à 11/12 (la livre troy vaut 373 gr. 24) :

$$x \text{ fr} \ldots\ldots\ldots\ldots\ldots\ldots \quad 1 £$$

$$1\,869 \text{ £} \ldots\ldots\ldots\ldots\ldots \quad 40 \text{ ℔ } \frac{11}{12}$$

$$1 \text{ ℔} \ldots\ldots\ldots\ldots\ldots\ldots \quad 373 \text{ gr. } 24 \text{ à } \frac{11}{12}$$

$$12 \text{ gr. à } \frac{11}{12} \ldots\ldots\ldots\ldots \quad 11 \text{ gr. or fin}$$

$$9 \text{ gr. or fin} \ldots\ldots\ldots\ldots \quad 10 \text{ gr à } 9/10$$

$$1.000 \text{ gr. à } 9/10 \ldots\ldots\ldots \quad 3.100 \text{ fr.}$$

d'où

$$x = 25 \text{ fr. } 22$$

— On a de même pour le mark en partant de la notion du pied, 2.790 marks étant frappés avec un kilo d'or pur :

$$x \text{ fr} \ldots\ldots\ldots\ldots\ldots\ldots \quad 1 \text{ mark}$$

$$2.790 \text{ marks} \ldots\ldots\ldots\ldots \quad 1.000 \text{ gr. or pur}$$

$$1.000 \text{ gr. or pur} \ldots\ldots\ldots \quad 3\,444,44$$

d'où

$$x = 1 \text{ fr. } 2345679$$

Quelquefois on réduit le mark en francs d'après le change fixe de 1 Rm = 1 fr. 25. Dans ce cas, on passe des marks aux francs en augmentant les marks de leur quart :

$$1 \text{ Rm } = 1 \tfrac{1}{4} \text{ fr. } = \frac{5}{4} \text{ fr}$$

et réciproquement on passe des francs aux marks en diminuant les francs de leur cinquième :

$$1 \text{ fr. } = \frac{4}{5} \text{ Rm.}$$

— *Quelle est la valeur au pair du dollar, sachant qu'aux Etats-Unis on frappe 800 $ dans 43 oz std. à ⁹/₁₀ ?*

On a :

$$x \text{ fr} \ldots\ldots\ldots\ldots\ldots\ldots \quad 1 \$$$

$$800 \$ \ldots\ldots\ldots\ldots\ldots\ldots \quad 43 \text{ oz std. à } 9/10$$

$$1 \text{ oz std. à } 9/10 \ldots\ldots\ldots \quad 31 \text{ gr. } 10 \text{ à } 9/10$$

$$1.000 \text{ gr. à } 9/10 \ldots\ldots\ldots \quad 3.100 \text{ fr.}$$

d'où

$$x = 5 \text{ fr. } 18$$

Ce sont là les trois pairs les plus importants, les plus indispensables à retenir, Londres, Paris, Berlin et New-York étant les quatre plus grandes places financières.

Valeur au tarif

La *valeur au tarif* d'un lingot d'or ou d'argent est la valeur du métal fin qu'il contient, diminuée des frais de monnayage.

Pour les pays de l'Union monétaire latine, les frais de fabrication sont de 6 fr. 70 par kilo d'or à 9/10 et de 1 fr. 50 par kilo d'argent au même titre. Il résulte de là que la retenue pour 1 kilo d'or pur est de $\dfrac{6,70 \times 10}{9} = 7$ fr. 44, ce qui fait ressortir la valeur au tarif du kilo d'or pur à 3.444 fr. 44 — 7 fr. 44 = 3.437 fr. De même la retenue pour 1 kilo d'argent pur est $\dfrac{1,50 \times 10}{9} = 1$ fr. 66, ce qui fait ressortir la valeur au tarif du kilo d'argent pur à 222 fr. 22 — 1,66 = 220 fr. 56.

En résumé :

Pour l'or à $\dfrac{1.000}{1.000}$, la valeur au pair du kilo est 3.444 fr. 44; la valeur au tarif 3.437 fr

— $\dfrac{900}{1.000}$ — 3.100 — 3.093 fr. 30

Pour l'argent à $\dfrac{1.000}{1.000}$ la valeur au pair du kilo est 222,22, la valeur au tarif est 220 fr. 56

— $\dfrac{900}{1.000}$ — 200 — 198 fr. 50

— A Londres, la valeur au tarif d'une once troy d'or au titre Standard est la même que la valeur au pair, 3 £ 17 sh 10 ½ d, la frappe étant gratuite. Cependant nous avons vu que, pour éviter les délais exigés par la frappe, les porteurs de lingots préfèrent les porter à la Banque d'Angleterre, qui ne les reçoit qu'à raison de 3 £ 17 sh 9 d l'once au titre Standard (1).

— A Berlin où les frais sont de 3 marks par 500 grammes d'or fin, on a :

$$\text{Rm } 1395 - 3 = 1392 \text{ Rm}$$

ce qui donne 2.784 Rm pour la valeur au tarif du kilo d'or pur.

---

(1) 3 £ 17 sh 10 ½ correspond à la valeur au pair 3.444 fr. 44.

3 £ 17 sh 9 d correspond à 3.439,10, chiffre un peu supérieur à la valeur au tarif 3.437.

— La valeur au tarif des monnaies se calcule en ayant égard au poids actuel des pièces, à leur titre donné par un essai ou inscrit au tarif. On tient compte en outre de la retenue sur la valeur légale du kilo d'or ou d'argent motivée par les frais de fabrication et, le cas échéant, par le droit d'affinage applicable aux métaux précieux au-dessous du titre légal.

Il importe de connaître ce qu'on appelle le *remède de poids* et le *remède d'aloi* : ce sont les limites d'affaiblissement de poids et de titre que tolèrent les gouvernements par suite des difficultés de fabrication. Avec une balance, il n'y a pas à se préoccuper du remède de poids ni de l'action du frai ; quant au remède d'aloi, on peut éviter l'essai, en adoptant les titres du tarif des Monnaies.

Calculer la valeur au tarif ou valeur réelle d'une pièce de 1 livre sterling, sachant que le trébuchet a donné 7 gr. 968 pour le poids et que le titre inscrit au tarif est 0,916.

On a par la conjointe :

$$x \text{ fr.} \ldots\ldots\ldots\ldots\ldots \quad 7 \text{ gr. } 968 \text{ or à } 0,916$$
$$1.000 \text{ gr. or à } 0,916 \ldots \quad 916 \text{ gr. or fin}$$
$$1.000 \text{ gr. or fin} \ldots\ldots \quad 3\,437 \text{ fr.}$$

d'où

$$x = 25 \text{ fr. } 0859$$

Pour accélérer les calculs, on peut se servir des tables qui se trouvent dans l'Annuaire du Bureau des longitudes et qui donnent la valeur du kilo d'or ou d'argent depuis 1 jusqu'à 1.000 millièmes, avec ou sans retenue.

Valeur commerciale

Les métaux précieux ont un prix très variable au lieu d'origine ; mais ils acquièrent, sur les grands marchés où ils sont transportés pour être vendus, une valeur sensiblement égale.

A leur arrivée sur le marché, les métaux précieux sont essayés, fondus et affinés lorsque leur titre est trop faible.

Ils s'achètent et se vendent comme des marchandises et leur *valeur commerciale* résulte de la loi de l'offre et de la demande.

L'or et l'argent monnayés sont cotés en monnaie de la place qui publie le cours et ils se vendent à tant la pièce ou au poids.

L'or et l'argent en barre ou en lingot sont cotés de différentes manières suivant les pays.

Nous ne nous occuperons ici que des cotes des quatre grandes places financières, Paris, Londres, New-York et Berlin.

Cote de Paris

A Paris, l'or en barre ou en lingot se vend par kilogramme de fin ; mais la cote n'indique pas le nombre de francs qu'il faut débourser pour acquérir 1 kilo d'or pur ; elle indique seulement, s'il y a lieu, de combien pour mille le prix est au-dessus de la base 3.437 francs (prix du kilo, frais de monnayage déduits) : la cote indique donc la prime par rapport au pair 3.437 francs.

Les monnaies étrangères sont cotées en francs et à la pièce.

L'argent en barre ou en lingot se cote en francs et centimes par kilogramme d'argent fin, indiquant ainsi directement le prix du kilo d'argent à $\frac{1.000}{1.000}$.

Les frais d'essayage sont de 1 fr. 65 par lingot d'or et de 1 fr. 15 par lingot d'argent ; la fonte coûte 1 franc par kilo d'or et 0,40 par kilo d'argent ; les frais d'affinage sont de 6 francs par kilo d'or pur contenu dans l'alliage et de 6 ‰ par kilo d'argent pur.

Cote du 28 Octobre 1911

Or en barre $\frac{1.000}{1.000}$.............	le kilog 3.437 fr...	pair à... ‰ prime	
Argent en barre à $\frac{1.000}{1.000}$	le kilogramme. ...	91.50 à 93.50	
Quadruples espagnols,...........	la pièce..........	79.50 à 81.75	
— colombiens et mexicains	—	80,25 à 80,50	
Piastres mexicaines.................	—	2,05 à 2,05	
Souverains anglais...............	—	25,13 à 25,16	
Banknotes.....................	—	25,13 à 25.16	
Aigles des Etats Unis (10 dollars)..	—	51,50 à 51,60	
Guillaumes (20 marks)...........	—	24,61 à.....	
Impériales (5 roubles)...........	—	20,55 à 20.65	
Couronnes de Suède...............	—	27,50 à.....	

Quelle est la valeur commerciale d'un lingot d'or de 5 k. 635 à 0,820, la prime sur l'or étant de 1/2 ‰ ?

On a :

$$\text{Or fin du lingot } 5,635 \times 0,820 = 4 \text{ k. } 6.207$$
$$\text{Valeur au tarif, } 3.437 \times 4,6207 = 15.881 \text{ fr. } 35$$
$$\text{1/2 ‰ de prime............} \qquad 7,94$$
$$\text{Valeur commerciale du lingot} \qquad 15.889 \text{ fr. } 29$$

Par la conjointe on a :

x fr................ 5 k. 635 or brut
1 k. or brut............ 0 k. 820 or fin
1 k. or fin............. 3.437 fr. pair
1.000 francs........... 1.000 f. 50 prime

d'où

$$x = 5{,}635 \times 0{,}820 \times 3{.}437 \times 1{,}0005 = 15{.}889 \text{ fr. } 30$$

Remarque. — Si l'or ne fait pas prime, sa valeur commerciale est égale au pair 3.437 francs, prix auquel on peut vendre l'or à l'Hôtel des monnaies et à la Banque de France.

— Un lingot d'or de 33 ♯ 7 oz 17 dwts au titre de 21.2. 2 venant de Londres est vendu à Paris à 3.437 fr. le kilo d'or fin et 1/2 %₀ de prime ; quel est le prix de vente, l'once (oz) valant 31 gr. 10 ?

Convertissons d'abord le poids anglais en poids français :

$$33 \text{ ♯ } 7 \text{ oz } 17 \text{ dwts} = (33 \times 12 + 7) \text{ oz} + \frac{17}{20} \text{ oz} = 403 \text{ oz } 85, \text{ et en kilogrammes :}$$

$$403{,}85 \times 0{,}0311 = 12 \text{ k. } 56.$$

Convertissons maintenant le titre en millièmes :

$$\frac{21 + \dfrac{2}{4} + \dfrac{2}{16}}{24} = \frac{173}{192} = 0{,}901$$

On a dès lors, par la conjointe :

<pre>
x fr. esp................   12 k. 56 à 0,901
1.000 k. à 0,901 ....   901 k. d'or fin
   1 k. d'or fin.........   3.437 fr.
   1.000 fr..............   1.000 fr. 50
</pre>

d'où

$$x = \frac{12{,}56 \times 901 \times 3{.}437 \times 1{.}000\ 50}{1{.}000 \times 1{.}000} = 38{.}914 \text{ fr. } 15$$

Combien vaut à Paris un lingot d'argent de 27 k. 50 au titre de 0,915, à 91 fr. 25 le kilo d'argent fin ?

On a :

$$27{,}50 \times 0{,}915 \times 91{,}25 = 2{.}296 \text{ fr. } 08$$

Ou par la conjointe :

<pre>
x fr. esp...............   27 k. 50 brut argent
1 k. arg brut..........   0 k. 915 arg. fin
1 k. arg. fin..........   91 fr. 25
</pre>

d'où

$$x = 27{,}50 \times 0{,}915 \times 91{,}25 = 2{.}296 \text{ fr. } 08$$

— Au cours de 91 fr. 25 le kilo d'argent fin, quelle est la valeur commerciale de la pièce de 5 francs ?

On a :

$$25 \times 0{,}900 \times 91{,}25 = 2 \text{ fr. } 05$$

Ou par la conjointe :

        x fr.................... ....   25 gr. arg. brut
        1.000 gr. arg. b..........   900 gr. arg. fin
        1.000 gr. arg. fin........   91 fr. 25

d'où

$$x = \frac{25 \times 900 \times 91{,}25}{1.000 \times 1.000} = 2 \text{ fr. } 05$$

— *Au cours de 91 fr. 25 le kilo d'argent fin, quelle est la valeur commerciale de la piastre mexicaine du poids de 27 gr. 073 et au titre de 902,7.*

On a par la conjointe :

        x fr............... ...   27 gr. 073 arg. brut
        1.000 gr arg. b......   902 gr. 7 arg. fin
        1.000 gr arg. fin....   91 fr. 25

d'où

$$x = \frac{27{,}073 \times 902{,}7 \times 91{,}25}{1.000 \times 1.000} = 2 \text{ fr. } 23$$

Remarque. — Au prix de 91,25 le kilog d'argent pur, le rapport commercial de l'or à l'argent est :

$$\frac{3{.}437}{91{,}25} = 37{,}65$$

Le rapport légal est de 15 1/2.

Cote de Londres

À Londres, l'or et l'argent en barre se cotent à l'once troy (31 gr. 10), non par titre de fin comme partout ailleurs, mais d'après le titre standard $\frac{11}{12}$ pour l'or et $\frac{37}{40}$ pour l'argent. La cote indique en shillings pour l'or et en deniers pour l'argent le prix d'une once d'alliage.

Les pièces étrangères elles-mêmes — sauf les pièces de 5 francs françaises — sont cotées à l'once et non à la pièce, c'est-à-dire que les prix qui figurent sur la cote indiquent la valeur en shillings ou en pence d'une once pesant de pièces.

En outre les lingots qui font l'objet des négociations sont rarement au titre standard. Or, à Londres, on n'indique pas directement le titre réel du lingot, mais bien l'écart du titre réel au titre standard (22 carats pour l'or, 11 oz 2 dwts pour l'argent). Si cette différence est en plus, on la fait précéder de la lettre B (*better*, meilleur) ; si elle est en moins, on la fait précéder de la la lettre W (*worse*, plus mauvais).

Ainsi de l'or à B 1 ½ est au titre :

$$\frac{22 + 1\,½}{24} = \frac{23\,½}{24}$$

De l'argent à W 12 est au titre :

$$\frac{222 - 12}{240} = \frac{210}{240} = \frac{7}{8}$$

— *Combien un lingot d'or pesant* 10 *ltr.* 11 *oz* 18 *d* 3 *gr., marquée* B 1. 3 ½, *vaut-il d'onces au titre standard ?*

D'abord B 1. 3 ½ correspond au titre de 23 carats 3 grains ½ ou $23 + \dfrac{3\,½}{4} = 23\ 7/8$ carats ou 23 carats 875.

Ensuite 10 ltr. 11 oz 18 d 3 g. $= 131$ oz $+ \dfrac{18}{20} + \dfrac{3}{480} = 131$ oz $\dfrac{29}{32}$.

Dès lors on a par la conjointe :

$$\begin{array}{l}
x \text{ oz std}\ \dots\dots\ \dots\dots\quad 131\,\dfrac{29}{32}\ \text{oz or brut}\\[2mm]
24 \text{ oz or brut}\dots\dots\dots\quad 23\ \text{oz } 875\ \text{or fin}\\[1mm]
11 \text{ oz or fin}\dots\dots\dots\quad 12\ \text{oz or std}
\end{array}$$

d'où

$$x = \frac{131\,\dfrac{29}{32} \times 23{,}875 \times 12}{24 \times 11} = 143\ \text{oz std } 2\ d\ 23\ \text{grains}$$

— *Combien un lingot d'or de* 11 *ltr* 9 *oz* 15 *d* 2 *g.* W 1, 2 ½ *vaut-il d'onces d'or au titre standard ?*

On a d'abord :

titre standard	22 carats	0 grains
W	1 »	2 ½ »
titre du lingot	20 carats	1 ½ grains

ou 20 ³/₈ carats ou 20,375.

On a ensuite pour le poids :

$$(11 \times 12 + 9) + \frac{15}{20} + \frac{2}{480} = 141\ \text{oz } \frac{181}{240}$$

Dès lors la conjointe donne :

$$x \text{ oz or std} \ldots \ldots \ldots \ldots \quad 141\, \frac{181}{480} \text{ oz or brut}$$
$$24 \text{ oz or brut} \ldots \ldots \ldots \quad 20{,}375 \text{ oz or fin}$$
$$12 \text{ oz or fin} \ldots \ldots \ldots \quad 24 \text{ oz or std}$$

d'où

$$x = \frac{141\, \frac{181}{480} \times 20{,}375 \times 24}{24 \times 12} = 131 \text{ oz std } 5 \text{ d } 16 \text{ gr.}$$

— *Combien un lingot d'argent de* 24 *llr* 10 *oz* 19 *d, B.* 12 ¼ *vaut-il d'onces d'argent au titre standard ?*

On a d'arbord pour le titre :

titre standard	11 oz	2 d
B		52 ½
titre du lingot	11 oz	14 ¼ d

ou 11 oz $\frac{14{,}5}{20}$ = 11 oz 725.

Puis pour le poids exprimé en onces :

$$(24 \times 12 + 10) + \frac{19}{20} = 298 \text{ oz } 95.$$

Et la conjointe donne :

$$x \text{ oz std} \ldots \ldots \ldots \quad 298 \text{ oz } 95 \text{ arg. brut}$$
$$12 \text{ oz arg. brut} \ldots \ldots \quad 11{,}725 \text{ arg. fin}$$
$$37 \text{ oz arg. fin} \ldots \ldots \quad 40 \text{ oz std}$$

d'où

$$x = \frac{298{,}95 \times 11{,}725 \times 40}{12 \times 37} = 315 \text{ oz std } 15 \text{ d } ¼.$$

— *Combien un lingot d'argent de* 23 *llr* 6 *oz* 13 *d, W* 5 ¼ *vaut-il d'argent au titre standard ?*

On a d'abord pour le titre :

titre standard	11 oz	2 d
W		5 ¼
titre du lingot	10 oz	16 ¾ d

ou 10 oz 8375.

Et pour le poids en onces :

$$(23 \times 12 + 6) + \frac{13}{20} = 282 \text{ oz } 65.$$

La conjointe dès lors nous donne :

$$
\begin{array}{ll}
\text{x oz arg. std}\ldots\ldots & 282 \text{ oz } 65 \text{ oz arg. brut} \\
12 \text{ oz arg. brut}\ldots\ldots & 10{,}8375 \text{ oz arg. fin} \\
37 \text{ oz arg. fin}\ldots\ldots & 40 \text{ oz arg. std.}
\end{array}
$$

d'où

$$
x = \frac{282{,}65 \times 10{,}8375 \times 40}{12 \times 37} = 275 \text{ oz std } 19 \tfrac{1}{4} \text{ d}
$$

Les frais d'essai sont à Londres de 4 sh 6 p. par lingot de 204 oz au maximum ; de 1 sh 6 p. pour l'argent ; l'affinage se paie 5 sh 6 p. par 1.000 oz d'or et 10 sh ¼ par oz d'argent. La Monnaie anglaise ne prélève pas de frais de fabrication ; elle paie l'once troy d'or pur au pair de £ 3,17, 10 ½ ou 77 sh 10 ½ d, tandis que, comme nous l'avons déjà répété, la Banque d'Angleterre ne paie l'once que £ 3,17, 9 ou 77 sh 9 d. Cependant pour éviter des pertes de temps, on préfère s'adresser à cette dernière.

Cote de Londres du 28 Octobre 1911

Or en barre................ ...	77 sh 9 d par oz std
Argent en barre..............	25 d par oz std
Pièces de 20 fr..............	76 sh 6 d par oz brut
Pièces de 20 marks..........	78 sh . »
½ Impériales russes (5 Rb).....	76 sh 9 d »
½ Aigles d'Amérique (5 $).....	76 sh 4 d »
Piastres mexicaines (5 pesos)...	62 sh »
Pièces de 5 francs....	23 d 3/4 par pièce de 5 fr.

Combien vaut, à Londres, un lingot d'or de 19 ltr. 11 oz 13 3/4 d au titre B 1. 1. 6 3/4, à £ 3. 17. 9 l'oz standard ?

On a d'abord pour le poids exprimé en onces :

$$
(19 \times 12 + 11) + \frac{13{,}75}{20} = 239 \text{ oz } 6875
$$

et pour le titre réel :

$$
22 + 1 + \frac{1}{4} + \frac{3\tfrac{1}{4}}{16} = 23\,\frac{51}{64} = 23^{c}{,}296875
$$

Et enfin par la conjointe :

$$
\begin{array}{ll}
\text{x £}\ldots\ldots\ldots & 239 \text{ oz } 6875 \text{ or brut} \\
24 \text{ oz or brut}\ldots\ldots & 23{,}296875 \text{ oz or fin} \\
22 \text{ oz or fin}\ldots\ldots & 24 \text{ oz or std.} \\
1 \text{ oz or std}\ldots\ldots & 77\ 3/4 \text{ shillings} \\
20 \text{ shillings}\ldots\ldots & 1 \text{ £}
\end{array}
$$

d'où

$$x = \frac{239{,}6875 \times 23{,}296875}{22} \times \frac{77{,}75}{20} = 986\ \pounds\ 72$$

Règle. — *Pour trouver la valeur du lingot, il faut exprimer le poids en fonction de l'unité, qui est l'once troy, multiplier ce poids par le titre réel et par le prix de l'unité et diviser le produit par le titre standard.*

— *Combien vaut à Londres, un lingot d'or du poids de* 23 *ltr* 7 *oz* 9 ¼ *dwts, au titre W* 0.2 1 ¼, *au prix de* 77 *sh* 10 *d* ?

Ramenons le poids en fonction de l'once :

$$\left(23 \times 12 + 7 + \frac{9{,}25}{20}\right) = 283\ \text{oz}\ 4625$$

Calculons le titre réel :

$$22 - \frac{2}{4} - \frac{1\,¼}{16} = 21\,\frac{27}{64} = \frac{1371}{64} = 21^{\text{c}}{,}421875$$

Dès lors on a par la conjointe :

```
x £........... ...........   283,4625 oz or brut
24 oz or brut............   21,421875 oz or fin
22 oz or fin............   24 oz or std
1 oz or std............   77 5/6 shillings
20 sh...............   1 £
```

d'où

$$x = \frac{283{,}4625 \times 21{,}421875 \times 77\ 5/6}{22 \times 20} = 1074\ \pounds\ 153$$

— *Combien vaut, à Londres, un lingot d'argent pesant* 865 *oz* 6 *d, au titre W* 13, *à* 25 *d stl l'oz std* ?

Le poids du lingot exprimé en onces et en décimales de l'once est :

$$865\ \text{oz} + \frac{6}{20} = 865\ \text{oz}\ 300$$

Le titre du lingot exprimé en penny weights est

$$\frac{222 - 13}{240} = \frac{209}{240}$$

Et on a par la conjointe :

```
x £...............   865 oz 300 arg. brut
240 oz arg. brut.....   209 oz arg. fin
37 oz arg. fin......   40 oz arg. std
1 oz arg. std........   25 d stl
240 d stl... ........   1 £
```

d'où

$$x = \frac{865{,}3 \times 209 \times 40 \times 25}{240 \times 37 \times 240} = \pounds\ 84.17.2$$

Londres cotant l'oz d'or à 11/12 £3. 17. 10 ½, *calculer le prix en francs du kilo d'or pur, en supposant la livre sterling au pair* 25 fr. 22.

On a par la conjointe :

```
x fr...... .................. 1.000 gr. or fin
11 gr. or fin. ................ 12 gr. or std.
31 gr. 10 or std............... 77 7/8 shillings
20 sh.... .... ............ .... 1 £
1 £........................... 25 fr. 22
```

d'où

$$x = \frac{1.000 \times 12 \times 77 \ 7/8 \times 25,22}{11 \times 31,10 \times 20} = 3.444 \text{ fr. } 44$$

— *Paris cotant* 3.437 *fr. l'or fin à* 9/10, *calculer la cote anglaise correspondante, c'est-à-dire le prix en shillings de l'once d'or à* 11/12, *la livre sterling valant* 25 fr. 22.

On a par la conjointe : .

```
x sh............... ... 1 oz or à 11/12
12 oz à 11/12........ 11 oz or fin
1 oz............. ..... 31 gr. 10
1.000 gr... ......... 3.437 fr.
25,22...... ... .... 1 £
1 £. ........... ..... 20 sh
```

d'où

$$x = \frac{11 \times 31,10 \times 3.437 \times 20}{12 \times 1.000 \times 25,22} = 77 \text{ sh } 8 \ 2/5 \text{ d.}$$

— *Londres cotant* 25 *deniers stg. l'once std* (1) *d'argent, quel est le prix correspondant en francs du kilo d'argent fin ; cours de la livre sterling* 25 fr. 22.

On a :

```
x fr.. ... .... ...... 1.000 gr. arg. fin
37 gr. arg. fin.......... 40 gr. arg. std
31 gr. 10.............. 1 oz std
1 oz std.............. 25 d stg
240 d stg........ ... 25,22
```

d'où

$$x = \frac{1.000 \times 40 \times 25 \times 25,22}{37 \times 31,10 \times 240} = 91 \text{ fr. } 32$$

Si dans cette formule on représente par c le cours du métal, par c' le cours du change et que l'on effectue les calculs fournis par les autres données, qui sont invariables, on a :

$$x = 0,1448 \times c \times c'$$

---

(1) denier stg = denier sterling
    once std = once standard

Et si $c' = 25$ fr. 22, valeur au pair de la livre sterling, il vient :

$$x = 3{,}65 \times c$$

ou $$x = \frac{11}{3} c \quad \text{(environ)}$$

Réciproquement, le kilo d'argent fin étant coté 91 fr. 32 à Paris, quel est le cours correspondant à Londres, cours du change 25 fr. 22 ?

On a par la conjointe :

x d stg................	1 oz arg. std
40 oz arg. std..	37 oz arg. fin
1 oz arg. fin	31 gr. 10 arg. fin
1.000 gr. arg. fin..	91 fr. 32
25 fr. 22............. ...	1 £
1 £.	240 d stg

d'où

$$x = \frac{37 \times 31{,}10 \times 91{,}32 \times 240}{40 \times 1.000 \times 25{,}22} = 25 \text{ d stl.}$$

— La valeur réelle d'une monnaie d'argent étrangère d'après le cours de l'argent à Londres, qui est le grand marché du métal blanc, est de la plus haute importance pour les négociants qui sont en relation d'affaires avec les pays au régime de l'étalon d'argent et dont la première préoccupation doit être de déterminer la valeur réelle de la monnaie qui servira de base à leurs opérations dans ces pays. Le change des pays d'Extrême-Orient suit d'ailleurs de très près en général, les variations du cours de l'argent à Londres, télégraphié journellement en Extrême-Orient.

Quelle est la valeur réelle de la piastre mexicaine du poids de 27 gr. 073 et au titre de 0,9027 — très répandue en Extrême-Orient — et dont la valeur au pair est de 5 fr. 43, si Londres cote l'argent 26 deniers par once standard ?

On a :

x fr., ...	27 gr. 073 $\times$ 0,9027 arg. pur
222 gr. arg. pur	240 gr. arg. std.
31 gr. 10......	26 d stg.
240 d stg... ..	1 £
1 £......... ...	25 fr. 22

d'où

$$x = \frac{24{,}4.388 \times 240 \times 26 \times 25{,}22}{222 \times 31{,}10 \times 240} = 2 \text{ fr. } 32$$

— *Le rapport légal entre les monnaies françaises d'or et d'argent étant de 1 à 15 ½, quel est à Londres le cours correspondant de l'argent ?*

On a :

x d stg or…… ……	1 oz std arg.
40 oz arg. std……	37 oz arg. fin
15 ½ oz arg. fin……	1 oz or fin
11 oz or fin……	12 oz or std
12 oz or std……	1 ltr or std
40 ltr or std……	1.869 £
1 £……	240 d stg

d'où

$$x = \frac{37 \times 12 \times 1869 \times 240}{40 \times 15 \frac{1}{2} \times 11 \times 12 \times 40} = 60 \ 7/8 \ \text{d stg}$$

Ou en s'appuyant sur le pair de l'or à Londres :

x d stg oz……	1 oz arg. std
1.000 oz std……	925 oz arg. fin
15 ½ oz arg. fin……	1 oz or fin
22 oz or fin……	24 oz or std
1 oz or std……	934 ½ d stg (£ 3.17.10 ½)

d'où

$$x = 60 \ 7/8$$

Le marché de Londres étant le grand régulateur du prix de
l'argent dans le monde entier, il importe de retenir ce nombre 60 7/8,
qui suppose l'argent au pair monétaire de 222 fr. 22 le kilogramme.

Ce nombre va nous permettre de calculer facilement la valeur
réelle de la piastre mexicaine.

Prenons la différence entre 60 7/8 et 26 cours à Londres, soit 34 7/8,
à laquelle correspond une perte de :

$$\frac{34 \ 7/8 \times 100}{60 \ 7/8} = 57 \ 1/3 \ \%$$

Par suite la piastre mexicaine ne vaudra que :

$$5.43 \ (1 - 57 \ 1/3 \ \%) = 2 \ \text{fr.} \ 32$$

comme ci-dessus.

*— Quel est le rapport entre les monnaies d'or et d'argent françaises
lorsque, à Londres, l'argent est coté 26 deniers, la livre sterling valant
25 fr. 22 ?*

On a par la conjointe :

x gr. arg. pur……	1 gr. or pur
1.000 gr. or pur……	3.444 fr. 44
25 fr. 22……	1 £
1 £……	240 d
26 d……	1 oz arg. std
40 oz arg. std……	37 oz arg. fin
1 oz arg. fin……	31 gr. 10

d'où

$$x = \frac{3.444,44 \times 240 \times 37 \times 31,1}{1\,000 \times 25,22 \times 26 \times 40} = 30\ \tfrac{1}{4}$$

Cote de New-York

Les poids dont on se sert aux États-Unis sont les mêmes qu'en Angleterre, mais le titre des métaux précieux s'exprime en millièmes.

A New-York, l'or est, comme à Paris, coté sur une base fixe : 43 oz troy à 9/10 pour 800 dollars, avec une prime ou une perte de tant pour cent. D'après ce prix, qui représente le monnayage de l'or, 1 dollar or à 9/10 égale 25 grains 80 (1), soit 23 grains 22 d'or pur. La Monnaie paie donc, sans retenue pour frais de fabrication, 18 dollars 605 par once troy à 9/10, ce qui met le kilogramme d'or à 598 dollars 50.

L'argent est coté en cents d'or pour une once d'argent fin.

L'argent étant coté à New-York 54 ¼ cents l'once d'argent fin, quel est le cours correspondant en francs, si le dollar vaut 5 fr. 1825 ?

Le prix étant donné en centièmes de dollars par once troy, il y a lieu à une double conversion de poids et de monnaie.

On a par la conjointe :

<pre>
x francs... ....   1.000 gr. arg. fin
31 gr. 10 arg. fin   1 oz troy arg. fin
1 oz troy.......   54 ¼ cents (cours à N. Y.)
100 cents.......   5 fr. 1825 (cours du dollar)
</pre>

d'où

$$x = \frac{1.000 \times 54\ \tfrac{1}{4} \times 5,1825}{31,10 \times 100} = 90,40$$

Si dans cette formule, on considère comme fixe le prix du dollar, toutes les autres données sont invariables à l'exception du prix de l'argent ; si donc on désigne celui-ci par c', on aura, toutes opérations effectuées :

$$x = 1,666\ c' = \frac{5}{3}\ c' \text{ environ}$$

De même, on a trouvé ci-dessus pour la valeur en francs du kilo d'argent fin d'après le prix à Londres du métal et du pair de la livre sterling, c désignant le cours à Londres d'une once d'argent standard :

$$x = 3,65\ c = \frac{11}{3}\ c$$

____

(1) $\dfrac{43 \times 20 \times 24}{800}$ 25 g. 80

De ces deux formules approximatives donnant le prix en francs du kilo d'argent fin en fonction du prix en cents à New-York et en deniers à Londres, on tire :

$$\frac{5}{3}\,c' = \frac{11}{3}\,c$$

d'où $\qquad 5\,c' = 11\,c$

relation facile à retenir entre les deux cotes américaine et anglaise.

De la dernière égalité, on tire :

$$c' = \frac{11}{5}\,c$$

et $\qquad c = \frac{5}{11}\,c'$

Donc, à égalité de valeur, la cote américaine de l'argent en cents est à la cote anglaise en deniers comme 11 est à 5, et inversement.

Etant donnée l'instabilité actuelle du cours de l'argent, c'est-à-dire sa valeur par rapport à l'or, il y a le plus grand intérêt à savoir lire les cotes de l'argent à Paris, à Londres et à New-York.

Voici la concordance des trois cotes, la £ et le $ étant au pair :

Prix en d de l'oz std argent :	Prix en cents de l'oz arg. fin :	Prix en fr. du k° arg. fin :
60	131,5	218,89
50	109,6	182,50
40	87,7	146 »
30	65,7	109,50
20	43,8	73 »

Cote Allemande

L'or et l'argent se cotent en marks par livre de 500 grammes de fin.

La valeur au tarif du 1/2 kilo d'or fin est de 1392 marks, celle du kilo 2784 marks correspondant exactement à 3.437 francs.

Les monnaies d'or sont cotées à la pièce par quantité de 50 pièces au maximum et avec un minimum de poids de 6 gr. 44 pour les pièces de 20 francs, mais il est bonifié à l'acheteur 2 Rm 50 pour tout gramme en moins.

Quel est le prix à Berlin de 1.500 *pièces de* 20 *francs pesant* 9.657 gr. 50 à 16 Rm 30 *la pièce ?*

Le poids minimum des pièces étant de :

$$6,44 \times 1.500 = 9.660 \text{ gr.}$$

Il y a donc en moins :

$$9.660 - 9.657,50 = 2 \text{ gr. } 50$$

pour lesquels le vendeur bonifie à l'acheteur :

$$2,50 \times 2,5 = 6 \text{ Rm } 25$$

On aura dès lors :

```
1.500 p. de 20 fr. à 16 Rm 30.........  24.450 fr.
bonif^n 2 ½ gr. à Rm 50............       6,25
                                        __________
              Net... .........          24.443,75
```

RÈGLEMENT D'UNE DETTE A L'ETRANGER

AVEC DES MÉTAUX PRÉCIEUX

Les paiements à l'étranger se font généralement avec des effets de commerce ; mais il est parfois plus avantageux, quand les changes atteignent les gold points, d'effectuer ces paiements avec des métaux précieux.

Il s'agit alors de calculer le prix d'un tel règlement, qui peut être fait par l'envoi de la monnaie même du créancier, par l'envoi de la monnaie du débiteur, par l'envoi d'une monnaie tierce, par l'envoi de lingots.

Quelle somme un négociant de Paris aura-t-il à débourser pour acquitter à Londres une dette échue de 3.000 £, en employant des souverains, des napoléons, des aigles ou des lingots d'or, sachant que :

Paris cote l'aigle américaine 51,90
— *le K° d'or fin 3.437 fr. et 1 %₀ de prime*
Londres cote l'oz troy d'or 76 sh 3 ¼ d
— *l'aigle américaine 76 sh 4 ½ d*
— *l'or en lingot 77 sh 10 d à ¹¹/₁₂*

Le change sur les deux places est au cours réciproque de 25 fr. 24.

Les napoléons envoyés pèsent en moyenne 6 gr. 446, et les aigles 16 gr. 7.

Les frais de transport et d'assurance sont de 2 ½ %₀.

Solution

1° Envoi de souverains

On a :

```
x fr................  3.000 £
1 £................  25 fr. 24
1.000 fr.........  1.002 fr. 50
```

$$x = 3 \times 25,24 \times 1.002,50 = 75.909 \text{ fr. } 30$$

2° Envoi de napoléons

On a :

$$
\begin{aligned}
&\text{x fr.} \dots\dots\dots\dots\dots && 3.000\ \pounds \\
&1\ \pounds \dots\dots\dots\dots\dots && 240\ \text{d.} \\
&915\ \tfrac{1}{2}\ \text{d.} \dots\dots\dots\dots && 1\ \text{oz} \\
&1\ \text{oz.} \dots\dots\dots\dots\dots && 31\ \text{gr. } 1035 \\
&6\ \text{gr. } 446 \dots\dots\dots\dots && 20\ \text{fr.} \\
&1.000\ \text{fr.} \dots\dots\dots\dots && 1.002\ \text{fr. } 50
\end{aligned}
$$

$$
x = \frac{3 \times 240 \times 31,1035 \times 20 \times 1.002,50}{915\ \tfrac{1}{2} \times 6,446} = 76.086\ \text{fr. } 50
$$

3° Envoi d'aigles (10 dollars)

On a :

$$
\begin{aligned}
&\text{x fr.} \dots\dots\dots\dots\dots && 3.000\ \pounds \\
&1\ \pounds \dots\dots\dots\dots\dots && 240\ \text{d} \\
&916\ \tfrac{1}{2}\ \text{d} \dots\dots\dots\dots && 1\ \text{oz} \\
&1\ \text{oz} \dots\dots\dots\dots\dots && 31\ \text{gr. } 1035 \\
&16\ \text{gr. } 7 \dots\dots\dots\dots && 1\ \text{aigle} \\
&1\ \text{aigle} \dots\dots\dots\dots && 10\ \text{dollars} \\
&10\ \text{dollars} \dots\dots\dots && 51\ \text{fr. } 90 \\
&1.000\ \text{fr.} \dots\dots\dots\dots && 1.002\ \text{fr. } 50
\end{aligned}
$$

d'où

$$
x = \frac{3 \times 240 \times 31,1035 \times 10 \times 51,90 \times 1.002,50}{916\ \tfrac{1}{2} \times 16,7 \times 10} = 76.128\ \text{fr.}
$$

4° Envoi de lingots

On a :

$$
\begin{aligned}
&\text{x fr.} \dots\dots\dots\dots\dots && 3.000\ \pounds \\
&1\ \pounds \dots\dots\dots\dots\dots && 240\ \text{d} \\
&934\ \text{d} \dots\dots\dots\dots\dots && 1\ \text{oz à } {}^{11}/_{12} \\
&12\ \text{oz à } {}^{11}/_{12} \dots\dots\dots && 11\ \text{oz fin} \\
&1\ \text{oz} \dots\dots\dots\dots\dots && 31\ \text{g. } 1035 \\
&1.000\ \text{fr.} \dots\dots\dots\dots && 3.440\ \text{fr. } 437 \\
&1.000\ \text{fr.} \dots\dots\dots\dots && 1.002\ \text{fr. } 50
\end{aligned}
$$

d'où

$$
x = \frac{3 \times 240 \times 11 \times 31,1035 \times 3.440,437 \times 1.002,50}{931 \times 12 \times 1.000} = 75.806,15
$$

L'envoi de lingots constitue donc le procédé le plus avantageux, puis l'envoi de souverains, de napoléons, d'aigles.

— S'il s'agissait d'une créance de 3.000 £ à recouvrer sur Londres, le procédé le plus avantageux serait l'envoi d'aigles de Londres à Paris.

— Etablissons les formules mathématiques qui résolvent la question.

1° Le débiteur envoie la monnaie même du créancier. Il est évident qu'il doit envoyer les V unités étrangères qui sont dues, et qu'il aura à payer en outre, pour frais de transport et d'assurance, Vf, si f est le prix de transport et d'assurance de l'unité monétaire étrangère, soit en tout $V + Vf$ ou $V(1 + f)$; si donc c est le cours de la monnaie étrangère sur la place du débiteur, la somme V_1, que celui-ci aura à débourser sera égale à :

$$(1) \qquad V_1 = V (1 + f) c$$

2° Le débiteur envoie de sa propre monnaie V' pour payer sa dette de V unités étrangères ; c' étant le cours de la monnaie du débiteur sur la place étrangère, on a :

$$V' = \frac{V}{c'}$$

d'où

$$V = V'c'$$

Or, pour faire parvenir V' unités de monnaie nationale en pays étranger, il faut verser, outre cette somme, les frais de transport $V'f$; on aura donc à payer une somme de monnaie nationale égale à :

$$V_2 = V' (1 + f)$$

ou, comme

$$V' = \frac{V}{c'}$$

$$(2) \qquad V_2 = \frac{V}{c'}(1 + f)$$

Le gold point est le cours du change auquel on paie aussi cher pour envoyer du papier que pour envoyer de l'or : *ce cours limite — gold point de sortie — n'est pas autre chose que le prix d'envoi de la monnaie nationale à l'étranger.* Il est par suite donné par la formule (2) dans laquelle V est égal à l'unité, f et c' les valeurs relatives à chaque place.

Si, au lieu d'envoyer de l'or à l'étranger, on en faisait venir, on aurait le *gold point d'entrée.*

3° Prenons maintenant une monnaie étrangère tierce et soient c_1 et c'_1 les prix de cette monnaie sur la place du débiteur et sur celle du créancier et V'_1 le nombre d'unités envoyées.

On a :

$$V = V'_1 \, c'_1$$

$$V_3 = V'_1 (1 + f) c_1$$

d'où en divisant membre à membre :

$$\frac{V_3}{V} = \frac{(1 + f) c_1}{c'_1}$$

d'où

$$(3) \qquad V_3 = V (1 + f) \frac{c_1}{c'_1}$$

4° Supposons enfin que l'on envoie des lingots. Le calcul est le même; sauf qu'aux cours c_1 et c'_1 de la monnaie tierce, il faut substituer les prix γ et γ' du métal précieux sur les deux places.

On a dès lors :

$$(4) \qquad V_4 = V\,(1 + f)\,\frac{\gamma}{\gamma'}$$

La comparaison des quatre prix V_1, V_2, V_3, V_4, permet de choisir le plus avantageux.

Remarque. — Aux frais de transport et d'assurance, il faut ajouter 1 ‰ en moyenne pour l'insuffisance de titre et de poids des pièces étrangères envoyées comme lingots et la perte d'intérêts pendant le voyage.

— Application au paiement à Londres :

$$(1) \qquad V_1 = V\,(1 + f)\,c = 3.000 \times 1,0025 \times 25,24 = 75.909 \text{ fr. } 30$$

$$V_2 = \frac{V}{c_1}\,(1 + f)$$

Or

$$c' = \frac{915\ \tfrac{1}{2} \times 6,446}{240 \times 31,1035 \times 20}$$

donc

$$(2) \qquad V_2 = \frac{3.000 \times 1,0025 \times 240 \times 31,1035 \times 20}{915\ \tfrac{1}{2} \times 6,446} = 76.086 \text{ fr. } 48$$

$$V_3 = V\,(1 + f)\,\frac{c_1}{c'_1}$$

Or

$$c_1 = \frac{25,95}{5}$$

$$c'_1 = \frac{916\ \tfrac{1}{2} \times 16,7}{240 \times 31,1035 \times 10}$$

donc

$$(3) \qquad V_3 = \frac{3.000 \times 1,0025 \times 25,95 \times 240 \times 31,1035 \times 10}{5 \times 916\ \tfrac{1}{2} \times 16,7} = 76.128 \text{ fr.}$$

$$V_4 = V\,(1 + f)\,\frac{\gamma}{\gamma'}$$

Or

$$\gamma = 3.437 \times 1,001$$

$$\gamma' = \frac{934 \times 12}{240 \times 31,1035 \times 11}$$

donc

$$V_4 = \frac{3.000 \times 1,0025 \times 3.437 \times 1.001 \times 240 \times 31,1035 \times 11}{934 \times 12} = 75.806,15$$

Ce dernier procédé est le plus économique.

SPÉCULATION SUR LES MÉTAUX PRÉCIEUX

Étant donnés le prix à Paris d'un métal précieux et son prix sur une autre place, ainsi que le change à vue entre les deux places, il y a lieu, comme pour les effets, de se poser la double question.

1° *Quel est le prix arbitré d'un métal précieux, c'est-à-dire son prix de revient à Paris, équivalent à son prix à l'étranger ?*

2° *Quelle est la parité ou cours arbitré, c'est-à-dire le change à vue entre les deux places, qui résulte des prix du métal précieux sur ces deux places ?*

Londres cote l'or en barre 77 sh. 9 d l'once standard (31 gr. 10) et Paris 3.437 francs plus ½ ‰ de prime : le cours du change à vue entre les deux places étant de 25 fr. 25, calculer le prix arbitré de l'or et le cours ou parité arbitrée.

Prix arbitré

On a :

$$x \text{ fr.} \dots\dots\dots\dots \quad 1 \text{ K}^{\circ} \text{ or fin}$$
$$1 \text{ kilo} \dots\dots\dots\dots \quad 1.000 \text{ gr.}$$
$$31 \text{ gr. } 10 \dots\dots\dots \quad 1 \text{ oz}$$
$$11 \text{ oz or fin} \dots\dots \quad 12 \text{ oz std}$$
$$1 \text{ oz std} \dots\dots\dots \quad 77 \text{ sh } 75$$
$$20 \text{ sh} \dots\dots\dots\dots \quad 1 \text{ £}$$
$$1 \text{ £} \dots\dots\dots\dots \quad 25{,}25$$

d'où

$$x = \frac{1\,000 \times 12 \times 77{,}75 \times 25{,}25}{31{,}10 \times 11 \times 20} = 3.443 \text{ fr. } 18$$

En achetant à Paris de l'or à 3.437 $(1 + \frac{1}{2}\, ‰) = 3.438$ fr. 72 et le vendant à Londres 3.443 fr. 18, on gagne 4 fr. 46 par kilo soit

$$\frac{4{,}46 \times 1.000}{3.438{,}72} = 1{,}3\, ‰.$$

— On peut trouver directement ce tant pour mille, ainsi

$$x \text{ fr. enc} \dots\dots \quad 1.000 \text{ fr. déb.}$$
$$3.438 \text{ fr. } 72 \dots\dots \quad 1.000 \text{ gr. or fin}$$
$$31 \text{ gr. } 10 \dots\dots \quad 1 \text{ oz fin}$$
$$11 \text{ oz fin} \dots\dots \quad 12 \text{ oz std}$$
$$1 \text{ oz std} \dots\dots \quad 77 \frac{3}{4} \text{ sh}$$
$$20 \text{ sh} \dots\dots\dots \quad 1 \text{ £}$$
$$1 \text{ £} \dots\dots\dots \quad 25{,}25$$

d'où

$$x = \frac{1.000 \times 1.000 \times 12 \times 77\frac{3}{4} \times 25{,}25}{3.438{,}72 \times 31{,}1 \times 11 \times 20} = 1001{,}3$$

L'or est donc à 1,3 ‰ meilleur marché à Paris qu'à Londres ; en conséquence, pour remettre de Paris à Londres, il est plus avantageux d'envoyer de l'or que des effets directs, et pour remettre de Londres à Paris, il est plus avantageux d'envoyer des effets directs que de l'or.

Cours ou parité arbitrée

A combien reviendrait à Paris un effet de 1 £ acheté à Londres, que l'on couvrirait avec un lingot d'or.

On a :

x fr.	1 £
1 £	20 sh
77 ¾ sh	1 oz std
12 oz std	11 oz fin
1 oz fin	31 gr. 10
1.000 gr	3.438 fr. 72

d'où

$$x = \frac{20 \times 11 \times 31,1 \times 3.438,72}{77,75 \times 12 \times 1.000} = 25,217$$

Ainsi en vendant à Paris, à ½ ‰ de prime, de l'or acheté à Londres à 77 ¾, nous recevrions seulement 25 fr. 217 par livre sterling, qui nous aurait coûté 25 fr. 25, ce qui laisserait une perte de 0,033, soit $\frac{0,033 \times 1.000}{25,25} = 1,3$ ‰ ; mais en achetant de l'or à Paris et en le vendant à Londres aux prix ci-dessus, on paierait seulement 25,217 pour 1 livre sterling que l'on pourrait vendre à 25,25 soit avec un bénéfice de 1,3 ‰ : donc pour remettre de Paris à Londres, il est plus avantageux d'envoyer de l'or que des effets directs, et inversement pour remettre de Londres à Paris.

Comme pour les arbitrages des changes, on obtient donc le même résultat par le prix arbitré que par la parité arbitrée.

Il importe de ne pas confondre la *parité arbitrée* ainsi obtenue avec la *parité de la monnaie*, c'est-à-dire la *parité légale* ou *valeur au pair* d'une monnaie étrangère en fonction du franc. Cette parité légale ne peut être modifiée que par un changement de loi monétaire et ne dépend nullement du prix commercial de l'or et de l'argent. Avec un système monétaire normal, la *parité de la monnaie* et la *parité arbitrée* de l'or ou de l'argent resteront dans des limites très étroites, mais elles coïncideront rarement, parce que la balance du commerce occasionne presque toujours une différence dans un sens ou dans l'autre.

La parité arbitrée du prix de l'or a une grande importance, attendu que l'importation et l'exportation de l'or en dépendent. Dès qu'il existe entre cette parité et le change direct une différence assez forte pour couvrir les frais de transport, l'or quitte le pays où il est à bon marché pour aller dans le pays où il est cher. Au début de l'exploitation, on envoie des lingots seulement, et, si la différence continue, on exporte aussi des monnaies.

Si le billet de banque à cours forcé forme la base des transactions commerciales d'un pays, le principe ne s'applique qu'en prenant en considération la prime sur l'or correspondant à la dépréciation du billet.

C'est par le cours arbitré que les métaux précieux figurent dans une cote chiffrée des parités.

— En disposant les cotes de façon que l'or en lingot, marchandise sur laquelle on opère occupe les deux places moyennes, et en exprimant la cote de Londres en fonction de la livre sterling et aussi de l'or fin pour que la qualité de la marchandise soit la même sur les deux places, on a :

$$
\begin{array}{lr}
\text{Paris cote Londres} \ldots\ldots\ldots\ldots\ldots\ldots\ldots & 25,25 \\
\quad— \qquad \text{l'or en barre} \ldots\ldots 3.437 + \tfrac{1}{2}\,\%_0 \ldots\ldots & 3.438,72 \\
\text{Londres cote l'or en barre } \dfrac{77\,\tfrac{3}{4} \times 1.000 \times 12}{20 \times 31,10 \times 11} \ldots & 136,364 \\
\quad— \qquad \text{Paris} \ldots\ldots\ldots\ldots 25,25 \ldots\ldots\ldots\ldots & 1 \\
\hline
 & 25,25
\end{array}
$$

Dès lors le prix de revient par voie de remise est égal au produit des cotes de rang impair, c'est-à-dire au prix de l'or à Londres multiplié par le cours à Paris de la £, ce qui est évident à priori :

$$136,364 \times 25,25 = 3.443 \text{ fr. } 19.$$

Le cours à la parité est égal au quotient des cotes moyennes :

$$\frac{3.438,72}{136,364} = 25 \text{ fr. } 127$$

Le prix de revient par voie de traite est égal au quotient des deux dernières cotes :

$$136,364 : \frac{1}{25,25} = 136,364 \times 25,25 = 3.443 \text{ fr. } 19$$

résultat évident à priori puisque le cours du change entre Paris et Londres est supposé réciproque.

— Les calculs d'arbitrage des métaux précieux sous forme de monnaie se font de la même manière que ceux de l'or ou de l'argent en lingots.

Ex. :

Les 1/2 aigles américaines (5 dollars) sont cotées à Paris 25 fr. 75 par pièce, et à Londres 76 sh 4 d par once brute ; le change à vue entre Paris et Londres est 25,20 ; 1.000 aigles pèsent environ 268 oz 56 ; calculer à Paris le prix arbitré de l'aigle et le cours arbitré.

Prix arbitré

```
x fr..................... 1 aigle
1.000 aigles............  268 oz 56
1 oz....................  76 ⅓ sh
20 sh...................  25,20
```

d'où

$$x = \frac{268,56 \times 76 \tfrac{1}{3} \times 25,20}{1.000 \times 20} = 25 \text{ fr. } 83$$

Les aigles sont donc à 0 fr. 08 la pièce ou 0,31 % meilleur marché à Paris qu'à Londres ; il faut donc acheter à Paris et vendre à Londres ; en conséquence, pour remettre de Paris à Londres il vaut mieux envoyer des aigles que des effets directs, et inversement pour Londres.

Parité arbitrée

A combien le Londres reviendra-t-il à Paris, si nous couvrons par un envoi d'aigles ?

On a :

```
x fr.................. 1 £
1 £ ................. 20 sh
76 ⅓ sh............. 1 oz
268 oz 56........... 1.000 aigles
1 aigle............. 25 fr. 75
```

d'où

$$x = \frac{20 \times 1.000 \times 25,75}{76 \tfrac{1}{3} \times 268,56} = 25 \text{ fr. } 122$$

En vendant à Londres des aigles achetés à Paris, nous paierions 25 fr. 122 pour 1 £ que nous pourrions revendre à 25 fr. 20, soit un bénéfice de 0 fr. 078 ou en tant pour cent 0,31 % ; tandis qu'en achetant à Londres et vendant à Paris, nous subirions une perte de 0,31 % : donc pour remettre de Paris à Londres, il est plus avantageux d'envoyer des aigles que des effets directs, et inversement pour remettre de Londres à Paris.

Les résultats sont donc toujours les mêmes par le prix arbitré et par la parité arbitrée

— Passons à un arbitrage sur l'argent entre deux places.

Paris cote le kilo d'argent fin 91 fr. et Londres 25 deniers sterling l'once d'argent standard ; le cours réciproque et à vue des deux places est 25,20 ; calculer, à Paris, le prix arbitré et la parité arbitrée.

Prix arbitré

On a :

```
x fr................  1.000 gr. fin
31 gr. 10.........   1 oz
37 oz fin........    40 oz std
1 oz std.........    25 d stg
240 d stg........    1 £
1 £..............    25 fr. 20
```

d'où

$$x = \frac{1.000 \times 40 \times 25 \times 25,20}{31,10 \times 37 \times 240} = 91 \text{ fr. } 25$$

Il faut donc acheter à Paris et vendre à Londres ; bénéfice 0 fr. 25 par kilo, soit $\dfrac{0,25 \times 100}{91} = 0,27\ \%$.

Parité arbitrée

On a :

```
x fr............   1 £
1 £............    240 d
25 d...........    1 oz std
40 oz std......    37 oz fin
1 oz fin.......    31 gr. 10
1.000 gr. fin..   91 fr.
```

d'où

$$x = \frac{240 \times 37 \times 31,10 \times 91}{25 \times 40 \times 1.000} = 25 \text{ fr, } 13$$

De là un bénéfice sur le change de 0 fr. 07 par £, soit $\dfrac{0,07 \times 100}{25,20} = 0,27\ \%$ comme par le prix arbitré.

Remarque. — D'après les cours donnés par les cotes de 1911, on a pour le rapport de l'or à l'argent en France :

$$\frac{3.437}{91} = 37\ \tfrac{3}{4}$$

Et à Londres :

```
x oz arg. fin.........   1 oz or fin
11 oz or fin..........   12 oz or std
1 oz or std...........   £ 3.17.10 ½ (934 ½ d, cours légal)
25 d..................    1 oz arg. std.
40 oz arg. std........   37 oz or fin
```

d'où

$$x = \frac{12 \times 934\ \tfrac{1}{2} \times 37}{11 \times 25 \times 40} = 37\ \tfrac{7}{10}$$

— Prenons l'arbitrage sur le Napoléon entre Paris et Vienne et posons ici les cotes sous la forme connue :

```
Paris cote Vienne.......  1 fr. 0475
    —       le Napoléon..  20 fr.
Vienne cote le Napoléon.  19 c. 15
    —            Paris.....  0 c. 954
```

On a pour le prix de revient ou de vente par voie de remise :

$$1,0475 \times 19.15 = 20 \text{ fr. } 06$$

pour le cours arbitré :

$$\frac{20}{19,15} = 1,0443$$

et pour le prix de revient ou de vente par voie de traite :

$$\frac{19,15}{0,954} = 20 \text{ fr. } 07$$

— Si c'est Vienne qui opère, il n'y a qu'à remonter les cotes :

Prix de revient : $\quad 0,954 \times 20 = 19 \text{ c, } 08$

Cours arbitré : $\quad \dfrac{19,15}{20} = 0 \text{ c, } 9575$

Ordre de banque : $\quad \dfrac{20}{1,0475} = 19 \text{ c, } 09$

ARBITRAGE ENTRE 8 PLACES

Paris fait acheter de l'argent à Londres où il est coté 25 d stg l'oz std et le fait vendre à Berlin où il est coté 36 ½ marks la livre de 500 gr. d'argent fin. Paris cote Londres 25 fr. 20 et Berlin 123. Calculer le résultat de cette spéculation dans laquelle 30.000 fr. sont engagés.

On a :

```
x fr. enc.............. 30.000 fr. déb.
25 fr. 20.............. 1 £      ⎞
1 £................... 240 d    ⎟
25 d.................. 1 oz std ⎬ Achat à L
40 oz std............. 37 oz fin ⎠
1 oz................. 31 gr. 10 ⎞
500 gr............... 36 ½ Rm   ⎬ Vente à B
100 Rm.............. 123 fr.    ⎠
```

d'où

$$x = \frac{30.000 \times 240 \times 37 \times 31.10 \times 36\frac{1}{2} \times 123}{25,20 \times 25 \times 40 \times 500 \times 100} = 29.520 \text{ fr. } 40$$

Vérification.

1° Achat à Londres

```
x oz arg. fin.......... 30.000 fr.
25 fr. 20............. 1 £
1 £................. 240 d
25 d............... 1 oz arg. std
40 oz arg. std....... 37 oz arg fin
```

d'où

$$x = \frac{30\,000 \times 240 \times 37}{25,20 \times 25 \times 40} = 10.571 \text{ oz } 43$$

2º Vente à Berlin

$$
\begin{array}{llll}
\text{x fr.} & \ldots\ldots\ldots\ldots\ldots & 10.571{,}43 & \text{oz arg. fin} \\
\text{1 oz.} & \ldots\ldots\ldots\ldots\ldots & 31 \text{ gr. } 10 \\
\text{500 gr.} & \ldots\ldots\ldots\ldots & 36\ \tfrac{1}{2} \text{ Rm} \\
\text{100 Rm} & \ldots\ldots\ldots\ldots & 123 \text{ fr.}
\end{array}
$$

d'où

$$
x = \frac{10.571{,}43 \times 31{,}10 \times 36{,}5 \times 123}{500 \times 100} = 29.520 \text{ fr. } 40
$$

L'achat à Londres et la vente à Berlin occasionne une perte de 30.000 — 29.520,40 = 479 fr. 60. On en conclut que la spéculation doit être faite en sens inverse, c'est-à-dire que l'achat doit avoir lieu à Berlin et la vente à Londres et alors le bénéfice réalisé est de 479 fr. 60 abstraction faite de tous frais.

Arbitrage par Paris sur les ¼ impériales russes achetées à Berlin où elles sont cotées 16 Rm 65 et vendues à Amsterdam au cours de 10 fl 10 ; Paris cote Berlin 122 et Amsterdam 207 ; somme consacrée à la spéculation 10.000 fr.

On a :

$$
\begin{array}{llll}
\text{x fr.} & \ldots\ldots\ldots\ldots & 10.000 \text{ fr.} \\
\text{122 fr.} & \ldots\ldots\ldots\ldots & 100 \text{ Rm} \\
\text{16,65 Rm} & \ldots\ldots\ldots & \tfrac{1}{4} \text{ impériales} \\
\tfrac{1}{4} \text{ impériales} & \ldots\ldots & 10 \text{ fl } 10 \\
\text{100 fl.} & \ldots\ldots\ldots\ldots & 207 \text{ fr.}
\end{array}
$$

d'où

$$
x = \frac{10.000 \times 10{,}10 \times 207}{122 \times 16{,}65} = 10.292 \text{ fr. } 40
$$

bénéfice réalisé 292 fr. 40, abstraction faite de tous frais.

— Prenons enfin deux exemples d'arbitrage entre plusieurs places, l'un sur l'argent, abstraction faite de tous frais, l'autre sur l'or, en tenant compte des frais de courtage et autres.

— *L'argent en lingot est coté :*
> *à Paris 102 fr. 50 le kilo d'argent pur ;*
> *à Londres 28 d stg l'once standart d'argent ;*
> *à Amsterdam 49 fl les 1.000 gr. d'argent pur ;*
> *à Berlin 41 ½ Rm les 500 gr. d'argent pur ;*
> *à Vienne 98 c ¼ les 1.000 gr. d'argent pur ;*

Sur quelle place Paris doit-il acheter et sur quelle vendre, sachant que :

$$
\begin{array}{lll}
\text{Paris cote Londres} & \ldots\ldots\ldots & 25{,}20 \\
\quad\text{—} \qquad \text{Amsterdam} & \ldots\ldots\ldots & 2{,}085 \\
\quad\text{—} \qquad \text{Berlin} & \ldots\ldots\ldots & 1{,}235 \\
\quad\text{—} \qquad \text{Vienne} & \ldots\ldots\ldots & 1{,}045
\end{array}
$$

On a :

Prix à Paris

$$
\begin{array}{lll}
\text{x fr.} & \ldots\ldots\ldots\ldots & 1.000 \text{ gr.} \\
\text{1.000 gr} & \ldots\ldots\ldots\ldots & 102{,}50
\end{array}
$$

$$
x = 102{,}50
$$

Prix à Londres

$$x \text{ fr} \ldots\ldots\ldots\ldots \quad 1.000 \text{ gr. ar. pur}$$
$$37 \text{ gr. ar. pur} \ldots \quad 40 \text{ gr. arg. std}$$
$$31,10 \ldots\ldots\ldots \quad 1 \text{ oz}$$
$$1 \text{ oz} \ldots\ldots\ldots \quad 28 \text{ d}$$
$$240 \text{ d} \ldots\ldots\ldots \quad 1 \text{ £}$$
$$1 \text{ £} \ldots\ldots\ldots \quad 25,20$$

$$x = \frac{1.000 \times 40 \times 28 \times 25,20}{37 \times 31,10 \times 240} = 102,20$$

Prix à Berlin

$$x \text{ fr} \ldots\ldots\ldots\ldots \quad 1.000 \text{ gr.}$$
$$500 \text{ gr} \ldots\ldots\ldots \quad 41 \tfrac{1}{2} \text{ Rm}$$
$$1 \text{ Rm} \ldots\ldots\ldots \quad 1,235$$

$$x = \frac{1.000 \times 41 \tfrac{1}{2} \times 1,235}{500} = 102,505$$

Prix à Amsterdam

$$x \text{ fr} \ldots\ldots\ldots\ldots \quad 1.000 \text{ gr.}$$
$$1.000 \text{ gr} \ldots\ldots\ldots \quad 49 \text{ fl}$$
$$1 \text{ fl} \ldots\ldots\ldots \quad 2,085$$

$$x = 49 \times 2,085 = 102,165$$

Prix à Vienne

$$x \text{ fr} \ldots\ldots\ldots\ldots \quad 1.000 \text{ gr.}$$
$$1.000 \text{ gr} \ldots\ldots\ldots \quad 98 \tfrac{1}{4} \text{ c}$$
$$1 \text{ c} \ldots\ldots\ldots \quad 1,045$$

$$x = 98,25 \times 1,045 = 102,65$$

Il faut donc acheter à Amsterdam à 102,165 et vendre à Vienne à 102,65 : bénéfice 0 fr. 485 par K°, abstraction faite de tous frais.

Paris cote l'or 3.437 fr. le kilog de fin et ¼ ‰ de prime ;
Londres cote l'or 77 sh 8 d l'once standard de 31 gr. 10 ;
Amsterdam cote l'or 1.648 florins et 1 ‰ de prime le K° d'or fin :
Berlin cote l'or 1.392 marks les 500 grammes de fin.

$$\text{Paris cote Londres} \ldots\ldots\ldots \quad 25,10$$
$$\text{—} \quad \text{Amsterdam} \ldots\ldots\ldots \quad 208 \tfrac{1}{2}$$
$$\text{—} \quad \text{Berlin} \ldots\ldots\ldots \quad 123,60$$

Le courtage est de ¹⁄₁₀ % à Paris, de 1 ‰ sur les autres places et les autres frais également de 1 ‰.

On demande :

1° Le prix de revient ou de vente du kilo d'or fin sur chacune de ces places, abstraction faite des frais ;

2° La place sur laquelle il faut acheter et celle sur laquelle il faut vendre ;

3° La somme à débourser, frais compris, pour l'achat de 10 kilos sur la place où le prix est le plus faible ;

4° La somme à encaisser, frais déduits, sur la vente de ces 10 kilos sur la place où le prix est le plus élevé ;

5° Le bénéfice réalisé.

Solution

1° Evaluons d'abord, en dehors des frais, le kilo d'or sur chacune des 4 places.

Prix du kilo d'or à Paris

$$x \text{ fr} \ldots\ldots\ldots\ldots\ldots 1.000 \text{ gr.}$$
$$1.000 \text{ gr} \ldots\ldots\ldots\ldots 3.437 \text{ fr.}$$
$$1.000 \text{ fr} \ldots\ldots\ldots\ldots 1.000,5$$

d'où

$$x = 3.437 \times 1,0005 = 3.438 \text{ fr. } 72$$

Prix du kilo d'or à Londres

$$x \text{ fr} \ldots\ldots\ldots\ldots\ldots 1.000 \text{ gr.}$$
$$31 \text{ gr. } 10 \ldots\ldots\ldots\ldots 1 \text{ oz}$$
$$11 \text{ oz fin} \ldots\ldots\ldots\ldots 12 \text{ oz std}$$
$$1 \text{ oz std} \ldots\ldots\ldots\ldots 77 \, {}^2/_3 \text{ sh}$$
$$20 \text{ sh} \ldots\ldots\ldots\ldots 1 \text{ £}$$
$$1 \text{ £} \ldots\ldots\ldots\ldots 25 \text{ fr. } 12$$

d'où

$$x = \frac{1.000 \times 12 \times 77 \, {}^2/_3 \times 25,10}{31,10 \times 20 \times 11} = 3.419 \text{ fr. } 055$$

Prix du kilo d'or à Amsterdam

$$x \text{ fr} \ldots\ldots\ldots\ldots\ldots 1.000 \text{ gr.}$$
$$1.000 \text{ gr} \ldots\ldots\ldots\ldots 1.648 \text{ fl}$$
$$1.000 \text{ fl} \ldots\ldots\ldots\ldots 1.001 \text{ fl}$$
$$100 \text{ fl} \ldots\ldots\ldots\ldots 208 \text{ %}$$

d'où

$$x = 1.648 \times 1,001 \times 2,085 = 3.439 \text{ fr. } 50$$

Prix du kilo d'or à Berlin

$$x \text{ fr} \ldots\ldots\ldots\ldots\ldots 1.000 \text{ gr.}$$
$$500 \text{ gr} \ldots\ldots\ldots\ldots 1.392 \text{ Rm}$$
$$100 \text{ Rm} \ldots\ldots\ldots\ldots 123,60$$

$$x = \frac{1.000 \times 1.392 \times 123,60}{500 \times 100} = 3.441 \text{ fr. } 03$$

2° La parité du Londres 3.419,055 étant la plus faible, et la parité du Berlin 3.441 fr. 03 la plus élevée, il faut acheter sur la 1ʳᵉ place et vendre sur la seconde.

3° Achat à Londres de 10 K° d'or frais compris.

$$\begin{array}{lr}
\text{Prix d'achat } 3.419,055 \times 10\ldots\ldots\ldots & 31.190,55 \\
\text{Courtage de Paris}\ldots \ {}^{1}/_{10}\ \% \\
\text{—} \qquad\qquad \text{Londres } 1\ \%_{00} \qquad\qquad 3\ \%_{00} & 102,55 \\
\text{Autres frais}\ldots\ \ldots\ldots\ 1\ \%_{00} \\
\hline
\text{Prix de revient}\ldots & 34.293,10
\end{array}$$

Cet achat nécessite deux opérations :

a) Achat à Londres de 10 K° d'or, au cours de cette place :

$$\begin{array}{ll}
x\ \pounds\ldots\ldots\ldots\ldots\ \ldots & 10.000\ \text{gr.} \\
31\ \text{gr. }10\ldots\ldots\ldots & 1\ \text{oz} \\
11\ \text{oz fin}\ldots\ldots\ldots & 12\ \text{oz std} \\
1\ \text{oz std}\ldots\ldots\ldots & 77\ {}^{2}/_{3}\ \text{sh} \\
20\ \text{sh}\ldots\ldots\ldots & 1\ \pounds
\end{array}$$

$$x = \frac{1.000 \times 12 \times 77\ {}^{2}/_{3}}{31,10 \times 11 \times 20} = 1.362\ \pounds\ 174$$

$$\text{plus } 1\ \%_{00} \text{ de courtage} \qquad 1\ ,\ 362$$

$$\text{Nous devons donc couvrir Londres de} \qquad 1.363\ \pounds\ 536$$

b) A cet effet nous achetons à Paris un effet sur Londres que nous adressons à notre correspondant de cette ville ; nous déboursons ainsi :

$$\begin{array}{lr}
1.363\ \pounds\ 536 \times 25,10 =\ldots\ldots\ldots & 34.224,75 \\
+ {}^{1}/_{10}\ \% \text{ de courtage}\ldots\ldots \\
+ {}^{1}/_{00} \text{ de port et d'assur}\ldots\ldots \quad 2\ \%_{00}\ldots & 68,45 \\
\hline
\text{Prix de revient de 10 kilos}\ldots & 34.293,20
\end{array}$$

4° Prix de vente de 10 kilos à Berlin

$$\begin{array}{lr}
\text{Prix de vente } 3.441,03 = 10\ldots\ldots\ldots & 34.110,30 \\
- {}^{1}/_{10}\ \% \text{ de courtage à Paris}\ldots \\
- 1\ \%_{00} \qquad\qquad \text{—} \qquad\qquad \text{Berlin.} \quad 3\ \%_{00}\ldots & 103,25 \\
- 1\ \%_{00} \text{ port et assur}\ldots\ldots\ldots \\
\hline
\text{Net à encaisser}\ldots\ldots & 34.307,05
\end{array}$$

Cette vente nécessite deux opérations :

a) Vente à Berlin de 10 kilos d'or au prix de :

$$\frac{10.000 \times 1.392}{500} = 27.840\ \text{Rm}$$

$$\begin{array}{lr}
\text{Notre correspondant de Berlin a donc encaissé}\ldots & 27.840\ \text{Rm} \\
- 1\ \%_{00} \text{ de courtage}\ldots\ldots\ldots\ldots & 27,85 \\
\hline
\text{Il nous reste donc dû à Berlin}\ldots\ldots & 27\ 812,15
\end{array}$$

b) Pour nous couvrir de cette somme, nous tirons sur Berlin une traite que nous négocions au cours du jour :

$$27.812,15 \times 1,236 = \ldots \qquad 34\ 375,80$$

— courtage $^1/_{10}$ %.... $\Big\}$ 2 ‰   68,75
— port et frais 1 ‰..

Produit net de la vente.......   34.307,05

5°

La vente à Berlin n'ayant produit que....   34.307,05
L'achat à Londres ayant coûté.........,   34.293,10

Le bénéfice réalisé est de   13,95

FONDS PUBLICS

On entend par *fonds publics* les titres de rentes servies par un Etat en retour des emprunts qu'il a contractés.

Ces titres n'énoncent que l'intérêt annuel, sans faire mention du capital dont la valeur suit toutes les variations qu'éprouve le crédit.

En France, les rentes actuelles sont le 3 % perpétuel et le 3 % amortissable ; les intérêts se paient tous les trimestres.

Les certificats de rente sont nominatifs ou au porteur.

Le bulletin officiel de la Bourse donne le cours des rentes françaises, des principaux fonds publics étrangers, ainsi que celui des actions, obligations françaises et étrangères, et un extrait en est publié tous les jours dans les grands journaux périodiques.

En France, les opérations de bourse se font par l'intermédiaire des agents de change, qui prélèvent un courtage de $^1/_{10}$ % sur les affaires au comptant. Ils sont responsables envers l'acheteur et envers le vendeur.

Les arbitrages des fonds publics, qui porte sur ce qu'on appelle les *valeurs internationales*, sont difficiles et exigent la connaissance des usages si divers des bourses des différents pays.

Ainsi il importe de connaître :

1° Le *libellé* exact des titres, les particularités relatives aux intérêts, au remboursement, aux lieux ou s'en effectue le paiement, les versements qui peuvent être appelés, etc., la monnaie dans laquelle sont exprimés le capital et les coupons.

A Paris, les fonds publics sont cotés dans la monnaie des pays qui ont contracté les emprunts ; quelques-uns sont stipulés en monnaie du pays où ces emprunts ont été contractés.

2° *L'époque du détachement du coupon*, très variable à Paris.

3° Le *sens exact des cours*. A Paris le cours s'établit en supposant tous les versements effectués, c'est-à-dire que les versements restant à faire sont compris dans le cours ; mais dans la plupart des autres places, en Angleterre, en Allemagne, en Autriche, etc., on n'inscrit sur la cote que la somme à débourser réellement pour l'achat des valeurs, c'est-à-dire que les cours ne comprennent pas les versements qui peuvent être appelés à un moment donné.

D'autre part à Paris, à Londres, à Lisbonne, à Madrid, à Rome, à New-York, à Alexandrie et Constantinople, les valeurs sont cotées *intérêts courus ou coupon compris* : c'est la *cote à la française*. Au contraire à Berlin, St-Pétersbourg, Copenhague, le cours est dit *coupon détaché*, c'est-à-dire qu'il ne comprend pas les intérêts courus, que l'acheteur bonifie au vendeur, soit au taux nominal du titre, soit à un taux conventionnel adopté, soit pour les titres à revenu variable à un taux fixé en bourse : c'est la *cote à l'allemande*. Enfin à Amsterdam, à Bruxelles, à Vienne, en Suisse, etc., certaines valeurs sont cotées intérêts compris et d'autres non. Dans ce dernier cas il faut connaître l'échéance des coupons, afin de pouvoir ajouter à la cote les intérêts courus depuis le dernier coupon échu jusqu'à la date de l'achat, lorsqu'il y a lieu de comparer entre eux les cours de deux places.

4° Le *change fixe* ou rapport établi d'une manière invariable entre la monnaie dans laquelle le titre est établi et celle qui est employée sur la place considérée, tant au point de vue des transactions qu'à l'égard des paiements des coupons ou autres.

Sur les principales places, en effet, les porteurs de titres touchent leurs rentes chez les banquiers, qui opèrent pour le compte des gouvernements étrangers ; les sommes dues portées sur les coupons sont traduites en monnaie française, soit à un change fixe, soit au cours du jour, selon qu'il est stipulé lors de l'émission des titres. Il en est de même pour les négociations.

Chaque place a ses changes fixes.

A Paris les changes fixes en usage et indiqués à la cote officelle sont pour :

la livre sterling 25 fr., 25 fr. 20, 25 fr. 25, selon les valeurs ;

le florin de Hollande 2 fr. 10 ;

le florin d'Autriche 2 fr. 50 et la couronne 1 fr. 05 ;

la couronne scandinave 1 fr. 40 ;

la peseta 1 franc, la piastre espagnole 5 fr. 40 ;

le rouble 2 fr. 6667 ;

le dollar 5 francs, le dollar mexicain 5 fr. 18 ;

le reichs mark 1 fr. 25 ;

la livre turque 22 fr. 7275 ;

la piastre argentine 5 fr. 10 ;

la roupie 1 fr. 68.

Le change fixe stipulé lors de l'émission ne varie pas, quel que soit le cours de la monnaie étrangère ; toutes les variations se produisent sur la cote.

Un certain nombre de titres internationaux portent eux-mêmes l'indication de leurs changes fixes, ce qui revient à dire que leur capital est exprimé en plusieurs monnaies différentes. Ainsi les actions des chemins de fer lombards ont été créés au capital de 20 £ ou 500 francs ou 200 florins autrichiens

5° Le *cours des changes* entre les places où l'on opère, d'après lequel on peut se libérer ou se rembourser des dettes ou des créances résultant des opérations exécutées.

6° Les *frais de timbre, courtage, transport et assurance*, etc., qui varient avec les places.

7° La manière d'*évaluer l'année* et de *compter les jours* pour les calculs d'intérêts, certaines places comptant l'année de 360 jours, d'autres de 365 et les mois soit pour 30 jours, soit pour le nombre de jours qu'ils ont au calendrier ; enfin en Russie, en Grèce, on emploie le calendrier jullien (vieux style), qui retarde actuellement de 13 jours sur le calendrier grégorien (nouveau style).

8° Les *impôts* sur le revenu ou sur les coupons. Ainsi, en Angleterre, l'*income taxe* est retenu sur tous les coupons, mais sa valeur est assez faible, environ 3 %. En Autriche l'Etat prélève, suivant les titres, de 7 à 20 %, en Italie 13,20 % ; dans ce dernier pays, le vendeur bonifie à l'acheteur la partie de cet impôt correspondant aux intérêts courus depuis la dernière échéance.

NÉGOCIATION A PARIS DE FONDS PUBLICS ÉTRANGERS

Achat de £ 12.10.0 rente consolidée 2 ¼ % à 78,75, change fixe 25,20.

Solution

$$\text{Prix d'achat} \quad \frac{78,75 \times 12\,\frac{1}{2}}{2\,\frac{1}{4}} \times 25,20 = 9\,922,50$$

Courtage ¹/₁₀ % 9,92   ⎱
Impôt 0,10 %₀ ...... 1 » ⎰ 10,92

Prix coûtant............... 9.933,42

Mais le plus souvent on opère sur le capital. Les titres étrangers émis en coupures d'une quantité déterminée, soit pour les consolidés anglais 50, 100, 200, 500, 1.000 livres sterling de capital et les opérations au comptant à la bourse de Paris doivent toujours porter sur un multiple de la quantité minimum de capital.

Or 12 £ 10.0 de revenu correspondent à un capital nominal do

$$\frac{100 \times 12 \, \frac{1}{2}}{2 \, \frac{1}{2}} = 500 \text{ £ ;}$$

100 £ de capital nominal correspondent à 78 £ 75 de capital réel ;

et 500 £ — — $\dfrac{78,75 \times 500}{100} = 393 \text{ £ } 75$ capital réel

dont le prix d'achat est de 393,75 × 25,20 = 9.922 fr. 50, plus courtage et impôt.

Inversement, on veut placer 9.922 fr. 50 en consolidés anglais 2 ½ % au cours de 78,75, ch. fixe 25 fr. 20 ; combien obtiendra-t-on de rentes ?

Solution

Avec un capital de 78,75 × 25,20 ou 1984 fr. 50, on achète 2 ½ £ rente

—   1 fr.   — $\dfrac{2 \, \frac{1}{2}}{1.984 \, \frac{1}{2}}$

—   9.922 ½ fr.   — $\dfrac{2 \, \frac{1}{2} \times 9.923 \, \frac{1}{2}}{1.984 \, \frac{1}{2}} = 12 \text{ £ } 10$ sh

abstraction faite de tous frais.

— Vente de 160 florins rente or 4 % autrichienne à 98,50 ; change fixe 2 fr. 50. Cette rente est représentée par des coupures au minimum de 200 florins produisant 8 fl de rente).

Solution

Opérant sur la rente, on a :

$$\frac{98,50 \times 160 \times 2,50}{4} = 9.850 \text{ fr.}$$

Opérons maintenant sur le capital : 160 fl de rente correspondent

à un capital de $\dfrac{100 \times 160}{4} = 4.000$ florins dont le prix sera :

$$\frac{98.50 \times 4.000 \times 2,50}{100} = 9.850 \text{ fr.}$$

moins le courtage et l'impôt.

De même pour tous les emprunts étrangers cotés en monnaie étrangère au change fixe.

— Certains emprunts étrangers, notamment les fonds russes, sont représentés par des obligations de 500 francs au minimum, tout en étant cotés par 100 comme les autres emprunts. Le calcul se fait comme ci-dessus, de préférence sur le capital, mais la cote étant ici en francs, il n'y a pas de change fixe.

Achat de 12.500 fr. (capital) russe or 4 % 1901, au cours de 95,80.

On a en opérant sur le capital :

$$\frac{95,80 \times 12.500}{100} = 11.975 \text{ fr.}$$

Ou en opérant sur la rente (12.500 correspondent à 500 fr. de rente).

$$\frac{95,80 \times 500}{4} = 11.975 \text{ fr.}$$

plus le courtage et l'impôt.

— Le 5 % brésilien 1898 (fundig) est coté 104 £ 35 la coupure de 20 £ ; combien coûtent 3 obligations, change fixe 25,20 ?

Solution

Raisonnons par la conjointe :

$$
\begin{aligned}
x \text{ fr.} &\dots\dots\dots\dots\dots & 3 \text{ oblig.} \\
1 \text{ oblig.} &\dots\dots\dots\dots\dots & 20 \text{ £} \\
100 \text{ £} &\dots\dots\dots\dots\dots & 104 \text{ £ } 35 \\
1 \text{ £} &\dots\dots\dots\dots\dots & 25,20
\end{aligned}
$$

d'où

$$x = \frac{3 \times 20 \times 104,35 \times 25,20}{100} = 1.577,772$$

Une obligation de 20 £, soit 25,20 × 20 = 504 fr. nominal vaut dont 525 fr. 924.

— Quel est le rendement du 3 % mexicain argent au cours de 39,70 ; change fixe 5 fr. la piastre pour les négociations ; la valeur réelle de la piastre mexicaine étant de 2 fr. 58, pour les intérêts et l'amortissement ?

Solution

$$
\begin{aligned}
x \text{ fr. rente} &\dots\dots\dots & 100 \text{ fr. capital} \\
5 \text{ fr.} &\dots\dots\dots\dots\dots & 1 \$ \\
39,70 &\dots\dots\dots\dots\dots & 3 \\
1 \$ &\dots\dots\dots\dots\dots & 2,58
\end{aligned}
$$

d'où

$$x = \frac{100 \times 3 \times 2,58}{5 \times 39,70} = 3,89 \text{ %}$$

Autrement :

100 piastres nominal valent 39 p. 70 et au change fixe de 5 fr... 198 fr. 50 ;

d'autre part ces 100 p. nominal payées 198 fr. 50 rapportent 3 p. valant 2,58 × 3 = 7 fr. 74 ; d'où le rendement :

$$\frac{7,74 \times 100}{198,50} = 3,89 \text{ %}$$

Quant au taux de remboursement il est de $100 \times 2,58 = 258$ fr.

Le report étant de 0,3o d'un mois à l'autre sur le 3 % au cours de 96, combien représente-t-il d'intérêts, y compris 0,05 par 3 francs de rente pour courtage et impôt ?

On a :

$$x \text{ fr. int}\ldots\ldots \quad 100 \text{ fr. cap. p' 12 mois}$$
$$1 \text{ fr. en 12 mois} \quad 12 \text{ fr. en 1 mois}$$
$$96 \text{ fr. par mois.} \quad 0 \text{ fr. 35 intérêt}$$

d'où

$$x = \frac{100 \times 12 \times 935}{96} \quad 4\ {}^{3}/_{8}\ \%$$

Le reporté emprunte donc à $4\ {}^{3}/_{8}\ \%$.

Inversement, à quel taux le reporteur place-t-il son argent ?

On a :

$$x \text{ fr. int}\ldots\ldots \quad 100 \text{ cap. p' 12 mois}$$
$$1 \text{ fr. p' 12 mois} \quad 12 \text{ fr. p' 1 mois}$$
$$96 \text{ fr. p' 1 mois} \quad 0 \text{ fr. 25 int.}$$

d'où

$$x = \frac{100 \times 12 \times 0,25}{96} = 3\ {}^{1}/_{8}\ \%$$

— A quel taux place-t-on son argent en achetant du 3 % portugais au cours de 65,50, le change fixe étant de 25,25 par livre sterling pour le capital et de 25,10 (variable) pour le coupon ?

On a :

$$x \text{ fr. rente}\ldots\ldots\ldots \quad 100 \text{ fr.}$$
$$25 \text{ fr. 25}\ldots\ldots\ldots \quad 1\ \pounds \text{ capital}$$
$$65,50\ \pounds \text{ cap}\ldots\ldots \quad 3\ \pounds \text{ rente}$$
$$1\ \pounds \text{ rente}\ldots\ldots \quad 25 \text{ fr. 10}$$

$$x = \frac{100 \times 3 \times 25,10}{25,25 \times 65,50} = 4 \text{ fr. } 55\ \%$$

SPÉCULATION OU ARBITRAGE SUR LES FONDS PUBLICS

Comme pour les arbitrages des changes et des matières d'or et d'argent, il y a lieu de se poser les deux questions suivantes :

1° Quel est, à Paris, le prix d'une valeur de bourse équivalent à son prix à l'étranger ?

2° Quel est le change à vue entre les deux place résultant des prix de celle valeur sur les deux places ?

La seconde question, celle de la *parité arbitrée*, ne présente pas le même avantage pratique que dans les autres arbitrages ; aussi se contente-t-on le plus souvent de calculer le *prix arbitré*.

En général, les calculs sont ici plus compliqués que ceux des arbitrages des changes, parce que les valeurs doivent souvent être converties en monnaie nationale à un change fixe, variable avec les places et que, dans certains cas, il faut tenir compte des intérêts courus qui ne sont pas compris dans les cours.

Arbitrage entre Paris et Londres sur les actions des chemins de fer Lombards (Sud-Autrichiens) :

Paris cote Londres 25 fr. 15 à vue
— Lombards 115 fr. 1 action
Londres cote Lombards 4 £ 11 sh 1 action
— Paris 25 fr. 20 à vue

Solution

Londres cotant les Lombards en livres sterling et Paris les cotant en francs, il n'y a pas à faire usage de changes fixes et comme les intérêts sont compris dans les cours sur les deux places, la question à résoudre est aussi simple que possible.

On a d'abord pour le *prix de revient arbitré* .

x fr. esp.............. 1 action
1 action............... 4 £ 55
1 £................... 25,15

d'où

$$x = 4{,}55 \times 25{,}15 = 114 \text{ fr. } 4325$$

Et pour le *cours* ou *parité arbitrée* :

x fr. esp .... 1 £
4 £ 55 .... 1 action
1 action............. 115 fr.

d'où

$$x = \frac{115}{4{,}55} = 25 \text{ fr. } 2747$$

Le prix arbitré des Lombards (par Londres) étant moins élevé que leurs prix à Paris, il est avantageux d'acheter à Londres pour revendre à Paris ; on gagne ainsi 115 — 114,4325 = 0 fr. 5675 par action, soit $\dfrac{0{,}5675 \times 100}{115} = 0{,}49\ \%$.

C'est ce qui ressort également de la parité arbitrée. En effet, si nous achetons des effets sur Londres au change de 25 fr. 15 et si nous les adressons à Londres pour acheter des Lombards à 4,55, que nous vendrons à Paris 115 fr., le résultat sera le même que si nous avions vendu le Londres à 25 fr. 2747, soit un bénéfice de 0,1247 par livre sterling, soit $\dfrac{0,1247 \times 100}{25,15} = 0,49$ % ; d'où on conclut qu'il est avantageux d'acheter à Londres et de vendre à Paris.

On a de même pour le prix de revient par voie de traite ou *ordre de banque* :

$$
\begin{array}{ll}
x \text{ fr. esp.} \ldots\ldots\ldots\ldots & \text{1 action} \\
\text{1 action} \ldots\ldots\ldots\ldots & 4 \text{ £ } 55 \\
\text{1 £} \ldots\ldots\ldots\ldots & 25 \text{ fr. } 20
\end{array}
$$

d'où
$$x = 4,55 \times 25,20 = 114 \text{ fr. } 65$$

Les cotes étant disposées comme ci-dessus, les cours des Lombards occupant les deux places moyennes, on peut se dispenser de poser des conjointes, en se rappelant que :

Le prix de revient par voie de remise est égal au produit des cotes de rang impair.

$$25,15 \times 4,55 = 114,4325$$

La parité ou cours arbitré est égal au quotient des deux cotes moyennes :

$$\frac{115}{4,55} = 25 \text{ fr. } 2747$$

L'ordre de banque est égal au quotient des deux dernières cotes, la cote de Londres sur Paris étant mise sous la forme de l'incertain :

$$4,55 : \frac{1}{25,20} = 4,55 \times 25,20 = 114 \text{ fr. } 65$$

Arbitrage entre Paris et Londres sur la rente autrichienne 4 % or.

$$
\begin{array}{ll}
\textit{Paris cote Londres} \ldots\ldots\ldots & 25,15 \\
\text{—} \qquad 4\,\%\,\textit{or} \ldots\ldots\ldots & 94,50 \\
\textit{Londres cote } 4\,\%\,\textit{or} \ldots\ldots & 94,25 \\
\text{—} \qquad\qquad \textit{Paris} \ldots\ldots\ldots & 25,17\ \tfrac{1}{2} \\
\end{array}
$$

Changes fixes 2 fr. 50 $=$ 1 *fl* ; 1 £ $=$ 10 *fl.*

On a pour le *prix de revient arbitré* :

$$
\begin{array}{ll}
x \text{ fr.} \ldots\ldots\ldots\ldots & 4 \text{ fl. rente} \\
4 \text{ fl. rente} \ldots\ldots\ldots & 94 \text{ fl. } 25 \\
10 \text{ fl.} \ldots\ldots\ldots & 1 \text{ £} \\
1 \text{ £} \ldots\ldots\ldots & 25,15
\end{array}
$$

d'où
$$x = \frac{94,25 \times 25,10}{10} = 236,55$$

Or à Paris 4 fl. de rente valent $94,50 \times 2,50 = 236$ fr. 25.

Il faut donc acheter à Paris et vendre à Londres : bénéfice 0 fr. 30 par 4 fl. de rente, abstraction faite de tous frais.

On a pour le *cours arbitré* :

$$
\begin{aligned}
\text{x fr} &\ldots\ldots\ldots\ldots\ldots\ldots\quad 1\ \pounds \\
1\ \pounds &\ldots\ldots\ldots\ldots\ldots\ldots\quad 10\ \text{fl.} \\
94\ \text{fl. } 25 &\ldots\ldots\ldots\ldots\ldots\quad 4\ \text{fl. rente} \\
4\ \text{fl. rente} &\ldots\ldots\ldots\ldots\quad 94\ \text{fl. } 50 \\
1\ \text{fl.} &\ldots\ldots\ldots\ldots\ldots\quad 2{,}50
\end{aligned}
$$

d'où

$$x = \frac{94{,}50 \times 10 \times 2{,}50}{94{,}25} = 25 \text{ fr. } 07$$

C'est là le cours auquel devrait être la £ à Paris pour que la rente autrichienne coûtât le même prix sur les deux places.

Le produit des changes fixes $10 \times 2{,}50$ est dit *change fixe combiné* ; il reste le même pour toutes les opérations qui seront faites sur le 4 % or autrichien entre Paris et Londres.

Par l'*ordre de banque*, on a :

$$
\begin{aligned}
\text{x fr} &\ldots\ldots\ldots\ldots\ldots\quad 4\ \text{fl. rente} \\
4\ \text{fl. rente} &\ldots\ldots\ldots\ldots\quad 94\ \text{fl. } 25 \\
10\ \text{fl} &\ldots\ldots\ldots\ldots\ldots\quad 1\ \pounds \\
1\ \pounds &\ldots\ldots\ldots\ldots\ldots\quad 25\ \text{fr. } 175
\end{aligned}
$$

d'où

$$x = \frac{94{,}25 \times 25{,}175}{10} = 237 \text{ fr. } 27$$

— En introduisant dans les cotes les changes fixes et écrivant la cote de Londres sur Paris sous la forme de l'incertain :

$$
\begin{aligned}
\text{Paris cote Londres} &\ldots\ldots\ldots\ldots\ldots\quad 25 \text{ fr. } 15 \\
- \quad 4\ \% \text{ or} \quad 94{,}50 \times 2{,}50 &\ldots\quad 236 \text{ fr. } 25 \\
\text{Londres cote } 4\ \% \text{ or} \quad 94{,}25 : 10 &\ldots\quad 9\ \pounds\ 425 \\
- \quad \text{Paris} &\ldots\ldots\ldots\ldots\quad \frac{1\ \pounds}{25{,}175}
\end{aligned}
$$

On a immédiatement pour le prix arbitré, qui est le produit des cotes de rang impair :

$$22{,}15 \times 9{,}425 = 236 \text{ fr. } 55$$

Pour la parité arbitrée, quotient des deux cotes moyennes :

$$\frac{236{,}25}{9{,}425} = 25 \text{ fr. } 07$$

Et pour l'ordre de banque, quotient des deux dernières cotes :

$$9{,}425 \times 25{,}75 = 237 \text{ fr. } 27$$

Arbitrage entre Paris et Berlin sur le 4 % Extérieur espagnol.

$$
\begin{aligned}
\text{Paris cote Berlin} &\ldots\ldots\ldots\quad 123\ fr. \\
- \quad 4\ \% &\ldots\ldots\ldots\ldots\quad 93\ \tfrac{1}{4}\ p. \\
\text{Berlin cote } 4\ \% &\ldots\ldots\ldots\ldots\quad 93\ p. \\
- \quad \text{Paris} &\ldots\ldots\ldots\ldots\quad 80\ Rm.
\end{aligned}
$$

Changes fixes : 1 *fr.* = 1 *peseta* ; 1 *Rm* = *peseta* 1 ¼.

Les intérêts n'étant pas, à Berlin, compris dans le cours, il faut ajouter 1 mois d'intérêts courus à 4 %, soit 0 p. 31 et le cours réel est alors 93 p. 31.

Et on a pour le prix de revient arbitré :

$$
\begin{aligned}
x \text{ fr.} &\ldots\ldots\ldots\ldots\ldots\quad 4 \text{ p. rente} \\
4 \text{ p. rente} &\ldots\ldots\ldots\ldots\quad 93 \text{ p. } 31 \\
1 \text{ p. } 25 &\ldots\ldots\ldots\ldots\quad 1 \text{ Rm.} \\
1 \text{ Rm} &\ldots\ldots\ldots\ldots\ldots\quad 1 \text{ fr. } 23
\end{aligned}
$$

d'où

$$x = \frac{93,31 \times 1,23}{1,25} = 91 \text{ fr. } 82$$

Et comme à Paris le prix est de 93 ¼ francs, il faut acheter à Berlin et vendre à Paris.

Cours à la parité

$$
\begin{aligned}
x \text{ fr.} &\ldots\ldots\ldots\ldots\quad 100 \text{ Rm} \\
1 \text{ Rm} &\ldots\ldots\ldots\ldots\quad 1\,¼ \text{ peseta} \\
93 \text{ p. } 31 &\ldots\ldots\ldots\ldots\quad 4 \text{ p. rente} \\
4 \text{ p. rente} &\ldots\ldots\ldots\ldots\quad 93\,½ \text{ peseta} \\
1 \text{ peseta} &\ldots\ldots\ldots\ldots\quad 1 \text{ franc}
\end{aligned}
$$

d'où

$$x = \frac{100 \times 1,25 \times 93\,½}{93,31} = 125 \text{ fr. } 25$$

Et pour le prix de revient par voie d'ordre de banque :

$$
\begin{aligned}
x \text{ fr.} &\ldots\ldots\ldots\ldots\quad 4 \text{ p. rente} \\
4 \text{ p. rente} &\ldots\ldots\ldots\ldots\quad 93 \text{ p. } 31 \\
1\,¼ \text{ p.} &\ldots\ldots\ldots\ldots\quad 1 \text{ Rm} \\
0 \text{ Rm } 80 &\ldots\ldots\ldots\ldots\quad 1 \text{ fr.}
\end{aligned}
$$

d'où

$$x = \frac{93,31}{1,25 \times 0,8} = 93 \text{ fr. } 31$$

Si nous complétons les cotes :

$$
\begin{aligned}
\textit{Paris cote Berlin} &\ldots\ldots\ldots\ldots\quad 1 \textit{ fr. } 23 \\
\text{---} \qquad 4\,\%\ Ext^{re} &\ldots\ldots\ldots\ldots\quad 93\,½ \text{ p.} \\
\textit{Berlin cote } 4\,\%\ Ext^{re}\ 93,31 : 1\,¼ &\quad 74 \text{ Rm } 648 \\
\text{---} \qquad \textit{Paris} &\ldots\ldots\ldots\ldots\quad 0 \text{ Rm } 80
\end{aligned}
$$

On a immédiatement pour le prix de revient par voie de remise :

$$1,23 \times 74,648 = 91 \text{ fr. } 82$$

Pour la parité :

$$\frac{93\,¼}{74,648} = 1,2525$$

Et pour le prix de revient par voie de traite :

$$\frac{74,648}{0,80} = 93,31$$

Arbitrage entre Paris et Amsterdam sur le 3 % danois, coté à Paris 82,90 et à Amsterdam 79,05, changes fixes 1 fr. 4 et 0 fl. 70 ; Paris cote Amsterdam 2 fr. 07.

Le cours à Amsterdam doit être augmenté de 2 mois d'intérêts courus à 3 %, soit $79,05 (1 + \frac{1}{4} \%) = 79,45$ pour le cours réel.

Nous nous contenterons ici de calculer le prix de revient par voie de remise, que nous ferons suivre de la marche de l'opération et du calcul du cours arbitré.

On a, à Paris, pour le prix de 3 krones de rente :

$$82,90 \times 1,40 = 116 \text{ fr. } 06$$

et pour le prix par voie d'Amsterdam :

$$
\begin{aligned}
&\text{x fr.} \ldots\ldots\ldots\ldots\ldots && 3 \text{ k}^{es} \text{ rente} \\
&3 \text{ k}^{es} \text{ rente} \ldots\ldots\ldots && 79 \text{ k}^{es} \text{ 45} \\
&1 \text{ kr.} \ldots\ldots\ldots\ldots && 0 \text{ fl. } 70 \\
&1 \text{ fl.} \ldots\ldots\ldots\ldots && 2,07
\end{aligned}
$$

d'où

$$x = 79,45 \times 0,70 \times 2,07 = 115 \text{ fr. } 12$$

En achetant à Amsterdam et vendant à Paris on réalisera un bénéfice de $116,06 - 115,12 = 0$ fr. 84 par 3 krones de rente.

Marche de l'opération

Achat de rente à Amsterdam.

$$
\begin{aligned}
&\text{x fl.} \ldots\ldots\ldots\ldots && 3 \text{ kr. rente} \\
&3 \text{ kr. rente} \ldots\ldots && 79 \text{ kr. } 45 \\
&1 \text{ kr.} \ldots\ldots\ldots && 0 \text{ fl. } 70
\end{aligned}
$$

d'où

$$x = 79,45 \times 0,70 = 55 \text{ fl. } 61 \tfrac{1}{2}$$

Achat à Paris de la remise à faire à Amsterdam :

$$
\begin{aligned}
&\text{x fr.} \ldots\ldots\ldots\ldots && 55 \text{ fl. } 615 \\
&100 \text{ fl.} \ldots\ldots\ldots && 207 \text{ fr.}
\end{aligned}
$$

d'où

$$x = 55,615 \times 2,07 = 115 \text{ fr. } 12$$

Calcul du cours arbitré :

$$
\begin{aligned}
&\text{x fr.} \ldots\ldots\ldots\ldots && 1 \text{ fl.} \\
&0,7 \text{ fl.} \ldots\ldots\ldots && 1 \text{ kr.} \\
&79 \text{ kr. } 45 \ldots\ldots && 3 \text{ kr. rente} \\
&3 \text{ kr. rente} \ldots\ldots && 82 \text{ kr. } 90 \\
&1 \text{ kr.} \ldots\ldots\ldots && 1 \text{ fr. } 40
\end{aligned}
$$

d'où

$$x = \frac{82,90}{79,45} \times \frac{1,40}{0,70} = 2 \text{ fr. } 0868$$

1 fr. 40 et 0 fl. 70 sont les changes fixes sur les places de Paris et d'Amsterdam, leur quotient $\dfrac{1,40}{0,70}$ est le change fixe combiné ; il est ici égal à 2.

FORMULES MATHÉMATIQUES

On achète sur une place étrangère un titre de capital nominal V en monnaie quelconque ; les cours de cette valeur sur la place qui achète et sur celle où l'on achète sont v et v' ; c et c' sont les cours du change sur ces places, γ et γ' les changes fixes en unités de la 1re et de la 2e place pour le titre considéré ; quel est d'abord sur la première place le prix arbitré de ce titre et quel doit être ensuite le cours du change ou parité arbitrée pour que le titre ait le même prix sur les deux places ?

Solution

Il peut se faire que la seconde place cote intérêts non compris ; il faut alors augmenter v' des intérêts produits par V pendant les n jours écoulés depuis la dernière échéance du coupon au taux t, ce qui fait, eu égard au diviseur d correspondant, $\dfrac{Vn}{d}$. (Si l'on a affaire à une place cotant coupon compris, il suffit de faire t $=$ 0 pour détruire le terme correctif devenu inutile).

Le cours du titre acquis sur la seconde place est donc :

$$v' + \frac{Vn}{d}$$

c'est le prix de ce titre en monnaie tierce.

Si nous le transformons en monnaie de la seconde place, au change fixe γ', on a :

$$P = \left(v' + \frac{Vn}{d}\right)\gamma'$$

Pour régler la dette créée par cet achat sur la 2e place, il faut que l'acheteur ou fasse remise au vendeur d'un montant égal à :

$$(1) \qquad V_1 = P\,\frac{c}{b} = \left(v' + \frac{Vn}{d}\right)\gamma'\,\frac{c}{b}$$

ou que le vendeur tire sur son acheteur une traite qui lui fera débourser :

$$(2) \qquad V_2 = \left(v' + \frac{Vn}{d}\right)\gamma'\,\frac{b'}{c'}$$

Or, sur la première place, le prix du titre serait de même :

$$P' = \left(v + \frac{Vn}{d}\right)\gamma$$

Si P' est supérieur à V_1 et à V_2, on a donc avantage à opérer sur la seconde place plutôt que sur la première, abstraction faite de tous frais ; dans le cas contraire, il vaut mieux acheter sur la première place et vendre sur la seconde.

Passons à la vente.

Les prix P et P' ne changent pas, puisque l'acheteur reçoit juste ce que paie le vendeur. Pour entrer en possession de ses fonds, le vendeur demande une remise à son correspondant et encaisse :

$$V_1' = P \ \frac{b'}{c'}$$

ou

$$(3) \qquad V_1' = \left(v' + \frac{V\,n}{d} \right) \gamma' \ \frac{b'}{c'}$$

ou bien il tire sur son acheteur et encaisse.

$$(4) \qquad V_2' = \left(v' + \frac{V\,n}{d} \right) \gamma \ \frac{c}{b}$$

Il faudra choisir la 1re place ou la seconde pour effectuer la vente, suivant que P' surpassera V_1' ou V_2', ou bien qu'il lui sera inférieur.

Remarquons que $V_1 = V_2'$ et que $V_1' = V_2$; d'après la valeur relative de V_1 ou V_2 et de P', on pourra acheter des titres sur la 1re place, pour les revendre sur la seconde ; ou les acheter sur la seconde pour les revendre sur la 1re ;

Si l'écart des prix est supérieur aux frais, le bénéfice est certain.

— Calculons la parité arbitrée, c'est-à-dire quel devrait être le cours du change pour que l'achat des titres coûtât le même prix sur les deux places.

Egalons à cet effet les expressions de P' et de V_1 ; on a :

$$\left(v + \frac{V\,n}{d} \right) \gamma = \left(v' + \frac{V\,n}{d} \right) \gamma' \ \frac{c}{b}$$

De là on tire si la 1re place donne l'incertain :

$$(5) \qquad c = b \ \frac{v + \dfrac{V\,n}{d}}{v' + \dfrac{V\,n}{d}} \cdot \frac{\gamma}{\gamma'}$$

Et si cette 1re place donne le certain :

$$(6) \qquad b = c \ \frac{v' + \dfrac{V\,n}{d}}{v + \dfrac{V\,n}{d}} \cdot \frac{\gamma'}{\gamma}$$

Le rapport $\dfrac{\gamma}{\gamma'}$ est dit *change combiné* ; il est invariable tant que les valeurs et les places restent les mêmes.

Application

Y a-t-il avantage à faire acheter de la rente Suédoise 4 % à Copenhague ou à Paris, à la date du 20 mars 1908. Les titres en question sont au capital de 20 £ ; changes fixes à Paris 25,10, à Copenhague

18,15. *Cette dernière place cote coupon détaché et le coupon se paie les 15 juin et 15 décembre.*

$$\text{Paris cote Copenhague.....} \quad 139,885$$
$$4\ \%\ \textit{Suédois....} \quad 108$$

Copenhague cote 4 % Suédois 102 + 4 % p^r 95 *jours* = 103.0766.

On a d'après la formule (1)

$$\left(102 + \frac{100 \times 95}{9.000}\right) 18,15 \ \frac{139,885}{100} = 2.616 \ \text{fr. } 50$$

ou mieux par la conjointe :

$$\begin{array}{ll}
\text{x fr.}\ldots\ldots\ldots & 100 \text{ £ nom.} \\
100\ \text{£}\ldots\ldots\ldots & 103,0766 \text{ effectif} \\
1\ \text{£}\ldots\ldots\ldots & 18 \text{ kr. } 15 \\
100\ \text{kr.}\ldots\ldots\ldots & 139,885
\end{array}$$

d'où

$$x = 2616 \ \text{fr. } 50$$

L'achat à Paris reviendrait à

$$108 \times 25,10 = 2710 \ \text{fr. } 80$$

Il y a donc un bénéfice de 94 fr. 30 à réaliser en achetant à Copenhague pour revendre à Paris.

On a pour le cours arbitré :

$$c = 100 \ \frac{108}{103,0766} + \frac{25,20}{18,15} = 145,47$$

ou mieux par la conjointe :

$$\begin{array}{ll}
\text{x fr.}\ldots\ldots\ldots & 100 \text{ Kr.} \\
103 \text{ Kr. } 0766\ldots\ldots & 4 \text{ Kr. r.} \\
10 \text{ Kr. } 15\ldots\ldots & 1 \text{ £} \\
4\ \text{£}\ldots\ldots\ldots & 108 \text{ £} \\
1\ \text{£}\ldots\ldots\ldots & 25,20
\end{array}$$

$$x = 145,47$$

ARBITRAGE ENTRE 3 PLACES

Le 4 % or autrichien est coté à Londres 94^f 25 *int. compris, ch. fixe* 25^f = 1 £; *à Amsterdam,* 90^f *plus 3 mois d'int. à 4 %, soit* 90,90, *ch. fixe* 2^f = 1 fl.; *Paris cote Londres* 25,25 *et Amsterdam* 208 : *comment diriger la spéculation.*

Admettons que Paris achète à Londres pour revendre à Amsterdam, et opérons sur une somme de 10.000 francs.

On a

$$\begin{array}{lll}
\text{x fr. enc.}\ldots\ldots & 10.000 \text{ déb.} & \\
25 \text{ fr. } 25\ldots\ldots & 1 \text{ £} & \text{cours de la £ à P.} \\
1\ \text{£}\ldots\ldots & 25^f & \text{ch. fixe à L.} \\
94^f 25\ldots\ldots & 4^f \text{ rente} & \text{cours de la rente à L.} \\
4^f \text{ rente}\ldots\ldots & 90^f, 90 & \text{cours de la rente à A.} \\
2^f\ldots\ldots & 1 \text{ fl.} & \text{ch. fixe à A.} \\
100 \text{ fl.}\ldots\ldots & 208 \text{ fr.} & \text{cours du fl. à P.}
\end{array}$$

Achat à L.

Vente à A.

d'où

$$x = \frac{10.000 \times 25 \times 90,90 \times 208}{25,25 \times 94,25 \times 2 \times 100} = 9.931 \ \text{fr. } 03.$$

Il y aurait donc une perte de 68 fr. 97 en achetant à Londres pour revendre à Amsterdam, mais alors on fait l'opération inverse : on achète à Amsterdam et on revend à Londres.

On a dès lors :

$$
\begin{array}{lll}
x \text{ fr. enc.} & 10.000 \text{ fr. déb.} \\
208 \text{ fr.} & 100 \text{ fl.} \\
1 \text{ fl.} & 2^e & \text{Achat à A.} \\
90^e,90 & 4^e \\
4^e & 94,25 \\
25^e & 1 \pounds & \text{Vente à L.} \\
1 \pounds & 25,25
\end{array}
$$

d'où
$$x = \frac{10.000 \times 100 \times 2 \times 94,25 \times 25,25}{208 \times 90,90 \times 25} = 10,069 \text{ fr. } 44.$$

On obtient alors un bénéfice de 69 fr. 44. Il resterait à voir si cet écart suffit pour couvrir les frais.

— On peut décomposer la conjointe en deux autres correspondant à l'achat sur une place et à la vente sur l'autre.

Achat à Amsterdam :

$$
\begin{array}{ll}
x^e \text{ rente} & 10.000 \text{ fr.} \\
208 \text{ fr.} & 100 \text{ fl.} \\
1 \text{ fl.} & 2^e \\
90^e\,90 & 4^e \text{ rente.}
\end{array}
$$

d'où
$$x = \frac{10.000 \times 100 \times 2 \times 4}{208 \times 90,90} = 4231^e\,19$$

Et pour la vente à Londres :

$$
\begin{array}{lll}
x \text{ fr.} & 4231^e\,19 & \text{rente.} \\
4^e \text{ rente} & 94^e\,25 & \text{capital.} \\
25^e & 1 \pounds & \text{ch. fixe.} \\
1 \pounds & 25,25 & \text{ch. sur L.}
\end{array}
$$

d'où
$$x = \frac{4231,19 \times 94,25 \times 25,25}{4 \times 25} = 10,069 \text{ fr. } 44.$$

Même résultat qu'en liant les deux opérations.

Il y aurait enfin lieu de s'assurer, avant de commencer l'opération, si cette même quantité de rente autrichienne que nous achetons à Amsterdam ne nous reviendrait pas à meilleur marché en l'achetant à Paris où cette rente est cotée 93e, ch. fixe 1 fr. 05 = 1^e.

On a :

$$
\begin{array}{lll}
x \text{ fr.} & 4231^e,19 & \text{rente.} \\
4^e \text{ rente} & 93^e & \text{c. à P.} \\
1^e & 1 \text{ fr. } 05 & \text{ch. fixe.}
\end{array}
$$

d'où
$$x = \frac{4231,19 \times 93 \times 1,05}{4} = 10.329 \text{ fr. } 39$$

Ainsi la même quantité de rente coûterait plus cher à Paris qu'à Amsterdam.

ARBITRAGE DES COUPONS

Certains titres portent le capital exprimé en plusieurs monnaies, et il en est de même de leurs coupons. Il est alors intéressant de savoir, surtout pour les établissements de crédit qui reçoivent les coupons de leurs clients, s'il y a avantage à les encaisser sur une place ou sur une autre.

Supposons donc un coupon payable au choix du porteur au prix de :

p *Sur la place A et en monnaie de cette place.*
p' — *B* —
p'' — *C* —

Où le porteur sur la place A devra-t-il encaisser, si :

B cote A c' à vue.
C cote A c'' à vue.

ce qui suppose que le porteur se fait envoyer les fonds.

Sur la place A, il touche p de sa monnaie.

— B, — $\dfrac{p'}{c'}$ —

— C, — $\dfrac{p''}{c''}$ —

L'importance relative de ces trois sommes indique au porteur sur quelle place il doit encaisser.

Ainsi les coupons des actions lombardes en couronnes autrichiennes, en livres sterling et en francs, sont de :

7 fr. 50 à Paris.
6 shillings à Londres.
7 couronnes à Vienne.

Si Londres cote Paris.... **25,20 fr.** à vue.
Vienne cote Paris..... **95·** à vue.

Un porteur parisien encaissera, en se faisant envoyer les fonds :

7 fr. 50 à Paris.

$\dfrac{6 \times 25,20}{25} = 7.56$ à Londres.

$\dfrac{7}{0,95} = 7$ fr. 37 à Vienne.

Il y a donc avantage à faire encaisser à Londres, abstraction faite de tous frais d'encaissement.

— Les coupons de la rente extérieure espagnole 4 % se paient :

à Madrid, en pesetas ;
à Paris, à raison de 1 franc pour 1 peseta ;
à Londres, à raison de 10 d. —
à Berlin, à raison de 0,80 Rm. —

Les cours à vue et supposés réciproques sont :

Madrid sur Paris..... 10 % de bénéfice:
— *Londres...* 9 d.
— *Berlin .....* 1 p. 26.

Combien l'État espagnol aura-t-il à débourser de pesetas pour payer des coupons d'un montant égal à 100 pesetas, par exemple, à un porteur parisien, anglais, allemand ?

Solution

Un porteur madrilène encaissera exactement..... 100 pesetas.
— parisien — $100 \times 10 \% =$ 110 —
— anglais — $\dfrac{100 \times 10}{9} =$ 111,10 —
— allemand — $100 \times 0,8 \times 1,26 =$ 100,80 —

On peut conclure de là qu'un porteur de coupons aura intérêt à les faire encaisser à Londres.

C'est ainsi que par suite du jeu du change l'Espagne ne paie chez elle aucun coupon de sa rente extérieure ; elle les paie en or à Paris, à Londres et à Berlin, supportant de ce chef une lourde charge.

— *Coupons américains avec remise sur Paris.* — Les coupons de la rente 2 % américaine (États-Unis) se détachent en Europe, où ils ne sont pas payables, 15 jours avant la jouissance pour être envoyés à New-York à l'encaissement ; la traversée dure une huitaine de jours, mais le calcul se fait sur 15 jours ; la remise sur Paris demandée en échange des coupons doit être escomptée pour 60 jours au taux français.

Raisonnons sur un coupon de 1 dollar et sur le change de 5 fr. 17 de New-York sur Paris.

x fr. esp................ 1 $ coupon.
1 $.................... 5,17 à 60 jours.
100 fr. à 60 j........... 99 $^5/_{12}$ fr. à vue.

d'où $\quad x = \dfrac{5,17 \times 99\,^5/_{12}}{100} = 5$ fr. 144

Aller 15 jours à 3 ½ %.. 7/48 %.
Retour 15 jours à 3 ½ % 7/48 %.
Escompte 60 j. à 3 ½ %. 7/12 %.
Assurance fret, etc. .... ¼ %.
____
1 3/8 % = 0,07073

Valeur nette.......... 5 fr. 07326

— Les coupons tels que ceux de la dette unifiée d'Égypte sont payés à Londres au change fixe de 25 francs pour 1 livre sterling, inférieur au gold point ; il y a donc avantage pour un banquier parisien à les encaisser à Londres : une somme de 25 francs lui donne droit à 1 livre sterling, qui au change de 25 fr. 20 lui procure une remise de cette dernière somme.

D'autre part certains coupons sont payables à Paris et à Berlin et remboursables dans ce dernier cas au change fixe de 80 Rm. pour 125 fr , supérieur au gold point : un banquier parisien n'a donc pas intérêt à encaisser à Berlin, tandis qu'un banquier allemand a intérêt à encaisser à Paris.

Par contre, certains coupons russes sont payés à Berlin au change de 81 Rm 60 pour 122 fr. 56 et, dans ce cas, Paris a intérêt à encaisser à Berlin et Berlin désavantage à encaisser à Paris.

Remarque. — Les coupons envoyés à l'encaissement à l'étranger peuvent être employés à acquitter une dette ou à s'y faire ouvrir un crédit, que l'on pourra, à un moment donné, utiliser au mieux de ses intérêts, eu égard au cours du change.

ARBITRAGE DE REPORTS

L'arbitrage de reports consiste à reporter sur une place un titre dont le report est cher, pour l'envoyer et se faire reporter sur une autre place où il est rare et où il y a un faible report ou même un déport.

Le titre sur lequel on arbitre doit avoir, sur les deux places, la même liquidation, mensuelle ou bimensuelle.

En outre, l'arbitrage des reports n'étant pas autre chose qu'une comparaison des prix des reports sur les deux places, en vue de profiter de la différence, il faut savoir comment sont cotés les reports sur les différentes places.

A Paris, les reports et les déports sont cotés, d'une liquidation à l'autre, en francs ou centimes par chaque quotité de 3 fr. de rente française ou par unité d'action.

A l'étranger les déports sont cotés comme à Paris, mais les reports sont cotés, suivant les places, soit comme à Paris, soit en tant 0/0 d'intérêts par an sur l'effectif. Il faut donc, pour comparer les reports ou les déports de deux bourses, recourir à des procédés de calculs différents.

Considérons d'abord le cas où les reports sont cotés à l'étranger comme à Paris, à tant d'unités ou de fractions d'unités à payer d'une liquidation à l'autre.

Ainsi le report sur les actions lombardes est à Londres de 1 1/2 deniers et à Paris de 0 fr. 20 ; la liquidation étant bi-mensuelle sur les deux places, il n'y a qu'à comparer les deux prix, après avoir converti le report étranger au change du jour : $\dfrac{1\ 1/2}{240} \times 25,20 = 0$ fr. 16

report arbitré. L'argent est donc à meilleur marché à Londres qu'à Paris, et il est plus avantageux de se faire reporter à Londres et de reporter à Paris.

Et si le déport sur les Lombards est de 1 1/2 deniers à Londres et de 0 fr. 20 à Paris par action, le déport est plus cher à Paris qu'à Londres : Il faut reporter à Londres et se faire reporter à Paris.

Passons au cas où le report à l'étranger est coté en tant % d'intérêts par an. Ainsi le report sur le 3 ½ % italien est coté sur une place étrangère ⅛ % ; il ressort alors à 0,125.

La question se complique un peu si les intérêts courus ne sont pas, comme à Paris, compris dans les cours.

Dans ce cas, s'il y a report à l'étranger, on y ajoute les intérêts courus, s'il y a déport on en déduit les intérêts courus ou inversement.

Si, sur une place cotant intérêts non compris, le report est au pair, il est en réalité égal aux intérêts courus d'une liquidation à l'autre.

A Berlin, le report sur le 3 % français est d'une liquidation à l'autre de 12 ¼ centimes ; la liquidation ayant lieu une fois par mois sur les deux places, et les intérêts pour 1 mois à 3 0/0 étant de 0 fr. 25, on en déduit 12 1/2 + 25 = 37 1/2 centimes pour le report arbitré.

Mais si à Berlin il y a 12 1/2 centimes de déport, les intérêts courus étant inférieurs à cette somme, on a pour le prix arbitré du déport un report de 25 — 12 1/2 = 12 1/2 centimes.

Tandis que si le déport est de 0,30 à Berlin, on a 5 centimes pour le prix arbitré du déport.

— Le report sur le 3 1/2 0/0 italien est à Berlin de 1/8 0/0 ; on a :

$$\text{Intérêt pour 1 mois} \dots \frac{3,5}{12} = 0,2916$$

$$\text{Report 1/8 0/0} \dots \dots \quad 0,125$$

$$\text{Total} \dots \dots \quad 0,4166 \text{ pour le report arbitré.}$$

et en Rm 0,4166 × 0,8 = 0,33328 et en francs 0,33328 × 1,23 = 41 fr.

— L'exemple suivant est imité de Haupt :

Arbitrage de report sur le 3 1/2 0/0 italien entre Paris et Berlin.

A la fin juillet, le cours du 3 1/2 0/0 italien est à Berlin de 93 lires, ce qui, au change de 0,80, donne 74 Rm 617 et en francs 74,61 × 1,23 = 91,7789 intérêts compris.

Le report pour 1 mois est de 1/8 %.
Le courtage à Berlin est de 1/2 °/₀₀.
Le courtage à Paris est de 1/2 °/₀₀.
Les frais de port de titres et autres frais 1 °/₀₀.

1ʳᵉ OPÉRATION

Berlin reporte fin juillet et remet à Paris :

3.500 rente à 3 1/2 % italienne à 93	93.000
Plus intérêts de 2 mois	271 25
Lires	93.271 25

à 0,80 = 74617 Rm,

Crédités à Paris à 123 fr. 91.778 90

(pour livrer les 3.500 italiens à 93 1/8 fin août).

Paris fait reporter et livre contre espèces :

3.500 rente italienne à 91,7789........................... 91.778 90
Pour lever les titres en liquidation fin août au même
    cours de...................................... 91.7789
plus le report arbitré................ 0,41
dont il faut retrancher :
1/2 °/₀₀ courtage à Berlin
1/2 °/₀₀ courtage à Paris. } soit 0,20 sur le nominal 100 0,20
1 °/₀₀ autres frais........ 0,21 × 0,8 × 1,23. 0,20664
             C'est-à-dire à fin août 91,98554

2ᵉ OPÉRATION

En liquidation fin août, Berlin lève 3500 italiens à 93 1/8 93.125 »
    Plus 2 mois d'intérêt............................. 543 25
                                               93.668 25
  — Courtage et frais 1 1/2 %₀..................... 140 50
                                             93.527 75
à 0,80 = 74822 Rm 20 à 1,23 = 92.031 fr. 30 dont débit donné à Paris.
  En liquidation fin août, Paris lève les titres et paie par suite
3500 italiens à 91,98554.............................. 91.985 55
  Plus 1/2 °/₀₀ de courtage .... 46 »
                        Total......... 92.031 55

Voici le résultat des opérations :

    Berlin est crédité à Paris de... 91.778 90
    Et il est débité de............ 92.031 55
            Bénéfice..... 252 65
    Paris dépense 92.031 55
    — encaisse 91.778 90
        Perte....... 252 65

Remarque. — Les frais doivent être *retranchés* sous forme de 3 °/₀ sur le nominal du report arbitré lorsque Paris *se fait reporter* et ils doivent au contraire y être *ajoutés* si Paris *reporte*.

— Il est rare que les arbitrages de reports entre deux places soient avantageux, même en compte à demi étant donné que la différence entre les reports n'est pas assez forte pour couvrir les frais. Mais on l'utilise souvent pour continuer des engagements pris antérieurement sur différentes places. Ainsi un acheteur parisien d'actions de la Banque Ottomane en liquidation fin de mois, qui les aurait vendues à Londres pour la même liquidation, ne se trouverait pas en mesure de livrer les titres sur cette dernière place le dernier jour du mois, puisqu'il ne les recevrait à Paris que le 5 du mois suivant. Dans ce cas, il fait un arbitrage de reports, même si le bénéfice est nul, simplement pour renouveler ses engagements sur les deux places, jusqu'à ce que les cours lui permettent de les réaliser avantageusement.

COTES CHIFFRÉES

L'arbitrage de banque consiste à comparer les différentes valeurs cotées sur notre place et sur celles avec lesquelles nous sommes en relation, afin de choisir celle qui nous est la plus avantageuse, selon que nous sommes débiteur, créancier ou spéculateur.

Que l'on soit débiteur ou créancier sur une place étrangère ou que l'on veuille spéculer sur les changes, la question des arbitrages se ramène toujours à l'une des deux positions suivantes :

1° *On a le choix des valeurs, mais non celui des places ;*
2° *On a le choix des places, mais non celui des valeurs.*

Dans le premier cas, débiteur ou créancier sur une place étrangère, on recherche, parmi les valeurs cotées sur cette place et sur la nôtre, celle dont l'achat nous coûtera le moins, et nous l'adresserons à notre créancier ; ou bien celle de ces valeurs qui nous rapportera le plus et nous la demanderons à notre débiteur ; spéculateur, nous passerons alternativement par les rôles de débiteur et de créancier, pour bénéficier de la différence des changes.

Dans le second cas, la valeur à remettre au créancier ou à recevoir du débiteur est spécifiée : débiteur, nous recherchons sur quelle place, il faut acheter cette valeur pour la payer le moins possible ; créancier, sur quelle place il faut la vendre pour en retirer le plus possible ; spéculateur, sur quelle place il faut l'acheter et sur quelle place il faut la vendre pour réaliser le maximum de bénéfice.

A la première position, répond la *cote chiffrée des parités* ; à la seconde, la *cote chiffrée des prix de revient.*

COTE CHIFFRÉE DES PARITÉS

Débiteur à l'étranger d'une somme échue en monnaie étrangère, notre créancier ne pouvant avoir d'autre prétention que celle de recevoir la somme qui lui est due, nous relevons les devises communes à la cote de Paris et à celle du créancier ; nous en comparons le coût à Paris avec le produit de la négociation sur la place étrangère, et naturellement nous choisirons celle qui nous coûtera le moins. Et inversement si on est créancier. Or, les prix d'une marchandise ne sont comparables qu'autant qu'il sont ceux d'une même quantité et en outre, s'il s'agit d'effets de commerce, que si ces effets sont à la même échéance. On arrive à satisfaire à ces deux conditions en prenant, comme même quantité de marchandises, le certain, que la place étrangère donne à Paris, et en ramenant à vue les cotes.

Supposons donc que nous soyons débiteur à Berlin ou plus généralement que nous voulions opérer avec Berlin. Nous prenons les cotes de Paris et de Berlin, qui sont juxtaposées dans le tableau ci-dessous, et nous chiffrons à Paris la cote de Berlin, c'est-à-dire que nous calculons le prix en francs comptant de 100 marks à vue, par le change direct d'abord, par le change indirect ensuite, en prenant successivement, comme place intermédiaire, Londres, Bruxelles, Amsterdam, etc. Posons à cet effet les conjointes ci-après et écrivons-en les résultats dans la dernière colonne du tableau, intitulée *parités à vue*.

COTE DE BERLIN CHIFFRÉE A PARIS

DEVISES	COTE DE PARIS		COTE DE BERLIN			PARITÉS à vue
	Echéances	Cours	Echéances	Escompte	Cours	
Paris court.........	à vue		8 jours	3 %	81,35	122,8428
long.........	—		2 mois	—	81,10	122,6911
Berlin court....... .	—	122 ³/₈	»	5 %	»	123,3750
long.........	—	122 ¾	»	—	»	122,7500
Londres court..	—	25,25	8 jours	4 %	20,75	121,5786
long	—	25,165	3 mois	—	20,25	123,0411
Bruxelles court......	—	99 ³/₈	8 jours	4 ½ %	80,90	122,7141
long......	—	99 ⁵/₈	2 mois	—	80,60	122,6840
Amsterdam court...	—	207 ¾	8 jours	4 %	169,40	122,5298
long....	—	207 ¾	2 mois	—	168,50	122,4772
St-Pétersbourg court	—	265 ³/₈	8 jours	6 %	216 »	122,6952
long.	—	265 ½	3 mois	— ·	214.75	121,8050
Vienne court........	—	104 ¼	8 jours	5 %	84,20	123,6749
long........	—	104 ¼	2 mois	—	84 »	123,0814
Argent en barre.....	»	90 »	»	»	36 ½	123,2876
4 % extérieur esp⁰ⁱ ..	»	95,50	jouissance 2 mois	²/₃ %	96,10	123,3965

Paris court (8 j.)	Paris long (2 mois)
x fr. esp.............	x fr. esp...........
100 Rm à vue	100 Rm à vue
81,35 Rm à vue....	81,10 Rm à vue....
100 fr. à 8 j.	100 fr. à 2 m.
12,008 fr. à 8 j.....	12,060 fr. à 2 m.....
12.000 fr. à vue	12.000 fr. à vue
d'où	d'où

$$ x = \frac{100 \times 100 \times 12.000}{81,35 \times 12.008} = 122,8428 \qquad x = \frac{100 \times 100 \times 12.000}{81,10 \times 12.060} = 122,6911 $$

Berlin court (à vue)

```
x fr. esp........... 100 Rm à vue
100 Rm à vue...... 122 fr. 375

d'où        x = 122 fr. 375
```

Berlin long (à vue)

```
x fr. esp........... 100 Rm à vue
100 Rm à vue...... 122 fr. 75

        x = 122 fr. 75
```

Londres court (8 j.)

```
x fr. esp........... 100 Rm à vue
20 Rm 75 à vue.... 1 £ à 8 j.
9,008 £ à 8 j...... 9.000 £ à vue
1 £ à vue......... 25 fr. 25

        x = 121 fr. 5786
```

Londres long (3 mois)

```
x fr. esp........... 100 Rm à vue
20,25 Rm à vue.... 1 £ à 3 mois
9090 £ à 3 m....... 9000 £ à vue
1 £ à vue......... 25 fr. 165

        x = 123 fr. 0411
```

Belge court (8 j.)

```
x fr. esp........... 100 Rm à vue
80,90 Rm à vue.... 100 fr. b à 8 j.
8.008 fr. b. à 8 j.... 8 000 fr. b. à vue
100 fr. b. à vue.... 99 $^{3}/_{8}$ fr. à vue

        x = 122,7141
```

Belge long (2 mois)

```
x fr. esp........... 100 Rm à vue
80,60 Rm à vue.... 100 fr. b. à 2 mois
8.060 fr. b. à 2 mois  8000 fr. b. à vue
100 fr. b. à vue..... 99 $^{5}/_{8}$ fr. à vue

        x = 122,6840
```

Amsterdam court (8 j.)

```
x fr. esp........... 100 Rm à vue
169,40 Rm à vue... 100 fl. à 8 j.
9,008 fl. à 8 j...... 9.000 fl. à vue
100 fl. à vue....... 207 fr. 3/4 esp.

        x = 122,5298
```

Amsterdam long (2 mois)

```
x fr. esp........... 100 Rm à vue
168,50 Rm à vue... 100 fl. à 2 mois
9.060 fl. à 2 mois... 9 000 fl. à vue
100 fl. à vue....... 207 3/4 fr. esp.

        x = 122.4772
```

St-Pétersbourg court (8 j).

```
x fr. esp........... 100 Rm à vue
216 Rm à vue...... 100 Rb à 8 j.
6.008 Rb à 8 j...... 6 000 Rb à vue
100 Rb à vue...... 265 fr. 3/8

        x = 122,6952
```

St-Pétersbourg long (3 mois)

```
x fr. esp........... 100 Rm à vue
214,75 Rm à vue... 100 Rb à 3 m.
6.090 Rb à 3 mois.. 6.000 Rb à vue
100 Rb à vue...... 265 1/4 fr. esp.

        x = 121,8050
```

Vienne court (8 j.)

```
x fr. esp........... 100 Rm à vue
84,20 Rm à vue.... 100 c. à 8 j.
7.208 c. à 8 j...... 7 200 c. à vue
100 c. à vue....... 104 1/4 fr. esp.

        x = 123,6749
```

Vienne long (2 mois)

```
x fr. esp........... 100 Rm à vue
84 Rm à vue....... 100 c. à 2 mois
7.260 c. à 2 m...... 7.200 c. à vue
100 c. à vue....... 104 1/4 fr. esp.

        x = 123,0814
```

<table>
<tr><td>

Argent en barre

</td><td>

4 % Extérieur espagnol

</td></tr>
<tr><td>

x fr. esp.......... 100 Rm à vue
36 ¼ Rm.......... 500 gr. arg. fin
1.000 gr. arg. fin.. 90 fr.

x = 123,2876

</td><td>

x fr. esp.......... 100 Rm à vue
100 Rm.......... 125 pesetas
96,10 + ⅔ % p.... 4 p. rente
4 p. rente......... 95 p. 50
1 pes............ ... 1 fr.

x = 123,3965

</td></tr>
</table>

SIGNIFICATION DES PARITÉS

On sait qu'une remise ou une traite de 100 marks font débourser ou encaisser exactement la même somme, lorsqu'on fait abstraction des frais de négociation pour n'en tenir compte qu'à la fin des calculs. Ainsi, d'après les cours directs, une remise ou un tirage de 100 marks font débourser ou encaisser à Paris 122 3/8 francs en papier court, et 122 3/4 francs en papier long ; et inversement une remise ou un tirage de 122 fr. 8428 en papier court ou de 122 fr. 6911 en papier long font débourser ou encaisser 100 marks à Berlin.

Evalués en papiers indirect :

sur Londres,	100 marks valent 121,5786	en pap. c.,	123,0411	en pap. l.
— Bruxelles	— 122,7141	—	122,6840	—
— Amsterdam,	— 122,5298	—	122,4772	—
— St-Pétersbourg,	— 122,6952	—	121,8050	—
— Vienne,	— 123,6749	—	123,0814	—
argent en barre,	— 123,2876	—	—	—
4 % Extérieur espagnol	— 123,3965	—	—	—

Ces parités ou équivalences de 100 marks sont instables comme les cours d'où elle découlent.

Elles sont à vue parce qu'elles désignent une somme au comptant, et non pas à l'échéance des cours dont on a effectué le nivellement.

Lorsqu'une valeur se négocie au même taux sur les deux places — et c'est, en général, le cas depuis la dernière transformation de la cote de Paris — la parité est indépendante de l'échéance du papier. Reportons-nous à cet effet à la cote de Berlin chiffrée à Paris. Quelle que soit l'échéance du papier, l'Amsterdam par exemple, qui nous est adressé ou que nous adressons, nous avons toujours la même somme à encaisser ou à débourser pour 100 marks comptant dépensés ou reçus à Berlin.

Voulons-nous de l'Amsterdam à 2 mois : on nous l'achètera à Berlin au cours à 2 mois de 168 Rm 50 ; mais nous subirons en le vendant à Paris un escompte de 2 mois à 4 %.

Désirons-nous de l'Amsterdam à vue : on nous la procurera à Berlin au cours à 8 jours de 169,40 sous bonification de 8 jours d'intérêt à 4 %, mais nous n'aurons rien à perdre à Paris

Ainsi l'escompte ou l'intérêt est pris tantôt sur une place et tantôt sur une autre, mais c'est toujours au même taux et les résultats sont identiques.

Voulons-nous enfin de l'Amsterdam à 40 jours ; il sera accordé à notre correspondant de Berlin sur le cours à 2 mois, une bonification de 20 jours à 4 % ; mais, laissant de côté la durée du trajet, lorsque cet effet nous parviendra, nous le négocierons et supporterons de ce chef une déduction de 40 jours au même taux, en tout 60 jours à 4 % ; c'est en réalité un intérêt égal à celui du nivellement des cours.

L'intérêt perçu à l'achat est restitué en escompte à la vente.

Il n'en serait plus ainsi si le taux d'intérêt appliqué n'était pas le même sur les deux places, si, par exemple, l'effet sur Amsterdam était évalué à Berlin au taux officiel hollandais et à Paris au taux hors banque hollandais, ou inversement.

APPLICATION DE LA COTE CHIFFRÉE DES PARITÉS

Les parités calculées ci-dessus, en dehors des frais de commission, de timbres, etc, sont des *parités brutes d'achat* ou *de vente ;* elles permettent néanmoins, telles qu'elles sont, de choisir la valeur la plus avantageuse à employer, selon que l'on est dans la position de créancier, de débiteur ou de spéculateur.

Arbitrage de créance. — Créancier à Berlin de 1500 marks échus, nous avons trois moyens de recouvrer cette somme :

1° Tirer et négocier une traite de 1500 marks sur notre débiteur, à Berlin ;

2° Faire acheter à Berlin par notre débiteur, pour 1500 Rm de papiers sur Paris, qui nous sera adressé et que nous encaisserons s'il est à vue ou que nous pourrons négocier s'il est à échéance ;

3° Faire acheter à Berlin et nous faire remettre par notre débiteur pour 1500 marks de papier étranger à nos deux places, et que nous négocierons à Paris.

Peu importe à notre débiteur celui des moyens que nous emploierons, pourvu qu'il ne paie que ce qu'il doit ; quant à nous, nous choisirons naturellement celui qui nous fera encaisser le plus. Or, Berlin donnant l'incertain à Paris, nous adopterons la valeur dont le cours est le plus élevé ; comme toutes les valeurs ont été rapportées à une unité unique, 100 marks dont le prix est inscrit dans la colonne des parités, il suffit de constater que la parité du Vienne court est la plus élevée pour nous décider à prier notre débiteur de nous payer en valeur sur Vienne, au cours de 84,20 à 8 jours, que nous négocierons sur notre place.

Dans ces conditions, nous encaisserons une somme égale à :

$$1500 \times 1,236749 = 1855 \text{ fr. } 15$$

Dont il faut déduire :

Frais de Berlin : Commission ¼ %... 4,65
Courtage ½ ‰... 0,95
Frais de Paris : Commission ¹/₁₀ %.. 1,85
Timbre ½ ‰.. 0,95   8,40
Net..................... fr. 1846,75

Marche de l'opération. — 1° Au reçu de notre lettre, le débiteur qui nous doit.......................... 1500 Rm

En déduit : Commission ¼ %.... 3.75
Courtage ½ ‰... 0 75   4 50
Et avec la différence................. 1495 Rm 50

achète du papier sur Vienne au cours de 84,20 marks les 100 couronnes à 8 jours, soit :

$$\frac{1495,50}{84,20} = 1776^{\text{e}},13 \text{ à 8 jours}$$

2° Il nous remet donc à Paris 1776ᵉ,13 à 8 jours ; nous les négocions à 104,25 pour 100ᵉ à vue, savoir :

x' esp. ... . 1776ᵉ, 13 à 8 j.
7208ᵉ à 8 j................. 7200ᵉ à vue
100ᵉ à vue................. 104 fr. 25

$$x = \frac{1776,13 \times 7200 \times 104.25}{7208 \times 100} = 1849 \text{ fr } 55$$

Dont nous déduisons : Courtage ¹/₁₀ %... 1,85
Timbre ½ ‰... 0,95   2 fr. 80
Soit...................... 1846 fr. 75

comme ci-dessus.

Arbitrage de dette. — Débiteur de 1500 marks échus à Berlin, nous pouvons, pour nous acquitter :

1° Autoriser notre créancier à tirer sur nous et à négocier une traite que nous paierons.

2° Acheter à Paris du Berlin et l'envoyer à notre créancier qui l'encaissera s'il est à vue, ou qui pourra le négocier s'il est à échéance.

3° Acheter du papier étranger à nos deux places, et que négociera notre créancier.

Peu importe à celui-ci le moyen que nous emploierons, pourvu qu'il rentre dans sa créance. Nous adopterons donc la valeur dont la parité est la plus faible ; c'est celle du Londres court, qui nous indique que, moyennant 121 fr. 58, nous pourrons nous procurer un effet sur Londres valant 100 marks à vue, que notre créancier encaissera ou négociera.

Dans ces conditions, nous aurons à débourser :

$$1.500 \times 1,2158 = 1.823 \text{ fr. } 70$$

net de tous frais, ceux-ci étant à la charge du vendeur.

Arbitrage de spéculation. — Dans un arbitrage de spéculation, nous remettrons à Berlin du papier sur Londres et nous demanderons en retour du papier sur Vienne.

Opérons sur 1 livre sterling.

1° Nous achetons à Paris 1 livre sterling à vue, qui nous coûte :

$$25 \text{ fr. } 25$$

2° Nous remettons cette livre à notre correspondant de Berlin qui l'encaisse où la négocie au cours de 20,75 Rm à 8 j. et 4 % :

$$
\begin{array}{ll}
x \text{ Rm esp}\ldots\ldots\ldots & 1 \text{ £ à vue} \\
9000 \text{ £ à vue}\ldots\ldots\ldots & 9008 \text{ £ à 8 j.} \\
1 \text{ £ à 8 j.}\ldots\ldots\ldots & 20{,}75 \text{ Rm à vue}
\end{array}
$$

d'où
$$x = 20 \text{ Rm } 76844$$

3° Avec cette somme, notre correspondant de Berlin achète du papier sur Vienne au cours de 84,20 à 8 jours et 5 % :

$$
\begin{array}{ll}
x \text{ cour. à 8 j}\ldots\ldots & 20 \text{ Rm } 76844 \text{ esp.} \\
84 \text{ Rm } 20 \text{ esp}\ldots\ldots & 100^c \text{ à 8 jours}
\end{array}
$$
$$x = 24^c{,}6656 \text{ à 8 jours}$$

qu'il nous adresse.

4° Nous négocions ces couronnes à Paris au cours de 104,25 les 100 couronnes à vue, escompte 5 % :

$$
\begin{array}{ll}
x \text{ fr. esp}\ldots\ldots & 24^c{,}6656 \text{ à 8 j.} \\
7.200^c \text{ à 8 j}\ldots\ldots & 7.192^c \text{ à vue} \\
100^c \text{ à vue}\ldots\ldots & 104 \tfrac{1}{4} \text{ fr. esp.}
\end{array}
$$

d'où
$$x = 25 \text{ fr. } 6853$$

$$
\begin{array}{lr}
\text{Nous avons donc encaissé.} \ldots & 25 \text{ fr. } 6853 \\
\text{et déboursé}\ldots\ldots\ldots & 25 \text{ fr. } 25 \\
\hline
\text{Bénéfice brut}\ldots & 0 \text{ fr. } 4353
\end{array}
$$

Ce bénéfice peut se calculer ainsi :

$$
\begin{array}{lr}
\text{En comparant la parité du Vienne}\ldots & 123 \text{ fr. } 6749 \\
\text{avec la parité du Londres}\ldots\ldots & 121 \text{ fr. } 5786 \\
\hline
\text{On a pour différence}\ldots & 2 \text{ fr. } 0963
\end{array}
$$

Nous voyons ainsi qu'en remettant à Berlin du Londres pour 121 fr. 5986, on nous retourne du Vienne pour une somme supérieure de 2 fr. 0963 ; donc, avec une mise de 121 fr. 5786, on gagne 2 fr. 0963 et avec une mise de 25 fr. 25 :

$$\frac{2{,}0963 \times 25{,}25}{121{,}5786} = 0 \text{ fr. } 4353$$

Ou encore :

En encaissant 123 fr. 6749, nous gagnons 2 fr. 0963 et avec un encaissement de 25 fr. 68532 :

$$\frac{2{,}0963 \times 25{,}68532}{123{,}6749} = 0 \text{ fr. } 4353$$

Remarque. — En cherchant la somme produite par la spéculation dans laquelle on a engagé 25 fr. 25, la conjointe suivante résume toutes les phases de l'opération :

x^f encaissés............. 25 fr. 25 déboursés
25 fr. 25 déb............. 1 £ à vue — achat de £ à P
9000 £ à vue............. 9008 £ à 8 j. — vente de £ à B
1 £ à 8 j............... 20 Rm 75 esp. — vente de £ à B
84 Rm 20 esp............ 100° à 8 j. — achat de c. à B
7200° à 8 j.............. 7192° à vue — vente de c. à P
100° à vue.............. 104 fr. 25 enc. — vente de c. à P

$$x = 25 \text{ fr. } 6853$$

Nous pouvons nous faire remettre d'abord par Berlin du papier sur Vienne et donner en retour du papier sur Londres.

Admettons que la vente du Vienne nous ait produit 25 fr. 6853 et cherchons la somme qu'il faudrait débourser en achat du Londres à donner en retour. On a :

x^f déboursés'......... 25,6853 encaissés
104 fr. 25 enc........ 100° à vue — P vend des couronnes
7192° à vue.......... 7200° à 8 j. — P vend des couronnes
100° à 8 j............ 84 Rm 20 esp. — B achète des couronnes
20 Rm 75 esp......... 1 £ à 8 j. — B vend des £
9008 £ à 8 j.......... 9000 £ à vue — B vend des £
1 £ à vue............. 25 fr. 25 esp. — P achète des £

$$x = 25 \text{ fr. } 25$$

Cette conjointe, preuve de la précédente, indique que la somme à débourser sera de 25,25 et que par suite le bénéfice sera toujours de 0,4353. Donc pour réaliser un même bénéfice, il est indifférent de commencer par tirer, c'est-à-dire encaisser, ou par remettre, c'est-à-dire débourser.

Cette conclusion résulte encore du rapprochement suivant :

Parité du Vienne.........	123 fr. 6749	25 fr. 6853	encaissés
— Londres........	121, 5786	25, 25	déboursés
Différence	2, 0963	0, 4353	

Les nombres de la première colonne sont des équimultiples de ceux de la seconde, comme on peut s'en assurer en multipliant les derniers par 4,815588.

Frais divers. — Les Frais divers doivent être supportés par le spéculateur ; ils modifient évidemment le résultat de l'opération.

Reprenons donc la question eu égard aux frais.

1° Nous achetons à Paris 1 £ au prix de 25 fr. 25 à vue, sans avoir à débourser plus, attendu que les frais de courtage et de timbre sont à la charge du vendeur.

2° Nous remettons cette livre sterling à notre correspondant de Berlin, qui la négocie au cours de 20 Rm 75 à 8 jours et 4 0/0. Cette négociation lui procure :

$$20,75 \left(1 + \frac{1}{15} \% \right) = \ldots\ldots\ldots\ 20\ \text{Rm}\ 7684$$

Dont il faut déduire :

$$
\begin{array}{llll}
\text{Commission } \frac{1}{4}\% \ldots\ldots\ldots & 0,0519 & & \\
2 \text{ courtages à } \frac{1}{2}\%_0 \ldots\ldots & 0,0208 & 0, & 0727 \\
\end{array}
$$

Avec le reste .... 20 Rm 6957

Berlin achète au cours de 84 Rm 20 les 100 couronnes à 8 j. escompte 5 %, du papier sur Vienne, qu'il nous envoie :

$$
\begin{array}{ll}
x \text{ cour. à } 8 \text{ j.} \ldots\ldots\ldots & 20\ \text{Rm}\ 6957\ \text{esp.} \\
84\ \text{Rm } 20\ \text{esp.} \ldots\ldots\ldots & 100^c \text{ à } 8 \text{ j.} \\
\end{array}
$$
$$x = 24^c,5792 \text{ à } 8 \text{ j.}$$

3° Nous négocions ce papier au cours de 104 fr. 25 les 100 couronnes à vue, escompte 5 % :

$$
\begin{array}{ll}
x' \text{ esp} \ldots\ldots \ldots\ldots & 24^c,5792 \text{ à } 8 \text{ j.} \\
7200^c \text{ à } 8 \text{ j.} \ldots\ldots\ldots & 7192^c \text{ à vue} \\
100^c \text{ à vue} \ldots\ldots\ldots & 104 \text{ fr. } 25 \text{ esp.} \\
\end{array}
$$
$$\text{d'où} \qquad x = 25 \text{ fr. } 5954$$

Dont il faut déduire :

$$
\begin{array}{lll}
\text{Courtage } \frac{1}{10}\% \ldots\ldots\ldots & 0,0256 & \\
\text{Timbre } \frac{7}{10}\%_0 \ldots\ldots\ldots & 0,0179 & 0,0435 \\
\end{array}
$$

$$
\begin{array}{ll}
\text{Encaissé net} \ldots\ldots\ldots\ldots & 25,5519 \\
\text{Déboursé} \ldots\ldots\ldots\ldots & 25\ 25 \\
\text{Bénéfice} \ldots\ldots\ldots\ldots & 0,3019 \\
\end{array}
$$

— Le bénéfice peut être obtenu plus rapidement.

$$
\begin{array}{ll}
\text{Parité du Vienne} \ldots\ldots\ldots & 123,6749 \\
\qquad\text{—} \quad \text{Londres} \ldots\ldots & 121,5786 \\
\text{Différence} \ldots\ldots\ldots & 2,0963 \\
\end{array}
$$

Cela étant en spéculant sur 25 fr. 25 de papier sur Londres, que sera le bénéfice brut et la valeur brute des retours sur Vienne ?

On a :

$$\text{bénéfice brut} = \frac{2,0963 \times 25,25}{121\ 5786} = 0,4354$$

Et

$$\text{valeur brut des retours} = \frac{123,6749 \times 25,25}{121,5786} = 25 \text{ fr. } 6853$$

Frais de Berlin :

$$
\begin{array}{ll}
\text{Commission } \frac{1}{4}\% \ldots\ldots & 2\ \frac{1}{2}\%_0 \\
2 \text{ courtages à } \frac{1}{2}\%_0 \ldots\ldots & 1\ \%_0 \\
\end{array}
$$

Frais de Paris :

Courtage $^1/_{10}$ % ....   1 $^0/_{00}$
Timbre $^7/_{10}$ $^0/_{00}$ ....   0.7 $^0/_{00}$
                           5,20 $^0/_{00}$ sur 25 6853 $\times$ 0,1335

De là un bénéfice de : 0,4354 — 0,1335 = 0,3019.

L'emploi d'une place intermédiaire diminue évidemment le bénéfice. Voyons cependant comment on peut opérer entre les deux places de Paris et de Berlin par l'intermédiaire de Vienne.

Nous pouvons tirer sur Vienne et remettre du Londres à Berlin pour faire les fonds à Vienne.

Opérons sur 100 couronnes d'Autriche.

1° Nous vendons à Paris une traite de 100 couronnes à 18 jours sur Vienne au cours de 104 fr. 25 et 5 % ; nous encaisserons :

x fr. esp .... 100° à 18 j
7200° à 18 j .... 7182° à vue
100° à vue .... 104 fr. 25 esp.
     d'où   x = 103 fr. 989

— Courtage $^1/_{10}$ % ......   0,1039 $\Big)$
— Timbre français ....   0,10 $\Big\}$ 0, 304
— Timbre Autrichien ....   0,10 $\Big)$

Net à encaisser ... 103 fr. 685

Et nous devons à Vienne 100 couronnes plus $^1/_4$ % de commission, soit en tout 100 $^1/_4$ couronnes que notre correspondant de Berlin devra couvrir en remise sur Vienne au change de 84,20 Rm à 8 jours, escompte 5 % ; il dépensera donc ;

$$100,25 \times 0,842 = 84 \text{ Rm } 4105 \text{ cpt.}$$

Reliquat du produit net de la négociation du Londres dont il déduit une commission de $^1/_4$ % et son courtage de $^1/_2$ $^0/_{00}$, en tout $^3/_{10}$ %.

3° Quel est le produit de cette négociation ?

$$\frac{84 \text{ Rm } 4105}{0\ 97} = 87 \text{ Rm } 021$$

4° Calculons dès lors la quantité de £ à 8 jours qui négociées au cours de 20 Rm 75 à 8 jours, donne le produit net 87 Rm 021. On a :

x £ à 8 j .... 87 Rm 021 à vue
20 Rm 75 à vue ...... 1 £ à 8 j.
      x = $\dfrac{87,021}{20,75}$ = 4 £ 1937 à 8 j.

C'est là le montant de la remise à faire à Berlin.

5° Cette remise nous coûtera au cours de 25 fr. 25 la £ à vue, escompte 4 % :

$$
\begin{array}{lr}
x \text{ fr. esp.} \dots\dots\dots\dots & 4\,\pounds\ 1937 \text{ à } 8 \text{ j} \\
9000\ \pounds\ \text{à } 8 \text{ j} \dots\dots\dots & 8992\ \pounds\ \text{à vue} \\
1\ \pounds\ \text{à vue} \dots\dots\dots\dots & 25 \text{ fr. } 25 \text{ esp.} \\
x = 105 \text{ fr. } 796 &
\end{array}
$$

On a donc déboursé.................... 105 fr. 796
et encaissé...................... ...... 103 fr. 685
d'où une perte sèche......... 2 fr. 111

SIMPLIFICATION DU CALCUL DES PARITÉS

L'examen des conjointes établies pour chiffrer la cote de Berlin à Paris montre que pour ramener à vue le papier intermédiaire, il faut introduire dans les calculs des diviseurs fixes, qui alourdissent les calculs.

De là est venue l'idée de *niveler*, c'est-à-dire de ramener préalablement le papier intermédiaire à l'échéance à vue de la cote de Paris par un calcul d'escompte.

Il n'y a point de nivellement à faire lorsque les cours sont cotés au même terme et que le taux d'escompte appliqué est le même sur les deux places.

Les cotes chiffrées, qui étaient regardées autrefois comme le régulateur des opérations financières, ont de nos jours perdu beaucoup de leur importance. Toutefois, si elles sont basées sur le prix du papier court ramené à vue, elles ont l'avantage de signaler la situation économique des diverses places vis-à-vis les unes des autres et de permettre certaines prévisions sur la manière d'après laquelle va tendre à s'opérer la liquidation des dettes et des créances.

Ramenons donc à vue la cote de Berlin en nous en tenant au papier court :

$$
\begin{array}{llll}
& \text{Berlin cote} & & \\
\text{Paris.}\dots\dots\dots\dots & 81,35\ (1 + \tfrac{1}{15}\ \%) & = 81,404 & \text{à vue} \\
\text{Londres}\dots\dots\dots\dots & 20,75\ (1 + \tfrac{4}{45}\ \%) & = 20,768 & \text{»} \\
\text{Bruxelles}\dots\dots\dots\dots & 80,90\ (1 + \tfrac{1}{10}\ \%) & = 80,980 & \text{»} \\
\text{Amsterdam}\dots\dots\dots & 169\ 40\ (1 + \tfrac{4}{45}\ \%) & = 169.551 & \text{»} \\
\text{St-Pétersbourg}\dots\dots & 216\ \text{»}\ (1 + \tfrac{2}{15}\ \%) & = 216,288 & \text{»} \\
\text{Vienne}\dots\dots\dots\dots & 84\ 20\ (1 + \tfrac{1}{11}\ \%) & = 84,294 & \text{»}
\end{array}
$$

COTE DE BERLIN CHIFFRÉE A PARIS ET INVERSEMENT

DEVISES	Cours à Paris	Cours à Berlin	Parités à Paris	Parités à Berlin
Paris....................	»	81,404	122 84	81 404
Berlin....................	122 ³/₈	»	123 375	81,716
Londres....................	25 25	20.768	121,58	82,25
Bruxelles	99 ³/₈	8).98)	122.72	81 49
Amsterdam....................	207 ³/₄	169.551	122 52	81,6 '3
St-Pétersbourg.......... .	205 ³/₈	216.288	122,70	81,51
Vienne....................	104 ¹/₄	84,294	123,675	80,86

La cote de Paris étant à vue et la cote de Berlin ramenée à vue, la conjointe devient surperflue.

Il suffit pour chiffrer à Paris la cote de Berlin de calculer d'abord, d'après la règle des 10.000, la parité du Berlin à Paris :

$$\frac{10000}{81,404} = 122,84$$

Puis ensuite les parités indirectes, en se rappelant que quand deux places se donnent l'incertain et que les cours en sont donnés ou ramenés à vue et à l'unité, *la parité indirecte est égale au quotient du cours français de la monnaie tierce par son cours étranger, ce qui revient à diviser le cours de la première colonne du tableau par le cours correspondant de la seconde.*

On a de la sorte, en multipliant le quotient par 100 pour remonter à la base :

$$\text{parité par Londres} \quad \frac{25,25}{20,768} = 121,58$$

$$\text{— Bruxelles} \quad \frac{99\ ^3/_8}{80,90} = 122,72$$

etc.

Cote de Paris chiffrée à Berlin. — Une cote chiffrée dans une place étrangère s'établit comme celle d'une cote étrangère chiffrée à Paris. Partout c'est le certain qui sert de base aux arbitrages et c'est l'incertain qui exprime les parités. Il faut conclure de là que la base des parités de la cote de Paris chiffrée à l'étranger est toujours 100 francs partout ou l'on donne l'incertain.

Chiffrons-donc à Berlin la cote de Paris et écrivons-en les parités dans la dernière colonne de notre tableau.

La parité directe du Paris à Berlin est :

$$\frac{10000}{122\ ^3/_8} = 81,716$$

La parité indirecte est égale au quotient du cours allemand de la monnaie tierce par son cours français, ce qui revient à diviser les cours de la seconde colonne par le cours correspondant de la première.

On a ainsi :

$$\text{parité par Londres} \quad \frac{20,768}{25,25} = 82,25$$

$$\text{— Bruxelles} \quad \frac{80,98}{99\ ^3/_8} = 81,49$$

etc.

— Sur les places qui, comme Londres, donnent le certain à Paris et qui prennent pour base leur monnaie en chiffrant la cote de Paris, la cote de Paris chiffrée à Londres, est par suite la même que la cote de Londres chiffrée à Paris, seulement les parités ont un sens inverse : celle qui exprime un achat sur une place exprime une vente sur l'autre. Cette interversion de position n'empêchera pas que les opérations obtenues à Paris en chiffrant la cote étrangère et trouvées bonnes pour la spéculation ne soient également bonnes pour la cote de Paris chiffrée à l'étranger, avec cette différence que le prix de vente choisi à Paris se transformera en prix d'achat choisi à l'étranger, et réciproquement.

Chiffrons donc la cote de Paris avec celle d'une place qui donne le certain et de préférence avec la cote de Londres, qui donne tantôt l'incertain et tantôt le certain.

COTE DE LONDRES CHIFFRÉE A PARIS ET INVERSEMENT

(Les cours de la cote de Paris sont ramenés à l'unité de base)

DEVISES	Cote de Paris	Cote de Londres	Parités
Paris..............	»	25,175	25,175
Londres...........	25,25	»	25,25
Amsterdam.........	2,0775	12.12 ½	25,96
Berlin............	1,22375	20,27 ½	24,81
Bruxelles.........	0,99375	25,42 ½	25,27
Vienne............	1,0425	24,175	25,20
Madrid............	4 585	44 d ⅛	24,94
Pétersbourg.......	2,65375	25 d ½	24,97

Pour obtenir les parités indirectes, il faut, pour les places auxquelles Londres donne le certain, *multiplier le cours français de la monnaie tierce par son cours étranger* :

$$\text{Parité par Amsterdam} \qquad 2,0775 \times 12,125 = 25,96$$
$$\text{— \quad Berlin} \qquad 1,22375 \times 20,27\ ½ = 24,81$$

etc.

et pour les places auxquelles Londres donne l'incertain, *il faut diviser le cours français de la monnaie tierce par son cours étranger et multiplier le quotient par 240, puisque la cote de Londres est donnée en deniers* :

$$\text{Parité par Madrid} \qquad \frac{4.585 \times 240}{44\ ⅛} = 24.94$$
$$\text{— \quad St-Pétersbourg} \qquad \frac{2.65375 \times 240}{25\ ½} = 24,97$$

Débiteur à Londres, nous enverrons à notre créancier du Berlin dont la parité est la plus faible ; créancier à Londres, nous demanderons de l'Amsterdam dont la parité est la plus élevée ; spéculateur, nous adresserons du Berlin à Londres, qui nous enverra de l'Amsterdam en échange. Et inversement pour Londres.

COTE CHIFFRÉE DES PRIX DE REVIENT

Dans les cotes chiffrées que nous venons d'établir, nous avons obtenu la parité des marks dans l'une, des livres sterling dans l'autre, par l'intermédiaire des autres places. On peut également chiffrer une cote au point de vue des prix de revient et se demander, par exemple, à quel prix reviendraient l'Amsterdam, le Londres, le Vienne, etc., si on les achetait à Berlin, ou, ce qui revient au même, combien on en retirerait si on les y vendait.

Cote chiffrée à Paris des prix de revient par Berlin

DEVISES	Cote de Paris	Cote de Berlin	PRIX DE REVIENT	
			remise	traite
Paris.................	»	0,8142	»	»
Berlin...............	1,22 $^3/_8$	»	»	»
Londres.............	25,25	20,77	25,42	25.51
Amsterdam..........	2,07 $^3/_4$	1,6955	2,0749	2,0824
Vienne..............	1,04 $^1/_4$	0,8485	1,0384	1,0421
Pétersbourg.........	2,65 $^3/_8$	2,163	2,647	2,6566
Madrid.............	0,99 $^3/_4$	0,8098	0,991	0,9916

Paris et Berlin donnant l'incertain, *le prix de revient par voie de remise est égal au produit du cours allemand de la monnaie tierce par le cours français de la monnaie allemande :*

$$20,77 \times 1,22375 = 25,42$$
$$1,6955 \times 1,22375 = 2.0749$$

etc.

c'est-à-dire au produit du cours inscrit en tête de la 1re colonne par chacun des cours inscrits dans la seconde.

Et le prix de revient par voie de traite est égal au quotient du cours allemand de la monnaie tierce par le cours allemand de la monnaie française :

$$\frac{20,77}{0,8142} = 25,51$$

$$\frac{1,6955}{0,8142} = 2,0824$$

etc.

c'est-à-dire au quotient de chacun des cours inscrits dans la seconde colonne par le 1er cours inscrit en tête de cette colonne.

— La comparaison des résultats obtenus pour les prix de revient avec les cours directs inscrits dans la 1re colonne, conduit à des conclusions analogues à celles que nous avons indiquées pour les parités, en observant que les parités du prix de revient correspondent plus spécialement au cas d'une opération d'achat ou de vente entre deux places.

Lorsqu'on a ainsi obtenu les prix de revient de toutes les valeurs sur une place étrangère, la lecture de ces prix peut, dans une certaine mesure, remplacer la cote chiffrée des parités. Ainsi, la cote chiffrée des parités a-t-elle donné le Londres à 121,58 comme valeur bonne à employer pour couvrir Berlin, on voit d'après la cote chiffrée des prix de revient qu'à Berlin le Londres s'y vend 25 fr. 42, plus cher par conséquent qu'à Paris.

Remarque. — Si on voulait avoir à Berlin la cote chiffrée des prix de revient par Paris, il faudrait, pour la voie de la remise, multiplier les cours inscrits dans la 1re colonne par le cours inscrits en tête de la seconde ; et, pour la voie de la traite, diviser ces mêmes cours par le cours inscrit en tête de cette 1re colonne.

— Etablissons à Paris la cote chiffrée des prix de revient par Londres.

DEVISES	Cote de Paris	Cote de Londres	PRIX DE REVIENT	
			remise	traite
Paris....................	»	25,20	»	»
Londres................	25,25	»	»	»
Amsterdam............	207,75	12,125	208,24	207,83
Berlin..................	122,375	20,275	124,53	124,29
Vienne................	104.25	24,175	104,45	104,24
Bruxelles..............	99,375	25,42 ½	99,31	99,11
Madrid................	158,50	44 ⅛ d	464,23	463,31
Pétersbourg	265,375	25 ¼ d	368,28	267,75

Si Londres donne l'incertain à la place tierce, comme à Madrid et à St-Pétersbourg, on a :

Prix de revient par voie de remise :

$$\frac{44 \tfrac{1}{8}}{240} \times 25,25 = 4,6423$$

par voie de traite :

$$\frac{44 \tfrac{1}{8}}{240} : \frac{1}{25,20} = \frac{44 \tfrac{1}{8}}{240} \times 25,20 = 4,6331$$

Multiplier le cours anglais de la monnaie tierce inscrit dans la 2e colonne par le cours français de la monnaie anglaise inscrit en tête de la 1re colonne ; ou multiplier par le cours anglais inscrit en tête de la seconde colonne.

Si Londres donne le certain à la place tierce, comme à Amsterdam, à Berlin, etc., on a :

par voie de remise

$$\frac{1}{12,125} \times 25,25 = \frac{25,25}{12,125} = 2,0824$$

par voie de traite

$$\frac{1}{12,125} : \frac{1}{25,20} = \frac{25,20}{12,125} = 2,0783$$

Diviser le cours français ou le cours anglais de la livre sterling par les cours anglais successifs de la monnaie tierce.

À raison de l'importance de la place de Londres dans le commerce des changes, chiffrons à Londres les prix de revient par voie de Paris.

Cote des prix de revient à Londres par Paris .

DEVISES	Cote de Londres	Cote de Paris	PRIX DE REVIENT	
			rémise	traite
Londres	»	25,25	»	»
Paris...............	25,20	»	»	»
Amsterdam...........	12 125	2,07 ¾	12,13	12,15
Berlin...............	20 275	1,22375	20 59	20,63
Vienne	24,155	1,0425	24,17	24,42
Bruxelles.............	25,425	0,99375	25,36	25,41
Madrid..............	44 ⅛ d	4 58 ½	43 d 77	43.72
Pétersbourg	25 ½ d	2,65 ⅝	25 d 24	25,22

Pour les places tierces, comme Madrid et Pétersbourg, auxquelles Londres donne l'incertain, on a :

Voie de la remise

$$\frac{x}{240} = \frac{1}{25,20} \times 4,58 \tfrac{1}{2}$$

d'où

$$x = \frac{4,58 \tfrac{1}{2}}{25\,20} \times 240 = 43\ \mathrm{d}\ 77$$

Voie de la traite

$$\frac{x}{240} = \frac{4,585}{25,25}$$

d'où

$$x = \frac{4,585}{25,25} \times 240 = 43\ \mathrm{d}\ 72$$

Diviser le cours étranger (français) de la monnaie tierce, inscrit dans la 2ᵉ colonne par le cours anglais de la monnaie française, inscrit en tête de la 1ʳᵉ colonne, pour le prix de revient par voie de remise, par le cours français de la monnaie anglaise, inscrit en tête de la 2ᵉ colonne pour le prix de revient par voie de traite.

Pour les autres places auxquelles Londres donne le certain, on a :

Voie de la remise

$$\frac{1}{x} = \frac{1}{25,20} \times 2,07 \tfrac{3}{4}$$

d'où

$$x = \frac{25,20}{2,07 \tfrac{3}{4}} = 12,13$$

Voie de la traite

$$\frac{1}{x} = \frac{2,07 \tfrac{3}{4}}{25,25}$$

d'où

$$x = \frac{25,25}{2\,07 \tfrac{3}{4}} = 12,15$$

Diviser le cours anglais de la £, inscrit en tête de la 1re colonne, ou le cours français de la £ inscrit en tête de la 2e colonne (selon qu'il s'agit de prix de revient par voie de remise ou traite) par chacun des cours français inscrits dans la 2e colonne.

— Les cotes des prix de revient que nous venons d'établir donnent les prix de revient des diverses valeurs qui figurent sur la cote de Paris et sur celle de Berlin d'une part, sur celle de Londres d'autre part ; mais elles ne donnent pas le prix de revient d'une même devise sur les différentes places, et c'est ce qu'il importe souvent de connaître. Les changes sont en effet des marchandises que les banquiers achètent et vendent au meilleur prix possible ; et comme ils se négocient sur les principales places, les banquiers ont à rechercher sur laquelle de ces places ils pourront l'acheter ou la vendre aux conditions les plus avantageuses. C'est là la seconde position indiquée plus haut : *on a le choix des places mais non celui des valeurs.*

Nous avons, par exemple, du Londres à placer : nous rechercherons sur quel marché il faut en effectuer la vente pour en retirer le plus possible. Or on ne connaît le prix d'une vente à l'étranger qu'après en avoir reçu et négocié la couverture. Il importe donc que nous choisissions tout d'abord les retours à nous faire adresser ; et comme ces retours sont exposés à des fluctuations qui pourraient compromettre le résultat espéré, nous donnons la préférence au papier de notre place, dont nous sommes sûr de toujours trouver le placement.

La question se pose dès lors ainsi :

Combien recevrons-nous comptant en négociant le Paris que nous aurons fait acheter sur l'une ou l'autre place, avec la somme obtenue sur cette même place par la vente de 1 £ à vue ?

Des dépêches que nous avons reçues, il ressort que :

Londres est coté		Et Paris y est coté
20 Rm 50	à Berlin	81 Rm 40
12 fl 08	à Amsterdam	47 fl 90
24°,128	à Vienne	95°.88
27 P 45	à Madrid	109 p

Calculons la parité du Londres par rapport à chacune de ces places.

On a par Berlin :

$$x \text{ fr.} \ldots\ldots\ldots\ldots 1 \text{ £}$$
$$1 \text{ £} \ldots\ldots\ldots\ldots 20 \text{ Rm } 50$$
$$0 \text{ Rm } 814 \ldots\ldots\ldots 1 \text{ fr.}$$

d'où
$$x = \frac{20.50}{0.814} = 25 \text{ fr. } 18$$

De même la parité par Amsterdam $\dfrac{12,08}{0,479}$ =: 25 fr. 22

  —   —   Vienne $\dfrac{24,128}{0,9588}$ = 25 fr. 15

  —   —   Madrid $\dfrac{27,45}{1,09}$ = 25 fr. 17

Nous adresserons dès lors à Amsterdam, qui donne la parité la plus élevée, le Londres que nous avons à vendre, en donnant l'ordre suivant : « *Vendez le Londres à 12,08 et achetez Paris à 47,90* ».

Si, au contraire, nous étions acheteur de papier sur Londres, nous choisirions Vienne, qui disposerait sur nous à 95,88 et qui, avec le produit de son tirage, nous achèterait du Londres à 24,128. Nous transmettons alors à notre correspondant l'ordre suivant : « *Achetez tant de Londres à 24,128 et couvrez-vous par un tirage à 95,88* ».

Si on opère simultanément à Vienne pour l'achat du Londres et à Amsterdam pour la vente de la même quantité, on spécule sur les prix de revient.

— Si acheteur de Londres sur une place tierce, nous devons faire les fonds par voie de remise, la prudence exige que nous nous assurions avant tout du prix de cette couverture, afin de rester maître de la situation et ne pas subir les exigences d'un vendeur. L'ordre se transforme alors en interrogation : « *Pouvez-vous acheter le Londres à tant ?* ».

La solution de la question nécessite les données suivantes :

Paris cote :		Londres	
Londres.........	25,25	Cote Paris...........	25,20
Berlin.	122,875	est coté à Berlin....	20,50
Amsterdam	208,45	— à Amsterdam	12,08
Vienne.........	104,25	— à Vienne...	24,128
Madrid	458,50	— à Madrid...	27,45

On a les parités :

par Berlin

x fr................ 1 £

1 £................ 20 Rm 50

1 Rm............. 1,22875

d'où $\quad x = 20,50 \times 1,22875 = 25,19$

par Amsterdam $\quad 12,08 \times 2,0845 = 25,18$

par Vienne $\quad 24,128 \times 1,0425 = 25,15$

par Madrid $\quad \dfrac{27,45 \times 4,585}{5} = 25,17$

On fera donc acheter du Londres à Vienne à 24,128 et le couvrir au cours de 104,25.

La couverture par remise directe ou par traite directe est la plus usitée ; et même, en général, il vaut mieux se couvrir par une remise dont l'achat sur notre place entraîne à moins de frais que la traite tirée sur nous. Toutefois il y a en réalité une infinité de couverture, car rien ne nous empêche de déplacer notre dette ou notre créance et de rechercher chaque fois à nouveau les parités les plus avantageuses. Les remises et les traites continues n'ont pas d'autre principe.

Si on veut spéculer, on achètera le Londres à Vienne et on le vendra à Berlin.

Comme conséquence, si nous sommes débiteur à Londres, nous le couvrirons par une remise sur Vienne dont la parité est la plus faible ; créancier à Londres, nous nous ferons adresser du Berlin dont la parité est la plus forte, à moins qu'il ne soit plus avantageux de faire et de négocier une traite.

DE LA VARIATION DES COURS ; DES ORDRES EN BANQUE

Les cours étant susceptibles de varier d'un moment à l'autre, il importe de savoir apprécier l'influence de ces variations sur l'opération qu'on a en vue.

La question de variation des cours se pose surtout à propos des ordres en banque.

On appelle *ordre en banque* l'ordre que reçoit un banquier de l'un de ses correspondants étrangers de vendre ou d'acheter pour son compte une valeur à des cours qu'il lui indique.

Il se traduit ainsi : « *Pouvez-vous vendre ou acheter telle valeur pour mon compte à tel prix, contre remise ou traite, au mieux de nos intérêts* ».

Or, à la réception de l'ordre, les cours peuvent avoir varié en plus ou en moins ; si la variation a lieu de manière à augmenter le bénéfice, il n'y a aucune difficulté et l'opération s'exécute aux nouveaux cours ; mais il n'en est plus de même si un ou plusieurs changes ont subi des variations en perte. Dans ce cas, l'exécuteur d'ordre doit chercher s'il peut exécuter l'ordre sans perte pour son commettant bien que les changes aient varié. Les variations pouvant être en hausse ou en baisse, il s'agit alors de chercher quelle doit être l'augmentation ou la diminution du change sur l'une des places données par rapport à la hausse ou à la baisse du change sur l'autre, afin d'arriver, si possible, à une espèce de compensation, de telle sorte que ce que l'on perd d'un côté, on le gagne de l'autre.

L'ordre en banque se raisonne d'ordinaire sur les cours à vue.

Prenons un ordre de vente émané de l'étranger.

*Nous recevons de notre correspondant d'Amsterdam l'ordre de tirer
pour son compte sur Londres au change de 25,20 ou, en d'autres termes,
de vendre pour son compte des livres sterling à 25 fr. 20 et de lui en
remettre le montant en papier sur Amsterdam au cours de 2 fr. 08.*

A la réception de cet ordre, nous ne pouvons plus tirer sur
Londres qu'au cours de 25 fr. 15 ; il s'agit alors de savoir à quel
prix il nous faut acheter l'Amsterdam pour que la perte sur la traite
soit compensée par le bénéfice sur la remise. Il est évident qu'il
faut d'autant moins payer l'Amsterdam qu'on reçoit moins du
Londres : le prix de vente diminuant, il faut, pour qu'il y ait
compensation, que le prix d'achat diminue dans la même proportion ; il doit par suite y avoir rapport direct entre les anciens cours
et les nouveaux :

$$\frac{25,20}{25,15} = \frac{2,08}{x}$$

d'où

$$x = \frac{25,15 \times 2,08}{25\ 20} = 2,0758$$

Si donc on peut acheter le florin à 2 fr. 0758 au plus, on pourra
vendre le Londres à 25 fr. 15 et l'ordre pourra être exécuté.

En effet, le montant de la remise sur Amsterdam sera :

Aux cours fixés :

$$x \text{ fl.} \ldots \ldots \ldots \quad 1\ \pounds$$
$$1\ \pounds \ldots \ldots \ldots \quad 25,20$$
$$2 \text{ fr. 08} \ldots \ldots \ldots \quad 1 \text{ fl}$$

d'où
$$x = \frac{25\ 20}{2,08} = 12 \text{ fl } 11$$

et aux cours du jour :

$$x \text{ fl} \ldots \ldots \ldots \quad 1\ \pounds$$
$$1\ \pounds \ldots \ldots \ldots \quad 25,15$$
$$2 \text{ fr. 0758} \ldots \ldots \ldots \quad 1 \text{ fl}$$

d'où
$$x = \frac{25,15}{2,0758} = 12 \text{ fl } 11$$

Ainsi, aux cours fixés, la traite fait encaisser 25 fr. 20, avec
lesquels, au change de 2 fr. 08, on se procure 12 fl. 11 ; et, au cours
du jour, la traite fait encaisser 25 fr. 15, avec lesquels, au change
de 2 fr. 0758, on se procure 12 fl. 11. Nous pouvons donc exécuter
l'ordre de notre correspondant, puisque, dans un cas comme dans
l'autre, il encaisse le même nombre de florins.

— Supposons maintenant que le cours du Londres n'ayant pas baissé, le cours de l'Amsterdam soit monté à 2 fr. 085 — car il n'y a que ces deux circonstances qui puissent donner de la perte, la hausse du cours de la traite et la baisse du cours de la remise, étant des circonstances favorables qui ne font qu'augmenter le bénéfice de l'opération. Il s'agit ici de savoir à quel prix il faudra tirer sur Londres pour regagner sur la traite ce que l'on perd sur la remise. Il est évident que, le prix d'achat de la remise augmentant, le prix de vente de la traite doit également augmenter pour qu'il y ait compensation ; on a donc le rapport direct :

$$\frac{2{,}08}{2{,}085} = \frac{25{,}20}{x}$$

d'où
$$x = \frac{2{,}085 \times 25{,}20}{2{,}08} = 25^{f}{,}26$$

Si donc on peut tirer sur Londres à 25 fr. 26, la perte sur la remise achetée à 2 fr. 085 sera compensée ; l'ordre sera exécuté et l'on verrait, comme ci-dessus, que le correspondant recevra toujours 12 fl. 11.

Le raisonnement subsiste si la remise est faite en papier payable sur une autre place que celle du donneur d'ordre.

— Traitons la question par un procédé que nous utiliserons dans l'ordre de banque composé.

Si les cours ont varié simultanément, il faut, pour qu'il y ait compensation, qu'ils aient varié dans le même rapport en hausse ou en baisse, ou dans un rapport inverse, si l' des cours est donné au certain.

Les seuls cas à examiner sont une hausse ou une baisse simultanée des deux cours, puisqu'une hausse de la traite et une baisse de la remise est un cas favorable, tandis qu'une baisse de la traite et une hausse de la remise est un cas défavorable.

Supposons que les cours aient baissé de :

$$25{,}20 \text{ à } 25{,}15$$
$$208 \text{ à } 207{,}50$$

Pour savoir si l'ordre peut être exécuté, calculons-le tant % de perte résultant de la baisse de la traite, et le tant % de bénéfice provenant de la baisse de la remise. On a :

Perte de tant % sur la Traite
$$\frac{0{,}05 \times 100}{25{,}20} = 0{,}20$$

Bénéfice de tant % sur la remise
$$\frac{0{,}50 \times 100}{208} = 0{,}24$$

Le bénéfice sur la remise dépassant de 0,04 % la perte sur la traite, l'ordre peut être exécuté.

En effet, aux nouveaux cours, notre correspondant obtient :

$$x \text{ fl.} \ldots\ldots\ldots\ldots\ 1 \text{ £}$$
$$1 \text{ £}\ldots\ldots\ldots\ldots\ 25^{\text{f}} 15$$
$$2^{\text{f}},0750\ldots\ldots\ldots\ 1 \text{ fl}$$

d'où
$$x = \frac{25.15}{2,075} = 12 \text{ fl } 127$$

alors qu'aux anciens cours, il n'obtient que 12 fl. 11.

Inversement si les cours ont varié en hausse de :

$$25,15 \text{ à } 25,20$$
$$207,50 \text{ à } 208$$

le gain sur la traite 0,19 % étant inférieur à la perte sur la remise 0,24 %, l'ordre ne doit pas être exécuté, puisque le correspondant ne recevrait plus alors que 12 fl. 11 au lieu de 12 fl. 127.

Passons à un ordre d'achat émané de Paris.

Nous donnons ordre à notre correspondant de Londres d'acheter pour notre compte et de nous remettre du papier sur Madrid à 42 dslg la piastre, et de se rembourser en tirant sur Berlin à 20 Rm 50 la livre sterling.

A la réception de l'ordre, Londres ne peut plus faire de remise sur Madrid qu'à 43 d. ; à quel prix doit-il tirer sur Berlin pour compenser la perte sur la remise ? Le prix d'achat de la remise sur Madrid augmentant, il faut, pour qu'il y ait compensation, que le prix de la traite sur Berlin augmente dans la même proportion, mais Londres donnant le certain à Berlin, la hausse du change se traduit ici par la baisse du cours, et on a le rapport inverse :

$$\frac{42}{43} = \frac{x}{20.50}$$

d'où
$$x = \frac{42 \times 20.50}{43} = 20 \text{ Rm } 023$$

Notre correspondant n'exécutera donc l'ordre que s'il peut tirer sur Berlin à 20,023 ou au-dessous.

En effet, Londres achetant une piastre sur Madrid à 42 d., et tirant sur Berlin à 20,50, on a :

$$x \text{ Rm} \ldots\ldots\ldots\ 1 \text{ \$}$$
$$1 \text{ \$}\ldots\ldots\ldots\ 42 \text{ d}$$
$$240 \text{ d}\ldots\ldots\ldots\ 20 \text{ Rm } 50$$

d'où
$$x = \frac{42 \times 20,50}{240} = 3 \text{ Rm } 5875$$

et aux cours du jour :

$$x \text{ Rm} \ldots\ldots\ldots\ 1 \text{ \$}$$
$$1 \text{ \$}\ldots\ldots\ldots\ 43 \text{ d}$$
$$240 \text{ d}\ldots\ldots\ldots\ 1 \text{ £}$$
$$1 \text{ £}\ldots\ldots\ldots\ 20,023$$

d'où $\qquad x = \dfrac{43 \times 20{,}023}{240} = 3 \text{ Rm } 5875$

Ainsi une piastre vaudra, dans l'un et l'autre cas 3 Rm 5875, et le correspondant exécutera notre ordre.

— Mais l'ordre de banque par excellence est celui dans lequel l'exécuteur d'ordre commence par acheter sur sa place la valeur demandée, sauf à se rembourser ensuite de ses avances, en tirant sur le donneur d'ordre une traite qu'il vend au cours de sa place, *le donneur d'ordre indiquant en monnaie de sa propre place le prix limite de la valeur qu'il veut se procurer.*

L'exécuteur d'ordre est libre d'accepter ou de refuser l'opération, attendu que s'il profite du bénéfice qu'elle peut procurer, il supporte en revanche la perte qui peut en résulter. Exemple :

Nous recevons de notre correspondant d'Amsterdam l'ordre d'acheter pour son compte 10.000 Rm sur Berlin, et de nous rembourser par une traite sur Amsterdam, dont le montant sera réglé par la relation 59 fl. 50 pour 100 marks ; il y a-t-il avantage à exécuter l'ordre.

La question peut être résolue de trois façons différentes, qui correspondent respectivement à l'arbitrage de la vente de la traite, à l'arbitrage du prix d'achat de la remise, à celui de la limite.

Consultons les cotes du jour de :

$$\text{Paris sur Amsterdam} \ldots \ldots \quad 208$$
$$\text{—} \qquad \text{Berlin} \ldots \ldots \quad 123$$

1re Solution

Et demandons-nous d'abord si le prix de vente de notre traite sera *rémunérateur*. Calculons à cet effet la somme que nous ferait encaisser la vente de 100 florins, eu égard à la limite fixée :

$$x \text{ fr.} \ldots \ldots \quad 100 \text{ florins}$$
$$59 \text{ fl } 50 \ldots \ldots \quad 100 \text{ Rm}$$
$$100 \text{ Rm} \ldots \ldots \quad 123 \text{ fr.}$$

d'où $\qquad x = \dfrac{100 \times 123}{59{,}50} = 206 \text{ fr. } 72$

C'est là le cours auquel il n'y aurait ni bénéfice, ni perte, c'est-à-dire qu'en encaissant 206 fr. 72 par la vente de 100 florins, nous pouvons accepter la limite de 59 fl. 50 par 100 Rm et acheter des marks à 123 fr. sans bénéfice ni perte dans l'opération.

Or ces 100 fl. au prix de vente arbitré de 206 fr. 72
peuvent être vendus au cours du jour. . . . 208 $\qquad$ »

$\qquad$ d'où un bénéfice de. . . . . 1 fr. 28 par 100 fl.

Et on a pour le bénéfice total :

$$x \text{ fr bénéf.} \ldots \ldots \quad 10000 \text{ Rm}$$
$$100 \text{ Rm} \ldots \ldots \quad 59 \text{ fl } 50$$

$$100 \text{ fl} \ldots\ldots\ldots\ldots \quad 1 \text{ fr. } 28 \text{ bénéf.}$$

d'où
$$x = 59.50 \times 1,28 = 76 \text{ fr. } 15$$

Vérification :

D'après la limite fixée 10000 Rm valent 5950 fl.
La vente à Paris de la traite de 5950 fl. fait encaisser $2,08 \times 5950 = 12376$
L'achat de 10000 marks à Paris fait débourser $1,23 \times 1000 = 12300$

$$\text{bénéfice} \ldots\ldots\ldots\ldots\ldots\ldots\ldots \quad 76$$

2ᵉ Solution

Demandons-nous ici si le prix auquel nous achèterons la remise sur Berlin nous laissera un bénéfice.

Calculons à cet effet le prix auquel reviendrait l'achat de 100 marks eu égard à la limite fixée :

$$\begin{aligned}
x \text{ fr} \ldots\ldots\ldots\ldots & \quad 100 \text{ Rm} \\
100 \text{ Rm} \ldots\ldots\ldots & \quad 59 \text{ fl } 50 \\
100 \text{ fl} \ldots\ldots\ldots\ldots & \quad 208 \text{ fr.}
\end{aligned}$$

d'où
$$x = 59,50 \times 2,08 = 123 \text{ fr. } 76$$

C'est là le cours auquel en dépensant 123 fr. 76 nous achèterions 100 marks, et auquel on pourrait, en acceptant la limite, vendre une traite de 59 fl. 50 sans bénéfice ni perte sur l'opération.

$$\begin{aligned}
\text{Or ces 100 Rm qui au prix arbitré coûtent} & \quad 123 \text{ fr. } 76 \\
\text{ne coûtent au cours du jour que} \ldots\ldots\ldots & \quad 123 \\
\hline
\text{d'où un bénéfice par 100 Rm de} \ldots & \quad 0 \text{ fr. } 76 \\
\text{et par 10000 Rm de} \ldots\ldots\ldots\ldots & \quad 76 \text{ fr.}
\end{aligned}$$

3ᵉ Solution

Nous pouvons enfin nous demander si, étant donnés les cours à vue de l'Amsterdam et du Berlin à Paris, le change fixe de 59 fl. 50 pour 100 marks, nous donne un bénéfice.

Calculons, d'après ces cours de Paris, le prix en florins de 100 marks.

$$\begin{aligned}
x \text{ fl} \ldots\ldots\ldots\ldots & \quad 100 \text{ Rm} \\
100 \text{ Rm} \ldots\ldots\ldots & \quad 123 \text{ fr.} \\
208 \text{ fr} \ldots\ldots\ldots\ldots & \quad 100 \text{ fl}
\end{aligned}$$

d'où
$$x = \frac{100 \times 123}{208} = 59 \text{ fl } 1346$$

C'est là le cours limite qui nous permet d'acheter 100 marks à 123 fr. et de vendre 100 fl à 208 fr. sans bénéfice ni perte.

$$\begin{aligned}
\text{Or, au lieu de cette limite arbitrée} \ldots\ldots & \quad 59 \text{ fl } 1316 \\
\text{le correspondant nous offre} \ldots\ldots\ldots\ldots & \quad 59 \text{ fl } 50 \\
\hline
\text{d'où un bénéfice par 100 Rm de} \ldots & \quad 0 \text{ fl } 3654
\end{aligned}$$

Et, par suite, pour le bénéfic. total :

$$x \text{ fr. bénéf.} \ldots\ldots \quad 10000 \text{ Rm}$$
$$100 \text{ Rm} \ldots\ldots\ldots \quad 0 \text{ fl } 3654$$
$$100 \text{ fl} \ldots\ldots\ldots \quad 208 \text{ fr.}$$

d'où
$$x = 0,3654 \times 208 = 76 \text{ fr.}$$

Les trois solutions — la première est la plus usitée — donnent donc le même *bénéfice brut*.

Pour avoir le *bénéfice net* de l'opération, il faut diminuer le bénéfice brut de $^1/_{10}$ % de courtage, prélevé sur le montant de l'achat du Berlin et sur le montant de la vente de l'Amsterdam.

$$\text{Bénéfice brut} \ldots\ldots\ldots\ldots\ldots\ldots\ldots \quad 76$$
$$- {}^1/_{10} \text{ % sur } 12300 \text{ fr. prix d'achat de } 100 \text{ Rm } 12,30$$
$$- {}^1/_{10} \text{ % sur } 12376,13 \text{ prix de vente} \ldots\ldots \quad 12,376 \quad 24,676$$
$$\text{bénéfice net} \ldots\ldots\ldots\ldots \quad 51,324$$

Vérification :

$$\text{Achat de } 10000 \text{ Rm sur Berlin } 1,23 \times 10000 = 12300 \text{ fr.}$$
$$+ {}^1/_{10} \text{ % de courtage} \ldots\ldots \quad 12 \text{ fr. } 30$$
$$\text{Les } 100 \text{ Rm reviennent à} \ldots\ldots \quad 12312 \text{ fr. } 30$$

Calculons le montant de la traite à tirer sur Amsterdam en recouvrement de cette somme :

$$x \text{ fl} \ldots\ldots\ldots\ldots \quad 10000 \text{ Rm}$$
$$100 \text{ Rm} \ldots\ldots \ldots \quad 59 \text{ fl } 50$$

d'où
$$x = 5950 \text{ fl}$$

Combien la vente de cette traite à Paris nous fera-t-elle encaisser ?

$$x \text{ fr.} \ldots\ldots\ldots \quad 5950 \text{ fl}$$
$$100 \text{ fl.} \ldots\ldots\ldots \quad 208 \text{ fr.}$$

d'où
$$x = 5950 \times 2,08 = 12376 \text{ fr.}$$
$$- {}^1/_{10} \text{ %} \ldots\ldots\ldots \quad 12 \text{ fr. } 376$$
$$\text{Produit net de la traite} \ldots\ldots \quad 12363 \text{ fr. } 624$$

Donc :

$$\text{prix de vente} \ldots\ldots\ldots \quad 12363,624$$
$$\text{prix d'achat} \ldots\ldots\ldots \quad 12312.30$$
$$\text{bénéfice} \ldots\ldots \quad 51,324$$

Passons à un ordre donné par Paris à une place dont l'une des cotes est au certain.

Nous donnons ordre à notre correspondant de Londres d'acheter pour notre compte 50.000 piastres sur Madrid, et de se rembourser de ses déboursés par une traite sur Paris, dont le montant sera réglé par la relation limite 100 $ = 460 francs.

C'est à notre correspondant à voir s'il trouve avantage à exécuter cet ordre ; cependant nous pouvons, sans l'attendre, prévoir sa réponse, si nous avons sous les yeux la cote de Londres :

Londres cote Madrid 44 d pour 1 $

—   Paris 25 20 pour 1 £

Nous nous demandons alors à quel prix notre correspondant doit vendre la traite sur Paris, pour qu'il n'y ait ni bénéfice ni perte :

$$x \text{ fr.} \dots \dots \dots \dots \quad 1 \text{ £}$$
$$1 \text{ £} \dots \dots \dots \dots \quad 240 \text{ d}$$
$$44 \text{ d} \dots \dots \dots \dots \quad 1 \text{ £}$$
$$1 \text{ £} \dots \dots \dots \dots \quad 4 \text{ fr. } 60$$

$$\text{d'où} \qquad x = \frac{240 \times 4.6}{44} = 25 \text{ fr. } 0909$$

Notre correspondant devrait donc vendre le Paris à 25,0909, prix supérieur au prix de la cote 25 fr. 20, puisque Londres donnant le certain à Paris, plus il aura de francs à livrer pour encaisser 1 £, moins la vente sera productive. Il est donc inutile de lui écrire, puisqu'il refusera notre ordre.

Voulons-nous néanmoins calculer la perte que son acceptation lui coûterait :

$$\text{Au cours du jour } 1 \text{ £ produit} \dots \dots \dots \quad 25,20$$
$$\text{Au cours arbitré} \dots \dots \dots \dots \dots \quad 25,0909$$
$$\text{Différence en perte} \dots \dots \dots \dots \quad 0,1091$$

dont la traduction en monnaie anglaise est :

$$x \text{ £ perte} \dots \dots \dots \quad 10000 \text{ $}$$
$$1 \text{ $} \dots \dots \dots \dots \quad 4 \text{ fr. } 60$$
$$25 \text{ fr. } 10 \dots \dots \dots \quad 0,1091 \text{ perte}$$
$$25,20 \text{ perte} \dots \dots \dots \quad 1 \text{ £ perte}$$

$$\text{d'où} \qquad x = \frac{10000 \times 4,6 \times 0,1091}{25,20 \times 25,10} = 7 \text{ £ } 93$$

Vérification :

$$\text{Achat à Londres de 10000 $ à 44 d} \quad \frac{10000 \times 44}{240} = 1833 \text{ £ } 333$$

D'après la limite ces 10000 $ valent 46000 fr.

$$\text{Dont la vente à Londres produit} \quad \frac{46000}{25,20} = \dots \quad 1825 \text{ £ } 40$$

$$\text{Perte} \dots \dots \dots \dots \quad 7 \text{ £ } 933$$

— Autrement. Cherchons le prix arbitré du papier sur Madrid :

$$x \text{ d} \dots \dots \dots \dots \quad 1 \text{ $}$$
$$1 \text{ $} \dots \dots \dots \dots \quad 4,60$$
$$25,20 \dots \dots \dots \dots \quad 1 \text{ £}$$
$$1 \text{ £} \dots \dots \dots \dots \quad 240 \text{ d}$$

$$\text{d'où} \qquad x = \frac{46 \times 24}{25,20} = 43 \text{ d } 8095$$

Londres devra donc acheter le Madrid à 43 d 8095, prix inférieur à celui de la cote ; il est donc inutile de lui écrire.

Calculons cependant la perte que lui causerait l'exécution de l'ordre.

Londres achète d'après la cote 1 $ qui lui coûte......... 44 d

Et qui d'après le cours arbitré ne lui serait remboursé que. 43 d 8095

d'où une perte par piastre de........... 0 d 1905

et sur 10.000 $:
$$\frac{10.000 \times 0.1905}{240} = 7\ \pounds\ 9375.$$

Mais les 10.000 $ coûtent.., 110.000 d, plus ⅛ % de courtage 550 d

Qui lui sont remboursées... 138.095 d,   —   —   542 d 62

La perte totale subie par notre correspondant serait donc :

Perte sur le capital............. .... 7 £ 9375

Courtage sur le prix d'achat $\frac{550}{240}$ .... 2 £ 2916

— le prix de vente $\frac{512,62}{240}$ . . .. 2 £ 2609

Total ..... 12 £ 1900

Vérification :

Londres achète pour notre compte 10.000 $ sur Madrid à 44 d :

x £............ 10 000 $

1 $.......... 44 d

240 d.......... 1 £

d'où

$$x = \frac{10.000 \times 44}{240} = 1,833\ \pounds\ 3333$$

plus ⅛ % de courtage...... 2 , 2916

prix coûtant...... 1,835   6249

Londres calcule le montant de la traite à tirer sur nous pour nous rembourser de cette somme :

x fr............ .... 10 000 $

100 $........... 460 ʼ

d'où

x = 46.000 ʼ

Il vend cette traite au cours de 46.000 ʼ au cours de 25 ʼ 20 :

$$x \text{ £} \ldots \ldots \ldots \ldots \quad 16.000 \text{ fr.}$$
$$25 \text{ fr. } 20 \ldots \ldots \ldots \quad 1 \text{ £}$$

d'où

$$x = \frac{16.000}{25,20} = 1.825 \text{ £ } 3968$$

moins ⅛ % de courtage....   2 , 2817

            1.823   1151

En résumé après avoir déboursé.................... ... 1.835 £ 6219
Notre correspondant aurait encaissé...... .... 1.823 , 1151

La perte serait de,............................... 12 , 5098

— Les exemples que nous venons de traiter sont des ordres en banque simples.

ORDRES EN BANQUE COMPOSÉS

Un *ordre de banque composé* est celui par lequel un banquier prie un de ses correspondants étrangers de tirer ou de faire des remises à des prix fixés sur différentes places qu'il indique, avec la faculté de choisir celle de ces places qui offre le plus d'avantage ou le moins de désavantage dans le cas où les cours auraient varié à la réception de l'ordre.

Nous recevons, par exemple, de notre correspondant d'Amsterdam l'ordre de tirer pour son compte sur l'une des places suivantes et aux cours ci-dessous :

sur Londres à   25,20
— Berlin à   123 »
— Madrid à   460

A la réception de l'ordre, les cours ont baissé et sont devenus :

sur Londres   25,10
— Berlin   122,80
— Madrid   458 »

Quelle est la place sur laquelle nous pourrons tirer avec le moins de désavantage ?

Pour résoudre la question, on calcule le tant % de perte qui résulte de la baisse des cours.

$$\text{Perte sur le Londres} \quad \frac{0,10 \times 100}{25,20} = 0,40 \%$$

$$\text{— Berlin} \quad \frac{0,20 \times 100}{123} = 0,16 \%$$

$$\text{— Madrid} \quad \frac{2 \times 100}{460} = 0,434 \%$$

Paris donnant l'incertain aux trois places, il faut tirer au plus haut et par conséquent tirer sur Berlin dont la perte est la plus faible et qui offre par suite le moins de désavantage à la vente.

Si nous avions, au contraire, reçu l'ordre de faire une remise sur l'une de ces trois places, comme il faut remettre au plus bas, nous choisirions Madrid dont la perte est la plus faible et qui offre par conséquent le plus d'avantage à l'achat.

Et inversement sur une place qui donne l'incertain.

Que les changes aient tous baissé ou tous haussé, ou que les uns aient baissé et les autres haussé, le calcul se dirige toujours de la même façon.

ECHELLES ou TABLES DE PARITÉS

On n'a pas toujours à sa disposition les éléments nécessaires pour établir une cote chiffrée ; d'ailleurs ces cotes ne répondent plus suffisamment aux besoins de la pratique, qui exige une rapidité de calcul en rapport avec les moyens actuels de communication. Aussi substitue-t-on aux cotes chiffrées des tables de parités, qui donnent directement le cours à la parité entre sa propre place et les places étrangères, les parités indirectes, les prix de revient par voie de remise ou de traite ; on peut dès lors se rendre immédiatement compte des opérations que l'on pourra effectuer, lorsqu'on recevra par télégraphe les cotes des places étrangères.

TABLE DES PARITÉS DIRECTES

Les cours de notre place étant toujours connus, on écrit dans une première colonne les cours successifs de Paris sur Berlin, par exemple, en les faisant varier de 5 en 5 centimes (ou moins) dans les limites des gold points 122,95 et 124,20 ; puis on écrit, dans une seconde colonne et en regard, les cours à la parité correspondants du Berlin sur Paris.

De la relation de la parité entre deux places on déduit :

$$\frac{10.000}{122,95} = 81,3338$$

$$\frac{10.000}{124,20} = 80,5153$$

Table des parités directes entre Paris et Berlin

122 95	81 33380	123 60	80 90318
123 »	81 30106	123 65	80 87544
123 05	81 268 2	123 70	80 81270
123 10	81 23558	123 75	80 80998
123 15	81 20281	123 80	80 77722
123 20	81 17070	123 85	80 74448
123 25	81 13736	123 90	80 71174
123 30	81 10462	123 95	80 67900
123 35	81 07188	124 »	80 64626
123 40	81 0 914	124 05	80 61352
123 45	81 00640	124 10	80 58078
123 50	80 97366	124 15	80 54804
123 55	80 94092	124 20	80 51530

On admet, pour simplifier les calculs, que les parités cherchées forment une progression arithmétique de 26 termes dont les termes extrêmes sont 81,3338 et 80,5153 et dont la raison est :

$$\frac{81,3338 - 80,5153}{25} = 0,03274$$

Et la table peut dès lors être construite par additions successives.

Cela posé, à la réception de la cote de Berlin, la comparaison des cours à la parité ainsi obtenus avec les cours correspondants reçus de l'étranger indiquera s'il y a lieu d'opérer par voie de remise ou de traite.

Par exemple, si le cours à Paris est 123,20 et que le cours télégraphié de Berlin soit 81,15, inférieur à la parité 81,1707, un débiteur aura avantage à faire une remise de 100 marks qui lui coûtera 123 fr. 20, tandis que la traite lui ferait débourser une somme comprise entre 123 fr. 20 et 123 fr. 25.

Créancier de Berlin, il se fera également remettre par Berlin, encaissant ainsi une somme comprise entre 123 fr. 20 et 123 fr. 25, tandis qu'en faisant traite, on ne toucherait que 123 fr. 20.

Si, au contraire, le cours de Paris étant toujours 123 fr. 20, le cours télégraphié de Berlin était 81,185, il y aurait avantage pour le débiteur allemand comme pour le créancier français à recourir à la traite.

TABLE DE PARITÉS INDIRECTES

L'établissement d'une table de parités indirectes est plus laborieux que celui d'une table de parités directes, parce que les parités indirectes subissent les variations des deux cours qui servent à les déterminer.

La parité indirecte est égale au quotient du cours français d'une monnaie tierce par son cours sur la place intermédiaire.

Etablissons l'échelle des parités du Rm par la £. Ecrivons à cet effet, dans une 1ʳᵉ colonne à gauche du tableau, les cours successifs à Paris de la £, se succédant de 5 en 5 centimes et dans les limites des gold points. Ecrivons de même sur la 1ʳᵉ ligne, en tête de l'échelle, les cours successifs à Berlin de la £, se succédant de 5 en 5 pfennigs et dans les limites des gold points. On a :

$$\frac{25,10}{20,35} = 1,2334$$

La parité **1,2834** est inscrite en regard du cours français et au-dessous du cours allemand de la livre sterling.

De même pour toutes les autres parités de la 1ʳᵉ colonne et pour toutes celles des autres colonnes.

On peut simplifier les calculs en admettant que les parités en colonnes forment une progression arithmétique de raison :

$$\frac{124,88 - 123,65}{5} = 0,246$$

De même les parités en ligne forment une progression arithmétique de raison :

$$\frac{123,65 - 122,43}{4} = 0,300$$

Ayant dès lors déterminé une parité, toutes les autres en découleront.

Echelle des parités des marks par la livre sterling

Cours de la £ à Paris	Cours de la £ à Berlin				
	20 30	20 35	20 40	20 45	20 50
25 10	123 650	123 340	123 030	122 730	122 430
25 15	123 896	123 586	123 276	122 976	122 676
25 20	124 142	123 832	123 522	123 222	122 922
25 25	124 388	124 078	123 768	123 468	123 168
25 30	124 634	124 324	124 014	123 714	123 414
25 35	124 880	124 570	124 260	123 960	123 660

r = 0,300

r = 0,246

TABLE DES PRIX DE REVIENT PAR VOIX DE REMISE

Etablissons l'échelle des prix de revient de la livre sterling achetée par l'intermédiaire de Berlin.

Le prix de revient par voie de remise est égal au produit du cours de la monnaie tierce (la £) sur la place intermédiaire (Berlin) par le cours sur celle-ci de la place qui opère (Paris).

On a donc :

$$20,30 \times 1,229 = 24,95$$
$$20,30 \times 1,23 = 24,97$$

les parités en colonnes forment une progression arithmétique de raison 0,02.

De même :

$$20,30 \times 1,229 = 24,95$$
$$20,35 \times 1,229 = 25,01$$

Les parités en lignes forment une progression arithmétique de raison 0,06.

L'échelle est donc facile à établir.

Echelle des prix de revient du Londres par voie de Berlin (remise)

Cours du Rm à Paris	Cours de la £ à Berlin				
	20 30	20 35	20 40	20 45	20 50
1 229	24 95	25 01	25 07	25 13	25 20
1 230	24 97	25 03	25 09	25 15	25 22
1 231	24 99	25 05	25 11	25 17	25 24
1 232	25 01	25 07	25 13	25 19	25 26
1 233	25 03	25 09	25 15	25 21	25 28
1 234	25 05	25 11	25 17	25 23	25 30
1 235	25 07	25 13	25 19	25 25	25 32
1 236	25 09	25 15	25 21	25 27	25 34
1 237	25 11	25 17	25 23	25 29	25 36
1 238	25 13	25 19	25 25	25 31	25 38
1 239	25 15	25 21	25 27	25 33	25 40
1 240	25 17	25 23	25 29	25 35	25 42
1 241	25 19	25 25	25 31	25 37	25 44
1 242	25 21	25 27	25 33	25 39	25 46

r = 0,06 (colonne 20 50)

$$r = 0,02$$

TABLE DES PRIX DE REVIENT PAR VOIE DE TRAITE

Etablissons encore ici le prix de revient de la livre sterling par voie de Berlin.

Le prix de revient par voie de traite est égal au quotient du cours de la £ sur la place intermédiaire par le cours de celle-ci sur la place qui opère.

On a donc :

$$\frac{20,30}{0,805} = 25,2200$$

$$\frac{20,30}{0,806} = 25\ 2275$$

Les parités en colonnes forment une progression arithmétique de raison 0,0075.

De même :

$$\frac{20,30}{0,805} = 25.22$$

$$\frac{20,35}{0,805} = 25,28$$

Les parités en lignes forment une progression arithmétique de raison égale à 0,06.

Echelle du prix de revient de la £ par le Rm (traite)

Cours de Berlin sur Paris	Cours de Berlin sur Londres					
	20 30	20 35	20 40	20 45	20 50	
0 805	25 2200	25 2800	25 3400	25 4000	25 4600	
0 806	25 2275	25 2875	25 3475	25 4075	25 4675	
0 807	25 2350	25 2950	25 3550	25 4150	25 4750	
0 808	25 2425	25 3025	25 3625	25 4225	25 4825	r = 0,06
0 809	25 2500	25 3100	25 3700	25 4300	25 4900	
0 810	25 2575	25 3175	25 3775	25 4375	25 4975	
0 811	25 2650	25 3250	25 3850	25 4450	25 5050	
0 812	25 2725	25 3325	25 3925	25 4525	25 5125	
0 813	25 2800	25 3400	25 4000	25 4600	25 5200	

r = 0,0075

TABLE DES MATIÈRES

ERRATA

Pages

30, formule (2), lire : $V = v \left(1 - \dfrac{n - N}{D} \right)$

39, Cote de Paris, ligne : Allemagne, au lieu de 122 $^{13}/_{16}$, lire 122 $^{15}/_{16}$.

46, ligne 10, au lieu de 2.388,50, lire : 2.388.

75, ligne 13, — 4 oct. — 4 décembre.

102, — 13, — B unités — b unités.

106, — 10, — en vue, — à vue.

123, — 7, — $5000 \left(1 + \dfrac{20}{7300} \right)$ lire : $5000 \left(1 - \dfrac{20}{7200} \right)$

127, — 25, — s'adresse, lire : l'adresse

129, formule (2), au lieu de $N_0 - n'$, lire : $N_0 - n''$.

130, avant-dernière ligne, remplacer n jours par n' jours.

131, ligne 2, rétablir ainsi la formule :

$$\frac{V \left(1 - \dfrac{n'}{D_3} \right)}{\left(1 + \dfrac{n}{D_2} \right) c_3 \left(1 + \dfrac{N_3 - n'}{D_3} \right)} \text{ unités C comptant.}$$

131, dans la formule (4), rétablir ainsi le numérateur :

$$V \left(1 - \frac{n'}{D_3} \right)$$

135, dernière ligne, lire : C cote A c_5.

190, ligne 6, au lieu de ; exploitation, lire : exportation.

203, ligne 9, rétablir ainsi : $x = \dfrac{100 \times 12 \times 0,35}{96} = 4\,^3/_8\,\%$

210, dans la formule (4), remplacer γ par γ'.

216, ligne 38, lire : plus intérêts de 1 mois.

LA REVUE

de l'Enseignement Comptable

Organe Mensuel des Comptables et des Professeurs de Comptabilité

PUBLIE RÉGULIÈREMENT :

I. — **LES ÉNONCÉS ET LES SOLUTIONS** de toutes les questions de *Comptabilité* posées aux examens de :

la Banque de France,
du Crédit Foncier,
de la Banque de l'Algérie,
des Certificats commerciaux,
des Sociétés de Comptabilité,
des Professorats commerciaux, etc.

II. — Des **Articles généraux de comptabilité** commerciale, industrielle et de banque, sous la signature des meilleurs auteurs comptables français et étrangers.

III. — Des **Monographies comptables** complètes avec exemples chiffrés.

IV. — Rend compte de tous les **ouvrages nouveaux** relatifs à la science comptable.

V. — Organise des **Concours** entre ses abonnés.

VI. — **Edite gratuitement** les travaux intéressants de ses abonnés.

Rédacteur en chef :

Marcel TEXIER

Ancien élève de l'éco'e des Hautes Etudes Commerciales
Professeur et Expert-Comptable
16, Rue de Bourgogne, VIENNE (Isère)

ABONNEMENT

France et colonies françaises, 4 fr.   —►◄—   Etranger, 5 fr.

ENVOI D'UN Nº SPÉCIMEN GRATUIT SUR DEMANDE

OUVRAGES

En vente aux Bureaux de la Revue

	Net et Franco
LE BILAN *au point de vue comptable et juridique,* *par* E. Delavelle, Expert-Comptable, Docteur en droit....	**6** fr.
Précis de comptabilité, par H. Deschamps	**6 50**
Vérifications et Expertises......................	**4** »
Précis d'un cours de Banque....	**3 50**
Manuel du Caissier...............................	**4** »
Enoncés et Solutions des épreuves écrites des examens officiels de comptabilité	**10** »

MONOGRAPHIES

Comptabilité des entreprises électriques...........	**2 50**
Comptabilité des Quincailliers	**2 65**
Comptabilité d'une Mercerie application á la comptabilité des Modistes et Couturières.......................	**2** »
Comptabilité des Entreprises du bâtiment...........	**3 50**
Comptabilité d'un Commerce de Soies et Soieries (sous presse)	
Comptabilité de l'Epicerie en gros...........(en préparation)	
Comptabilité des Marchands de Vins.............	

Envoi franco contre mandat-poste adressé au Rédacteur en chef
de la **Revue**

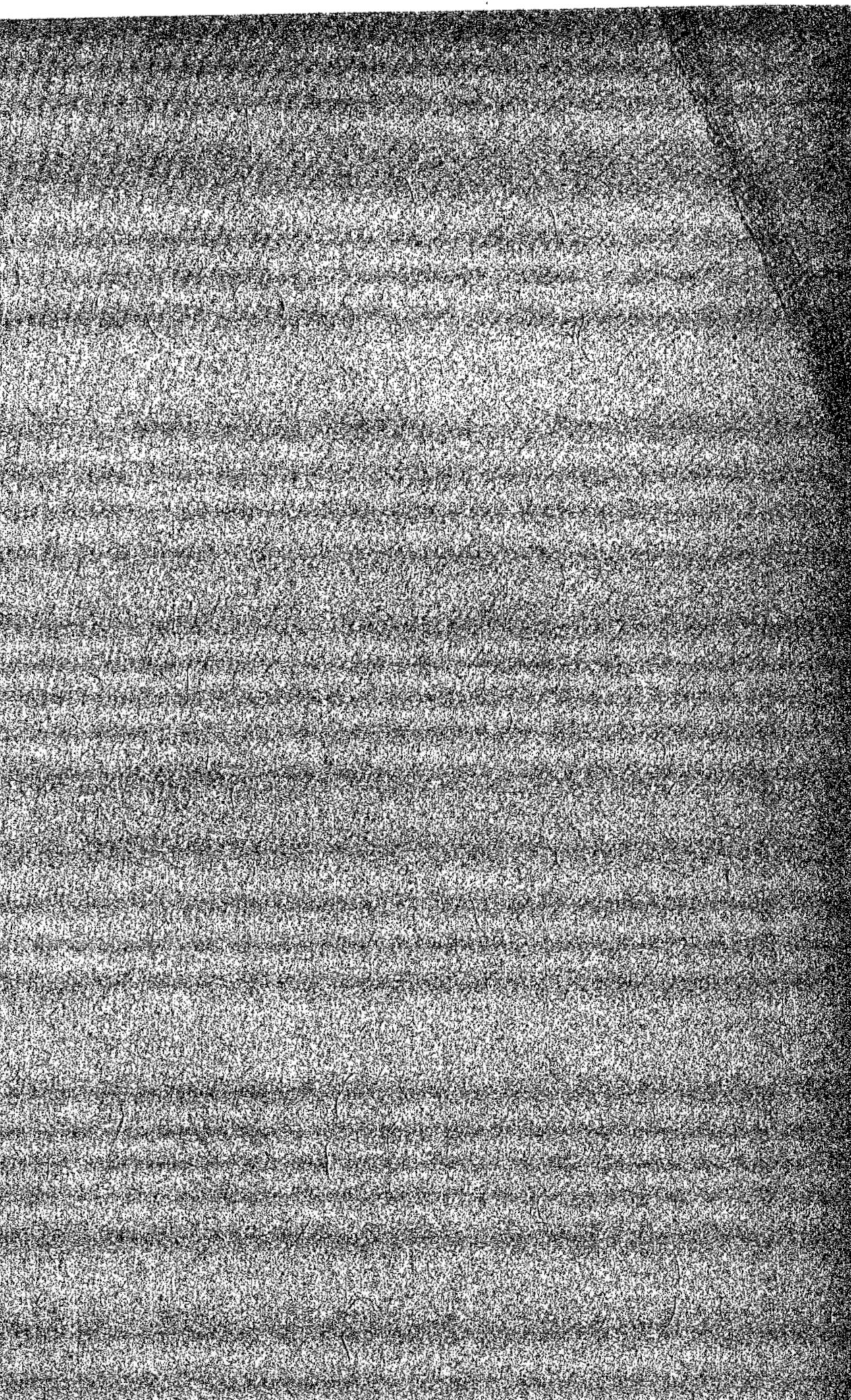

Imprimerie E. VITTE
LYON-PARIS

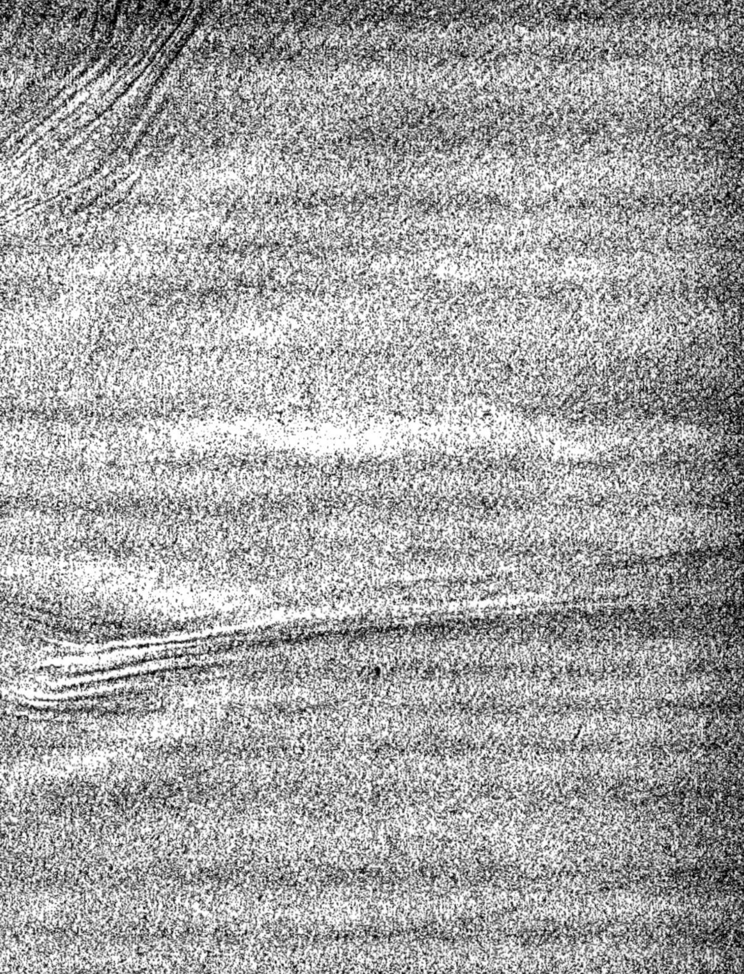

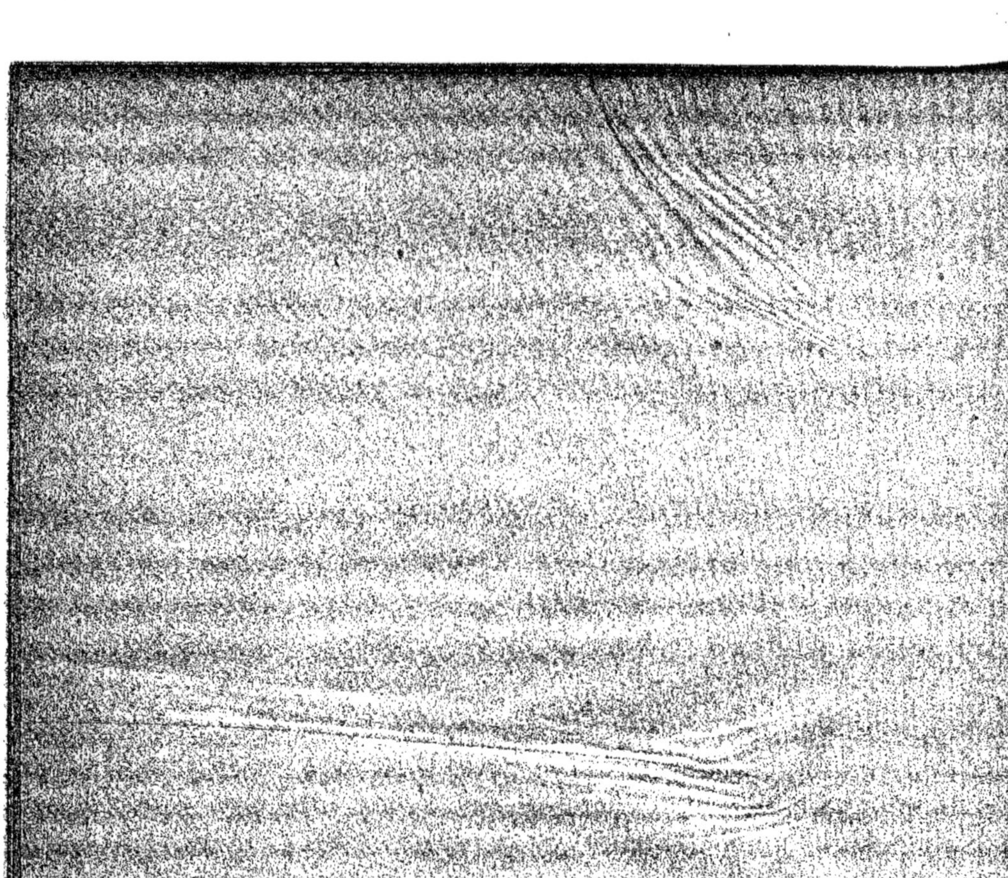

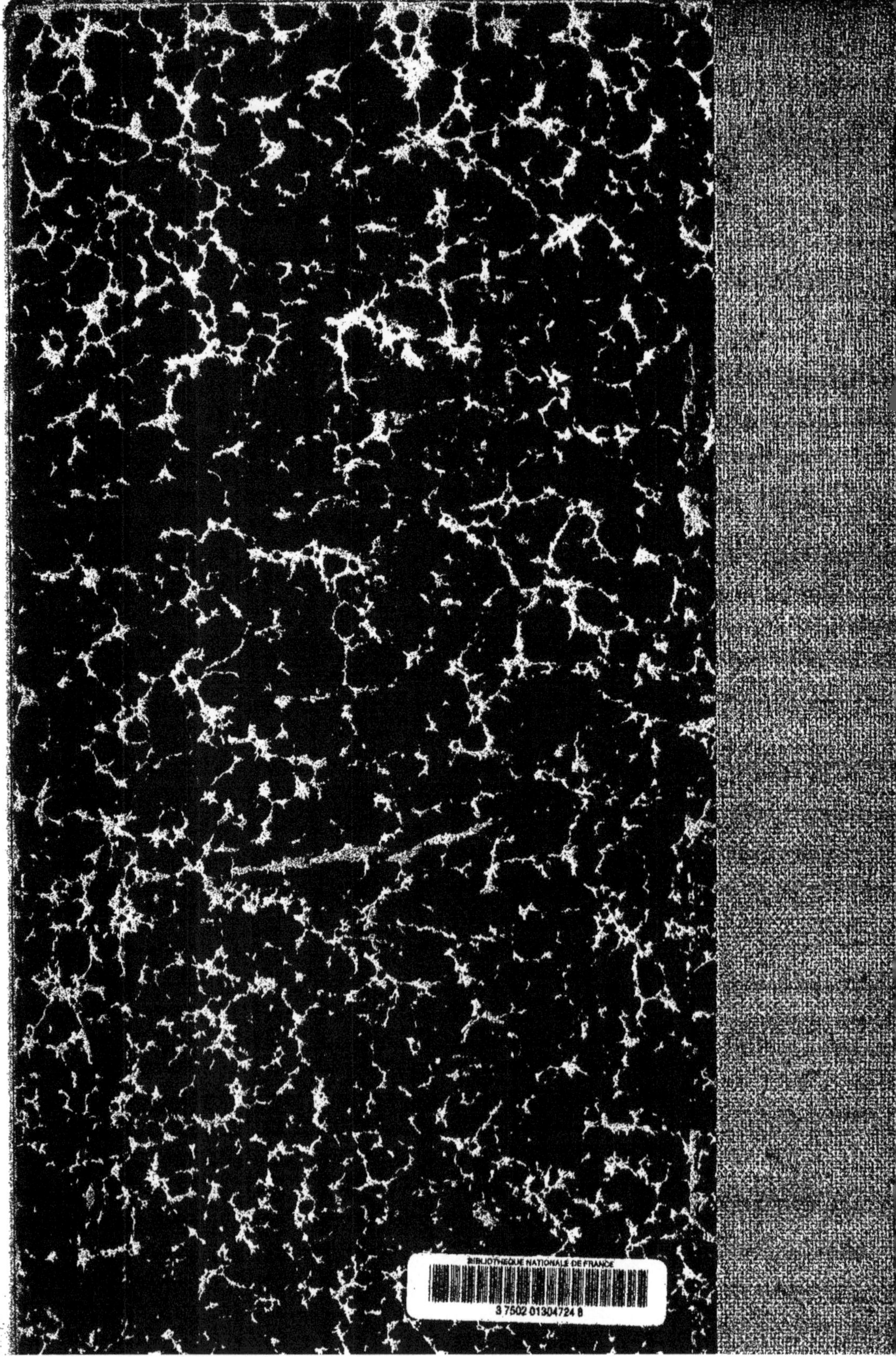

www.ingramcontent.com/pod-product-compliance
Ingram Content Group UK Ltd.
Pitfield, Milton Keynes, MK11 3LW, UK
UKHW022329090726
13658UKWH00001B/159